U0818316

用故事
用图片
用档案
用数字

告诉你

一座既熟悉又陌生的北京城

一段民国时代关于房子的精彩故事

一个时代的房地产发展和房价起伏历程

一堆似曾相识的名词：保障房、交契税、涨房租、

基准地价、限价政策、房产中介……

今天有的，民国时代也有。

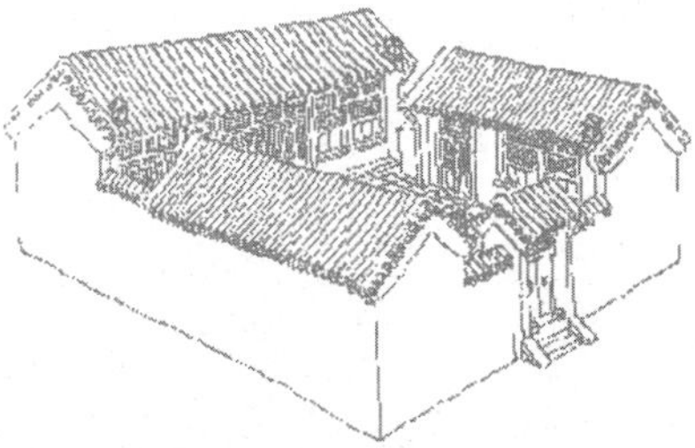

住在民国

北京房地产旧事（1912—1949）

○唐博 著

山西出版传媒集团
山西教育出版社

图书在版编目（CIP）数据

住在民国：北京房地产旧事（1912–1949）/ 唐博著. -- 太原：山西教育出版社, 2015.3

ISBN 978-7-5440-7495-7

Ⅰ.①住… Ⅱ.①唐… Ⅲ.①房地产业－经济史－北京市－1912～1949 Ⅳ.①F299.29

中国版本图书馆CIP数据核字(2014)第284726号

住在民国：北京房地产旧事（1912–1949）

唐　博　著

出 版 人　雷俊林
策 划 人　孙　铁
责任编辑　任小明
特约编辑　杜厚勤
装帧设计　李金刚

出版发行　山西出版传媒集团 · 山西教育出版社
（太原市水西门街馒头巷7号　邮编　030002）
印　　装　山东临沂新华印刷物流集团有限责任公司
开　　本　787×960　1/16
印　　张　18.25
字　　数　200千字
版　　次　2015年3月第1版　2015年3月第1次印刷
书　　号　ISBN 978-7-5440-7495-7
定　　价　35.00元

如发现印装质量问题，影响阅读，请与印刷厂联系调换。电话：0539-2925680

目　录

看国民政府怎样调控房价

平民住宅：民国也有保障房

附录

参考文献

后　记

引子

2013年初秋的一个下午，忙完公务的我离开单位，踏上了前往北京东城的地铁。目的地——东四八条39号。

离开5号线张自忠路站，从东南口走上地面。街道依旧车水马龙，店铺依旧鳞次栉比，路人依旧行色匆匆。

沿着东四北大街向南走上百十米，迎面有个不起眼的路牌——东四八条。

我知道，东四北大街东侧，分布着14个以“东四×条”命名的胡同。其中的东四十条，被拓宽改造成八车道的平安大街，将这14条胡同硬生生地拆成了两个组团。

走进东四八条，外面的喧闹顿时从耳畔消失。宁静取代了一切，让心情迅速平和，节奏也跟着慢了下来。放学的孩子们，围在胡同口的小店买零

位于东四八条71号的叶圣陶故居，原先是清朝一位管宫廷门帘的官员自建的宅院，新中国成立后分给叶老居住。在这里，叶圣陶先生创作了大量作品，分别收入《叶圣陶童话选》《叶圣陶散文甲集》《叶圣陶散文乙集》等。1986年，这里被列为东城区文物保护单位。院里居住的多户人家，既有叶老的家属，也有当年的保姆的后人。

食，硕大的老树用它宽广的臂膀和枝叶，给孩子们遮点阳光；三三两两的游客，会凑到小店旁边的饭馆喝啤酒、吃烤串，好不自在；胡同两侧的四合院里，时不时飘出炒菜的香味，让人禁不住食欲大开。

东四八条，名气比不得同在东城的簋街（东直门内小街）、南锣鼓巷，但特色也不少。明朝正统年间，胡同中部北侧建有正觉寺，因而得名。万历年间的大宦官冯保，还在胡同里奉旨修建了承恩寺。新中国成立后，教育家叶圣陶先生就住在71号院。里面的两株海棠树，见证了叶老探讨学问、笔耕不辍的那段岁月往事。每逢春天，挂满枝头的粉红色海棠花，或许曾给叶老带来些许创作灵感。

有年头，有名人，有文化韵味，这就足够了。

在胡同里走了许久，终于看到了39号院的门牌。

门楼不大，砖雕完好；院门斑驳，但很有沧桑感。跨过门槛，绕过影壁，扑面而来的是一个十几步见方的小院。半边的凉棚架子上满是藤蔓，成熟的丝瓜垂在半空。坐在棚下，支起小桌，几个人围坐一起，吃水果，品茗茶，谈学术，聊家常，很放松，很惬意。跟多数四合院一样，这座院落里，也有一株上岁数的老树，用它结实的臂膀，加些绿意，加些清凉。

这就是北京旧城的老宅，虽然还不够古色古香，但足以令人心驰神往。我不禁想起了张恨水先生在《五月的北平》中的一段精彩描述：

> 北平的房子，大概都是四合院。这个院子，就可以雄视全国建筑。洋楼带花园，这是最令人羡慕的新式住房。可是在北平人看来，那太不算一回事了。北平所谓大宅门，哪家不是七八上下十个院子？哪个院子里不是花果扶疏？这且不谈，就是中产之家，除了大院一个，总还有一两个小院相配合。这些院子里，除了石榴树、金鱼缸，到了春深，家家由屋里度过寒冬搬出来。而院子里的树木，如丁香、西府海棠、藤萝架、葡萄架、垂柳、洋槐、刺槐、枣树、榆树、山桃、珍珠梅、榆叶梅，也都成人家普通的栽植物，这时，都次第的开过花了。尤其槐树，不分大街小巷，不分何种人家，到处都栽着有。在五月里，你如登景山之巅，对北平城作个鸟瞰，你就看到北平市房全参差在绿海里。这绿海就大部分是

槐树造成的。

遗憾的是，在推土机与大大的“拆”字大行其道的今天，被保存下来的胡同和四合院已经越来越少。官方划定的北京旧城历史文化保护区，加上文物保护单位保护范围及其建设控制地带，约占旧城总面积的42%。剩下的胡同和院落，在危旧房改造的浪潮中，或陆续消失，或改头换面。生活在那里的居民，也将逐渐离去，迁往郊区。

拆掉的，当然可惜。保留下来的，就显得弥足珍贵，甚至价值连城。

坐在小院里，有人指着那几间厢房问我：这样的院子，如果放在民国，用多少钱可以租得起一间房？

“你猜猜？”我习惯性地反问。

只见他摇摇头：“我真的猜不出，你还是别卖关子了。”

好吧，我伸出了两根指头。这就是答案。

“两块大洋？”他诧异地问。

东四八条。巷子深处的39号院，是个砥砺思想、交流沟通、触碰火花的好去处。

我点了点头。

“那要是买下来呢？”

我笑了笑，没有作答。

“在当时，两块大洋是个什么样的概念？什么样的人能买得起或者租得起这样的院子？这样的价钱，会不会给他们带来生活上的负担呢？民国时期有没有‘房奴’呢？”

我忍不住蹦出一句：“你的问题太多了，三言两语说不清楚。”

是的，在北京的旧城，每一所宅子，都会经历多次的倒手和租售；每一所宅子，自然都有它的传说和故事，自然会留下许多耐人寻味的历史记忆。市场的变化瞬息万变，租售的价钱也会随行就市，不同职业不同身份的人，在不同的年代，对房子问题的看法也千差万别，不能一概而论。

然而，可以肯定的是，民国北京城的住宅，是一个载体，是一面镜子，是当时北京人日常生活的一部分，是民国北京城市生活状态的一个侧面。住上房，住好房，甚至成为当时不少北京人一辈子的梦想。

于是，我想用这本小书，讲讲民国北京的房市，讲讲当时北京人在房子上发生的那些事。

引言

清宣统三年十二月二十五日（1912年2月12日），北京紫禁城。

再过六天，就是农历新年了，小皇帝也将迎来他登基的第四个年头，尽管还有些懵懂无知，但也似乎觉察到，这个寒冷的早晨所发生的事，对他的人生意味着什么。

隆裕太后牵着六岁的溥仪来到养心殿，举行了最后一次朝见仪式。与其说是会见大臣，不如说是政权交接。听完逊位诏书，大臣们默不作声，唯闻太后小声啜泣。在政客和军人咄咄逼人的反复博弈下，延续275年的清王朝就这样走到了终点。以袁世凯为首的北洋政府接过权杖，开始主宰中国。从这一年起，北京由清朝的都城，变成了中华民国的首都。

1928年6月，国民政府二次北伐攻占北京，张作霖退出华北。从这一刻起，北京不仅失去了首都的地位，而且更名为北平特别市。1937年7月，全面抗战爆发，北平沦陷，开始了长达八年的日伪统治时期。日伪当局将北平更名为北京。1945年，抗战胜利，北京光复，再次更名为北平，直至1949年和平解放。

城还是那个城，但清王朝倒了，住在城里，吃惯了朝廷皇粮的旗人们怎么办？这个曾经占尽各种福利和特权的阶层，以及他们拥有的房产，会面临怎样的命运呢？他们的变化，将给这座城市带来怎样的影响呢？

让我们从头说起。

包分配引发的悲喜剧：旗人住宅的兴亡

包分配的美好时代

清顺治元年（1644年）三月，中原烽火，政局骤变。崇祯自缢，闯王进京。不久，李自成在山海关战败，匆匆撤退。清军的铁骑随即占领北京。

清军入城之后，很快就实施了一项极端政策——将祖祖辈辈住在内城的汉族百姓，强行驱赶到外城居住。腾出的大批内城房屋，则成了旗人们的新战利品。一个属于旗人的住房包分配的美好时代开始了。

1. 房子怎么分？

在当时，满族人实施的军事和社会组织形式是八旗制度，其中对战利品的分配有明确原则：第一，八家均分；第二，按等级分配。住房也不例外。

据说，八旗日常驻防的方位，是按照阴阳五行来安排的：

——黄色代表土，北边代表水，土能挡水，所以正黄旗和镶黄旗分别驻防城北的德胜门内和安定门内。

——白色代表金，东边代表木，金能降木，所以正白旗和镶白旗分别驻防城东的东直门内和朝阳门内。

——红色代表火，西边代表金，火能克金，所以正红旗和镶红旗分别驻防城西的西直门内和阜成门内。

——蓝色代表水，南边代表火，水能灭火，所以正蓝旗和镶蓝旗驻防城南的崇文门内和宣武门内。

这样的分配方式，一张一合、一伸一缩、一物降一物，把当时满族对自然现象和神灵的崇拜展现得淋漓尽致。

不管怎么样，八旗将士及其家属按照各自驻防方位瓜分了内城的地盘。

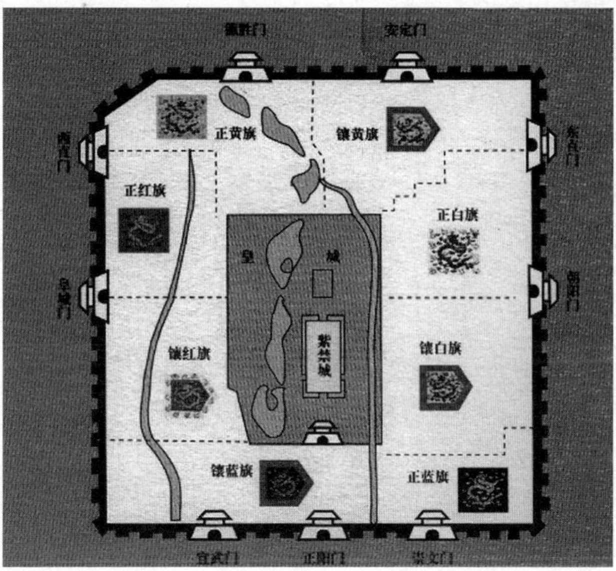

清前期满洲八旗在北京的势力范围。

于是，各旗很快就在各自的地盘里分配战利品，包括住房。分配原则都按等级来，即官越大，分得越多；官越小，分得越少。满洲王公贵族入住明代勋戚留下的宅院，其他人基本上是按照官阶高低，享受相应的住房待遇：“一品官给房二十间，二品官给房十五间，三品官给房十二间，四品官给房十间，五品官给房七间，六品、七品官给房四间，八品官给房三间，拨什库、摆牙喇、披甲给房二间。”[1]当然，住这样的房子，不用交房租，也不

[1] 拨什库、摆牙喇，都是清代官职的满文称呼。如果翻译成汉文，前者是领催，负责管理本旗之内的文书、庶务；后者是清王朝前身后金国的精锐部队，后来多数归入“护军”，给皇帝和王公贵族当侍卫，有时也参加攻城作战。“披甲”即披甲人的简称，主要是投降清朝后披甲上阵征战的人，地位低于一般军人，高于奴隶。这样看来，拨什库、摆牙喇、披甲的社会地位都不高，但相对于奴隶，还具有参加财产和战利品分配的资格。

用自费装修，一切都由朝廷安排好，拎包来住就行。

清代初年，满族人究竟在北京城内圈占了多少房屋？清廷始终没有透露，我们只能从顺治年间八旗“定甲八万”的说法，按照最低配额每人2间计，约有16万间。然而，很多人的地位高于拨什库、摆牙喇、披甲，因而实际分配出去的房屋数量远多于此。

除了房屋之外，旗人还可以无偿享受禄米、俸银、田产等待遇，可以说是吃穿不愁。而且官爵越高，待遇越厚。这些待遇，同级别的汉人享受不到。

2. 新增旗人住在哪？

到17世纪末，清朝的统治逐渐稳定，经济开始恢复，迁入内城的旗人增多，旗人家庭人口膨胀，内城原有住房已不够分配。按照清廷的规矩，汉人与旗人是不能杂居的，而汉人已经被驱赶到了外城，没房子的旗人不可能跟过去，找房子。于是，新增旗人的吃住，就成了清朝统治者颇为伤脑筋的难题。康熙君臣绞尽脑汁，想了两个办法：

——康熙三十五年（1696年），清廷特地“于城之外，按各旗方位，每旗各造屋二千间”，总共造房1.6万间。

满族的服饰。

——在郊区圆明园等皇家园林周围，建设大量旗营房，供健锐营、圆明园护军营、火器营（简称“外三营”）兵民居住，兼有护卫皇家园林的功能。火器营“住房一律青砖盖瓦，平房朝阳，方砖铺地，院墙以西山特产虎皮石砌成，都有前大后小的院子”。护军营在内城分方位驻扎，房屋有四合院式，也有三合房或排房。

这两个办法，都是扩大供给的思路，康熙君臣抱定了这样的理念：只要是旗人，都是大清嫡系，享受免费住房的福利是天经地义的。朝廷在这方面不能打折扣，只能到处找地盖房，这种无偿分配的住房，统称为旗人住宅。它是只针对旗人群体的社会福利和住房保障形式。需要强调的是，这种福利和保障仅限于建设和分配，不负责维护和保养。《八旗营房租户应守规则》就规定：“每年如有修理之处，应归该租户自行办理，本部概不发款协济。”

私人买卖：从地下到公开

1. 禁令森严

旗人住宅，是由国家通过左右翼统领衙门统一调拨，无偿分配给旗人兵民的。旗人只有居住权，而没有所有权和处置权。即便想改善住房，也不能去外城购买汉人的私宅，更不能把旗人住宅卖给汉人或者别的旗人。为此，清廷三令五申，严禁“旗民交产”或“越旗交产”。

顺治七年（1650年），清廷颁布法令：“民间土地房屋，禁止满洲置买。”顺治十八年（1661年）重申该法令，强调如有旗人购买民间私有住宅，所买房屋“尽行入官”，“买者卖者，一并治罪”。《大清会典》明确规定，“凡旗地，禁其私典私卖者，犯令则入官”。

这样的规定，既体现了旗人住宅的国有属性，又从制度上将旗人禁锢在旗籍，世代当兵，加强对其户籍和人身控制。

至于被驱赶到外城的汉族百姓，清廷通过征收契税的方式，承认其拥有住房私有权，允许其住房自由交易。这样，就在北京的内城和外城，形成了住宅国有、私有并存，旗人保障、汉人不保障的奇特景观。这就是清廷“以汉治汉，以旗治旗”政策在住房领域的体现。

2. 世道变了

清军入关之初，八旗兵民只是将弓弩、甲胄、奴婢、牲口等视为私产，尚未意识到土地以及住房背后蕴藏的巨大财富；旗人的生活待遇优厚，还不至于到卖房谋生的地步；旗人对汉人的防范之心很强，不愿涉足汉人居住区。因此，禁止旗人住宅买卖的政策一时还行得通。然而，时间一长，情况就变了：

——国家承平日久，社会经济发展，旗人对于“私有财产”的认知也在变化，既然土地、住宅都是朝廷分给我的，时间一长，也就视同“私产”了。

——多数旗人除了打仗，没有士农工商等一技之长，一旦天下太平，不再打仗，就没了立战功、得封赏的机会，只能坐吃俸禄，一旦家道中落、遭遇天灾或子孙分家，难免陷于破产境地，不得不私自出卖出典田宅，以求果腹。

——康熙后期以来，中国社会步入盛世，人口增长迅速，官府掌控的房源紧缺，新增旗人面临无房可分的困境。

——清初为兴建和扩建勋戚宅邸，住在其周边的无权无势的旗人百姓，难免面临住宅被征用或拆毁的噩运。连康熙帝也认为，“汉军旗人住关厢者甚多，向以为禁，似乎不当。今皆令其内城居住，则汉军富者一人得住数家之房，将使满洲贫者不得住房”。“八旗大臣、庶官、富家，每造房舍，辄兼数十贫人之产”。弱肉强食，不仅存在于满汉之间，在旗人社会内部也司空见惯。

没房的旗人，面对越来越不靠谱的官府分配政策，只有靠自己荷包里的银两去买房。然而，在没有现代金融信贷体系支持的情况下，全款买得起房的旗人终归是少数。有房的旗人，如果生活困顿到揭不开锅的地步，恐怕就要考虑典卖房屋了。

清代的房契分为红契和白契两种。虽然都属于买卖合同书，但红契是经官府报批和缴纳契税，从而盖了官府红印的；白契只有买卖双方私相授受的白纸黑字，因为没向官府报批和缴纳契税，官府当然也不会盖章。很显然，前者受官府承认而后者不受。然而，现实的情况是白契比比皆是。这说明，官府虽然不承认旗人住宅私相交易的合法性，但根本拦不住。

3. 放松管制三步走

在中国历史上，清王朝算是比较务实的朝代，对于变化的形势有着较强的适应力。面对这样的客观现实，清廷开始逐渐放松对于旗人住宅的管制政策，尽管松动的过程还扭扭捏捏，并不情愿，但至少不是抱残守缺，

清朝鼎盛时期的三位皇帝：康熙（左图）、雍正（中图）、乾隆（右图）。这是三位勤勉、聪慧而又性格各异的君主。在他们祖孙三代的悉心治理下，清王朝从一个初入中原的少数民族政权，逐渐成为得到当时多数汉族士民认可的大一统封建王朝。他们所开创的康乾盛世，是中国封建社会的末日辉煌，无论是经济总量，还是影响力，都在全球首屈一指。然而，面对与他们同宗同族的百万旗人的生计困难，这三位皇帝虽然想了很多办法，但却收效甚微。

坐等到底。

首先放开的，是旗内交产，即允许旗人在本旗范围内买卖房屋。

康熙九年（1670年），清廷下令："官员、甲兵地亩，不许越旗交易；其甲兵本身种地，不许全卖。""不许越旗交易"，相当于默许在旗内交易；"不许全卖"，相当于默许卖一部分。考虑到田与宅密不可分，这一新政实际是为旗人住宅合法上市交易打开了制度缺口。

雍正元年（1723年），朝廷颁布"八旗田宅税契令"，承认旗内住宅交易（即"旗内交产"）的合法性："凡旗人典卖房地，令其左右两翼收税监督处，领取印契，该旗行文户部注册。凡实买实卖者，照民间例收税，典者免之。"交易税率为房产交易价格的3%。税契是清代官府承认和保护居民的房地产所有权的重要凭证。征收交易税，就意味着官府开始变相认可旗人住宅交易的合法性，以及旗人对其住宅的实质私有权。尽管这还只是第一步。

第二步放开的，是允许旗人购买汉人房屋。

康熙二十年（1681年）八月，清廷不得不下令："汉军有职无职人员愿在关厢居住者，听其居住；满洲、蒙古内年老有意休致官员，愿在关厢居住者，亦听其居住。"维系近四十年的满汉分城居住的格局就此终结，意味着官府默许旗人到外城和城郊购置汉人住宅。

第三步放开的，是允许汉人购买旗人房屋，即实现所谓"旗民交产"。

相对于前两步，这第三步的迈出更需要勇气。这是为什么呢？

"旗民交产"应运而生

1. 准许"旗间交产"

雍正乾隆年间，旗人贫困化已经演化为社会问题。

大多数旗人习惯于朝廷的无偿供养，毫无一技之长。然而，由于人口日繁，财力有限，朝廷已无力供养全国数以百万计的旗人。物价持续上涨和供养标准长期稳定，导致不少旗人的生活日趋贫困。

雍正年间，已有旗人“因为乏用”，不惜冒“照例治罪、房地入官”的风险而出让自住房产。比如雍正四年（1726年）十二月，正红旗蒙古海潘儿，就以420两银子的价格，把平则门（即阜成门）外月墙对过12间房卖给了汉人张名。当然，双方是用白契达成交易。

更多旗人将自住房产典当给汉民之后，长期无力赎回，造成事实上的“旗民交产”。这使得大量旗产流失，官府不仅失去了大批房源，而且由于典卖免交契税，从而又失去了一项财源。

对此，乾隆朝颁布法令，一方面将典卖赎回期限规定为最长十年，尽可能鼓励旗人赎回典卖的房产，另一方面“情愿出卖者，准其不计旗分，通融买卖。至立契时，著左右翼税局上税”。全面放开各旗之间的房产交易。

更重要的，是朝廷宣布“以前旗人已经卖与民人者毋庸置疑”，对于此前“旗民交产”的既成事实予以承认。不过，从法律规定上讲，北京的旗人住宅仍不许卖给汉人。

2. 准许旗人自谋生计

如果说雍正、乾隆年间，国力强盛的清王朝还有能力控制基层社会，维持旗人生计，那么到了道光年间，这样的能力已严重衰退。靠种地、务工、做买卖自谋生计的旗人越来越多。要知道，朝廷对旗人的定位，一直就是打仗，这些行业以前是禁止他们涉足的。

一些满族高官也建议朝廷顺应时势，酌情变通，开放那些曾经的禁区，准许旗人自谋生计。比如道光五年（1825年），协办大学士英和在《会筹旗人疏通劝惩四条陈》中，就建议允许除官员兵丁之外的“所有闲散告假旗人，无论前往何处，但令报明佐领，给予图记，准其外出营生”。“或在外年久，原该民籍者，照汉军例，呈明该处地方官，准其该入民籍……农工商贾，亦可以听其谋生”。

英和的奏折很快就得到了正面回应。就在这一年，朝廷出台新政，“准许旗人自谋生计”。由此，旗人的户籍控制和人身控制得以放松。这就为全面放宽对旗人住宅交易的限制铺平了道路。

3. 准许“旗民交产”合法化

咸丰以后，清廷面临的内忧外患更加深重。反侵略战争的接连失利，镇压太平天国的战争旷日持久，让这个本来还算富庶的朝廷拼光了老本，透支了未来，财政危机日趋严重。清廷不得不广开财源，以图摆脱困境。看到“旗民交产”现象日益普遍，朝廷无力遏制，只能退而求其次，承认“旗民交产”合法，并从旗人住宅交易中收取契税，以补贴财政收入。

咸丰二年（1852年），清廷发布上谕宣布：“嗣后坐落顺天、直隶等处旗地，无论老圈自置，亦无论京旗屯居及何项民人，具准互相买卖，照例税契升科。其从前已卖之田，业主售主，均免治罪。”旗人与汉人之间进行的房产交易，首次被官方视为合法。同时，朝廷颁发《变通旗民交产章程》十六条。

这一政策出台后，曾因朝野争议而时断时续。光绪二十五年（1899年）重修《大清会典》时，还出现允许旗人买民房，不许汉民买旗房的规定。然而谁都知道，“此时禁令已成为一纸空文。而且由于外国人亦可自由购买房屋、土地，因此与旗人有关之物转入汉人及外国人手中的业已不少”。

光绪三十三年（1907年），清廷重申咸丰二年准许“旗民交产”政策有效。至此，旗人住宅私有化的合法性得到确认，旗人住宅与汉人住宅享受同样的处置权，允许进入房地产市场公开交易。

4. 形成旗人住宅交易市场

“旗民交产”合法化后，一个属于旗人住宅的交易市场，从分散、隐蔽

光绪三十四年（1908年）民政部统计北京内外城人口细目表

类　目	内城人口	外城人口	城区总人口
旗　人	223248	13523	236771
汉人（民人）	191280	277553	468833
总　数	414528	291076	705604

走向规模化和公开化。到清末时期，这个市场的特征，至少可以用三个“关键词”来概括：

——杂居。根据光绪末年的北京城区人口统计，进入内城居住的汉人为数不少，外城也有旗人居住，满汉分城格局逐渐被打破。这只能说明，更多的旗人住宅被卖给汉人。

——合法。原先的旗人住宅买卖，都是白契交易，不受官府认可；随着时间的推移，到清末以后，白契转让和典卖白契的情况逐渐减少，领取官府执照的案例越来越多，逐渐成为主流。这说明，旗人住宅的买卖逐渐公开化和合法化。

——“大款”。在这个市场中涌现出一批“房舍如云”的大房产主，他

举家乞讨的晚清底层百姓。

中国社会科学院近代史研究所图书馆收藏清后期北京旗人住宅房契数量表

时期	房契	典契	比例	卖契	比例	执照	比例	白契	比例
咸丰	21	4	19%	17	81%	1	5%	19	90%
同治	42	1	2%	41	98%	4	10%	32	76%
光绪	135	0	0	115	85%	75	56%	45	33%
宣统	21	0	0	19	90%	18	86%	3	14%

们多为富商、贵族和高利贷者，凭借雄厚的财力大举兼并贫困旗人和汉民的住宅，囤积大量房屋用于出租，收取房租，并积累更多的住宅租金，充实经济力量，购置更多的旗人住宅。可以说，他们富而买房，而后因房致富，主导了这个市场。

“旗民交产”的市场规模到底有多大？由于资料所限，很难准确估计。不过，直至清末，外城的汉人私房不租给旗人，内城旗人的私房不租给汉人，这似乎成了当时不成文的规矩。按照光绪三十四年（1908年）内城居住的汉人总数，以及外城居住的旗人总数估计，清后期汉人购买的旗人住宅可能不少于1万套，旗人购买的外城住宅可能不少于1000套。

一地鸡毛：旗人住宅的衰亡

1. 政权更迭，翻云覆雨

宣统三年（1911年），辛亥革命的枪声敲响了清王朝覆灭的丧钟。

1912年2月12日，隆裕太后哭哭啼啼地抱着年幼的宣统皇帝宣布退位。清王朝走进了历史的坟墓。清朝皇室应该庆幸，这场革命不仅没有重蹈路易十六的覆辙，把他们送上断头台，而且得到了一纸由民国政府签字画押的《清室优待条件》，起码还能在紫禁城里享受数额颇丰的拨款，维持皇帝的架子，以及奢侈的生活，待遇不可谓不优厚。

对于普通旗人来说，《清室优待条件》也给了出路。其中的《关于满、蒙、回、藏各族待遇之条件》提到，民国政府承担“先筹八旗生计，于未筹定之前，八旗兵弁俸饷，仍旧支放”的义务，规定“从前营业、居

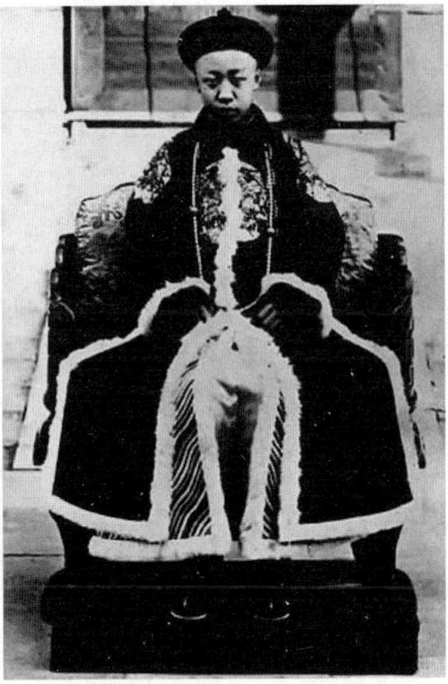

隆裕太后（左图）；溥仪。作为慈禧太后之弟桂祥的女儿，以及光绪帝的表姐兼皇后，这位长相平平、性格懦弱的女人，从成为六宫之主的那一刻起，就生活在无比的郁闷中：没有享受过丈夫的恩宠，哪怕片刻；没有感受到母仪天下的威严，哪怕须臾。更倒霉的是，在光绪和慈禧相继离世后，她虽然贵为太后，却没有一儿半女，只能辅佐小皇帝溥仪——自己的婆家侄子，共同面对王朝倾覆、被迫退位的冷酷现实。

住等限制，一律蠲除，各州县听其自由入籍”。1914年，袁世凯政府将《清室优待条件》各款纳入《中华民国约法》，成为宪法性文件的条文。看起来，民国政府真打算把管理旗人生计的巨大包袱全盘接管了。

不过，在袁世凯那里，“旗人生计”问题已经被简化为管温饱。至于旗人的住房分配，则只字未提。不仅如此，北洋政府还打起了一些闲置的旗人

住宅的主意。1917年，八旗官产清理处提议，以外火器营、健锐营、圆明园各营房共两万数千间，月收房租铜圆两枚。

1924年，冯玉祥发动“北京政变”，把住在紫禁城的溥仪赶了出去。此后，中央政权落入非北洋嫡系的张作霖手里。他一反袁世凯的做法，不仅不再筹措八旗生计，就连编入民国陆军的八旗兵，其饷银也屡有拖欠和克扣。大批旗人看到政府的优待指望不上，只好改隶汉籍，自谋生计。

1928年，南京国民政府发动二次北伐，攻占北京，将其更名为北平。由于南京国民政府高层与清廷没什么直接关系，对八旗子弟的生计更没兴趣关照。进入北京后，南京国民政府将尚未私有化的部分旗人住宅，诸如军营宿舍之类，连同公用旗房一起划为“公产”。

所谓“公产”，分为两个部分。一是国有公产，所有权归南京中央政府，管理权归北平市财政局，包括1924年北京政变后没收的清朝皇室遗产，以及八旗诸军营的房产等；二是市有公产，所有权归北平市政府，管理权归河北官产总处及北平市官产局，包括清代步军统领衙门兴建的房产。此后，这些房产和地皮按照“原佃原留”，也就是谁居住谁占有的原则加以处置，几经倒手，物是人非。

2. 典卖祖业，权贵没落

先说说达官贵人。

《清室优待条件》中“清皇族私产一体保护”的规定，使王府、贝勒府等原属国有的高档住宅，顷刻间化为满洲贵族的私产。失去权力光环的不少贵族，就靠着这些房产，以及累年积蓄的金银，继续过着纸醉金迷的生活。

然而，在民国时代，贵族们的“公权私权与国民同等”，不再享有政府的特供，不再拥有高人一等的特权，再多的积蓄也有花光的一天。更何况有些人日费千金，甚至赌博、酗酒。几年后，不仅荡尽家财，还欠下一身债务，只得把清廷赐予的府邸变卖或典押，换肉吃，换酒喝，换钱花。那些往

睿亲王府最后一个亲王——中铨，毫无先祖多尔衮气吞山河的志气。从贵族变成平民后，自甘堕落，除了糟践银子，什么也不会做，最后只落得贫病而死。

日熠熠生辉的王府、贝勒府，也随着房子的易主而光彩不再。

——1914年，克勤郡王府租给中华大学，后来荒废。

——1914年，太平湖醇亲王府租给政客王揖唐开办中华大学，1923年又租给民国大学，1939年卖给日伪当局。

——1916年，豫亲王府以12.5万美元的价格卖给了美国洛克菲勒基金会。

——1918年，郑亲王府以2500元的价格将祠堂出卖，后又押给西什库教堂抵债。1925年，被中国大学以15.5万元买下，改为校舍。

——1945年，后海醇亲王府将其中一部分租给学校，以租金糊口。

出卖宅院，只能缓解一时之急，却不能让他们掌握一技之长，赖以立足和谋生。很快，这些钱也花光了，不少贵胄便陷入异常糟糕的境地。

——惇亲王后裔溥修，把王府的一切事宜交给管家经营，自己继续花天酒地，导致王府越发窘迫。1932年，在卖光全部家具后，他把王府连同后花园的木料一并卖掉，全家的伙食从四菜一汤降至大饼就咸菜。

——克勤郡王的后裔，到20年代末竟变成佣人。

——1924年，睿亲王中铨因欠债吃了官司。听说法院把王府的房子查封，他既不据理力争，也不设法变卖家财还债，而是“吓得躲了起来”，王府其他人也一筹莫展，“认为一贴封条，房子和东西就都属于人家的了”，

冯玉祥（左图）；张作霖（右图）。

第二次直奉战争期间，没有冯玉祥发动北京政变，囚禁曹锟，直系军阀不会败得那么惨，张作霖的奉系军阀也不会那么轻易地长驱直入，一路打到长江流域。张作霖利用了冯玉祥，却没有给他一席之地，而是将其排挤到西北。两人从此分道扬镳。北伐战争和二次北伐期间，冯玉祥的西北军加入国民政府，成为终结奉系军阀在华北统治的关键力量。虽然两人有矛盾，但在对待旗人方面，手段惊人地一致。冯玉祥将溥仪赶出了紫禁城，张作霖把北京旗人产业一概没收。武夫悍将当道的时代，弱势的旗人无处说理。

匆匆搬家而去，把偌大的王府和无数的珍宝都留给了债主。15年后，中铨因“衣食不周”而病逝。

——庆亲王奕劻，以贪财闻名于光绪年间。他万万没有想到自己去世后，自己积攒的丰厚家底会在几年间灰飞烟灭。庆王府的第三子热衷赌博，挥霍无度，曾一夜输掉两所房产。为了支付赌资和维持奢侈生活，不得不变卖家产，直至身无分文，在贫病中去世。膝下两个儿子生活无着，谋生无计，只得以捡破烂为生。

“世子王孙倒毙城门洞，郡主命妇坠入烟花院”，成为当时经常见诸报端的新闻，也是民国时期满洲贵族日趋没落的写照。

1926年，张作霖进入北京，以“清理旗产业”为名，把所有旗产（坟地除外）一律没收。他还以7万元的低价强行购走顺承郡王府。方振武的军队长期驻扎庆亲王府，把王府库房的衣服、家具、瓷器抢劫一空。到1928年，旗人住宅中的高档府邸——王府、贝勒府、贝子府等，早已改换门庭，辉煌不再。

3. 居住格局，沧海桑田

再说说普通旗人。

到了民国初年，旗人生计这个困扰清廷多年的顽疾，渐渐不再提了。这并不意味着问题已经解决，而是民国政府不想管了。不仅如此，许多世代享受饷银的八旗兵丁，也被民国政府陆续裁撤。失去政府供养的旗人迅速走向赤贫化。

那些曾作为特殊福利的旗人住宅，如今被迫拿出来典卖，换取一两年的口粮救急。20世纪初，北京地区七八成的旗地已经典卖。如果连房产都卖光了，那只好卖儿鬻女，以救一时，甚至落到“衣食缺乏，饥寒交迫”，“日食不饱”，“因贫求死”的境地。

事实上，辛亥以后，旗人不仅在经济上缺了政府供养，而且在就业、入学、从商等方面深受歧视和限制，“臭旗人”、“破旗人”、“老爷骑马你骑（旗）人”的说法，让旗人颜面扫地，根本抬不起头。

曾几何时，旗人是高贵身份的象征，“奴才”一词不是人人皆可自称的，只有旗人出身的官员才堪此名。如今，不仅特权皆无，完全平民化，而且为了谋生，为了躲避歧视，不少旗人被迫改从汉姓，使政府户籍册上的旗人数量大幅减少。

1917～1920年，北京内左四区和内右四区（即东直门和西直门一带）人口减少了5542人，而内左二区（朝阳门一带）和内右三区（德胜门一带）的

民国初年的东直门（上图）、西直门（中图）、德胜门（下图）。东直门内、西直门内，从来都是旗人的专属居住区。然而，面对日益贫困的现实，他们的子弟不得不卖掉祖宅，告别这些生他养他的地方，到房租更便宜的德胜门、广安门地区，住在城墙内外的低矮房屋里。虽然打心眼里看不上这个新住处，虽然一直把这里视为蛮荒之地，但除了屈就，别无选择。

人口分别增加了5776人和5695人。这是为什么呢？

西直门、东直门一带原本是旗人聚居区。很多失去经济来源的旗人，不得不离开这里，寻找更便宜的居所（诸如外城、城厢）。而当时的德胜门、朝阳门一带，工商业基础差，物价低，故而成为这批旗人的新居所。

美国社会学家甘博（1890—1968）曾统计，旗人聚居的德胜门附近，内右三区和皇城内的中一区、中二区，贫困人口分别占该区的15.8%、10.9%和10.6%。1917～1920年的广安门、左安门、右安门地区，虽然经济更落后，人口却大幅增长，其中左安门地区增加7351人，广安门地区增加5167人。这三个

20世纪20年代的广安门。不少旗人子弟选择在这里的城墙内外安家，聊度残生。

地区的人口里，37.8%属于“赤贫”，其中不乏旗人。他们的住宅，不仅残破不堪，而且位置偏僻，与汉族贫民已无差别。曾作为八旗制度一部分的旗人住宅制度，逐渐衰亡。

有人说，辛亥革命是一场温和的革命。诚然，它经历的流血很少，但给旗人带来的阵痛却是长期的。至少，辛亥革命对于旗人住宅的消亡，起到了推波助澜的作用。

旗人住宅的私有化及其衰亡，带给北京城的最大变化，莫过于内城和外城结束隔绝状态。大批汉族居民有机会进入内城，购置旗人住宅，住得更加宽敞；不少旗人放弃内城的老宅，转到外城租购房屋，过起紧张、朴素、贫困的生活。

内外城界限的消失，满汉杂居局面的形成，有利于北京城市结构优化和空间拓展，也为民国时期的北京房地产市场增添了更多的房屋资源和交易机会。旗人住宅的兴衰，确实影响深远。

光绪二十六年（1900年），北京。

这是一个兵灾频仍的凶年，这是一个火灾频仍的凶年。

——五月十七日，西城根。“义和团民焚烧西城根奉教魏姓房二所，约数十间。”

旧瓶装新酒：
千年古都的巨变

——五月十八日，顺治门（宣武门）、西城根。“义和团……焚烧顺治门内天主堂，并施医院两处，连四围群房约有三百余间俱皆烧尽……又焚烧西城根拴马庄、油房胡同、灯笼胡同、松树胡同教民居住之房数百间。”

——五月二十七日，前门内。“棋盘街东城根、户部街、兵部街、东交民巷、达子馆、南北御河桥、东长安街、台基厂、东单牌楼头条、二条、三条、王府井、丁字街、东华门皇城根、并霞公府、甜水井、蔡厂、阮府等处大小各胡同，无论贫富铺户住户官宅民居，俱被武卫各军大肆抢掠，骚扰无遗。”

此时，八国联军尚未进占北京。

然而，这座古都的大批住宅，无论是洋人的，还是中国百姓的，已经开始惨遭涂炭。这是一场空前灾难。

当然，八国联军的到来，让灾难变得更深、更重、更耻辱。

劫后余生的北京市民，看到的只是残破不堪的城墙，满是糊味的焦土，惨不忍睹的死尸，以及面目全非的宅子。带着满眼疮痍与废墟，北京城步入民国，开启了这座千年古都走向近代化的巨变步伐。

新市区：城市规划革命

明清北京，继承了中国历代都城的棋盘式格局。

皇宫位于内城的中央偏南，朝廷部院衙门位于皇城内外依次排列，钟楼、鼓楼位于内城北侧。由此形成了一条纵贯内城南北的中轴线。不过，与历代都城不同的是，明清北京，既不是“斗”城（长安城的形状似北斗七星），也不是“方城”（唐长安、元大都的形状都是方形），而是典型的“凸”字形。

顺治定都北京后，汉人被驱赶到“凸”字下半部的外城居住，“凸”字上半部的内城留给了旗人。此后二百多年，内城禁区多、人口少，住房不太拥挤，使胡同依旧保持棋盘布局。外城建筑乱、人口多，住房拥挤不堪，使胡同分布不规则，斜街较多。

不过，跟现在南城严重滞后于北城的格局不同，那时的外城（即南城），经济文化水平比内城（北城）强得多：前门大栅栏逐渐成为清代北京重要的商业核心区，宣武门外的各省会馆成为进京举子、外地商贾、文人墨客、地方官员的光顾之所，宣南文化由此名闻遐迩。

民国以降，“旗民交产”合法化，进入内城居住的汉族和其他少数民族市民越来越多。城内空地和城厢两侧私搭乱建的简易房屋越来越多，甚至超越房基线，侵占马路妨碍市政交通。因此，统一规划内外城尚未开发的区域，合理有序地引导和规范居住区域的分布，提升作为新政权首都的近代化水平，成为当时北京市政当局必须考虑的大问题。

1. 匆匆过客：昙花一现的香厂新市区

香厂地区，位于外城的珠市口南侧。乾隆年间绘制的《京城全图》上，香厂以南直至先农坛北墙是一片空白。直到民国初年，才有记载曰“东岳庙以北，有永安桥。桥亦明代旧物，现在犹存。再东为万明寺，现改为万明路。东西横亘为香厂，现改为香厂路”。

这个地区，“名为香厂，其实是恶臭逼人”，“原有明沟，以通街市积水，夏日暑气熏蒸，行人掩鼻而过”。到民国初年，依旧住户稀少，空地较多，地价低廉。因此，北洋政府内务总长朱启钤（1872−1964）决定，把建设“新市区”的试验场设在这里。

One of the Building on the walls being destroyed after the International occupation.

Chienmen Thor. 前門 Chienmen Gate.

在八国联军占领期间惨遭焚烧的老北京城的城楼；劫后余生的前门城楼，一片破败景象。

新市区建设的具体实施者，是成立于1914年的京都市政公所。这是当时全国首家专业性的市政管理机构。朱启钤兼任一把手（督办）。他对香厂地区的规划和改造，是道路建设、房屋建设、公共设施建设同时并举。

——修路。展修香厂、保吉、华严、仁寿、香仁、永安等路，翻修由香厂通往城区其他重要地点的正阳门至宣武门大街、前门大街和西珠市口一带的马路。

——建房。以投标招租的方式，对官有的"路旁基地，编别号次，招商租领"，按照地理位置分别作价，平均每亩1000元。中标人一次性交清价款，即可享受30年的土地使用权。尽管当时的香厂地段偏僻，但因政府鼓励，价格低廉，承租者非常踊跃，纷纷"建筑铺面楼房，投资营业"。市政公所还要求"凡有建筑，规定年限，限制程式，以示美观"，对在这里建房的质量、外观、工期等都做出严格规定。房屋如无法按期完工，市政公所将函请京师警察厅加以督促；长期不开工的，房基地将被收回。

——配套。全北京首次使用的交通警察岗亭、街灯灯杆出现在香厂。拥有103间房屋的仁民医院，在香厂仁民路开设，1914年开诊。1915年9月，毗邻香厂的先农坛举行国货展览会，1000多种北京本地产品琳琅满目，不仅展现了当时提倡国货、实业救国的社会追求，而且极大地提升了香厂的知名度。

香厂地区最有名的商业配套，就是由英商通和洋行设计、著名建筑师麦楷（L. Meyarra）绘制图样的新世界商场。这所宣统末年就筹建的商场，占地8亩，共分四层，囊括了花园、戏园、茶楼、饭馆、球房等各种娱乐消费场所，并配有两部升降机，好似今天的综合性购物中心（Shopping Mall）。新世界建成之后，轰动一时，游人如织，特别是其引入的台球、电影等西方娱乐项目，开风气之先，令消费者耳目一新。

香厂新世界商场的繁荣，也带动了周边茶馆、饭庄、百货店、汽车行的兴盛，成为当时北京南城最具号召力的购物休闲中心。甚至当时有人认为，"香厂新世界居然并驾于上海"。

香厂新世界的出现，对中国传统的商业业态格局造成很大影响。店铺林立的景象，在明清时代大都市的街道上随处可见。这些店铺相对分散，互不统属，缺少规划，很难形成有特色、成气候的商业氛围。北京传统的西单、王府井、前门的商业氛围，经历了几百年才逐渐成型。新世界将餐饮、娱乐、购物、观赏等功能融为一体，有助于推动消费者集中释放消费欲望和消费能力，迅速形成规模效应和辐射效应，带动周边地区的各类行业，几年间就搭建起北京南城有名的商圈。

1919年6月11日，正值五四运动的高潮，陈独秀在位于香厂的新世界商场散发《北京市民宣言》的传单，宣传进步思想，遭到军警逮捕。如果没有足够密集的人流量，恐怕他也不会选在这里撒传单。

香厂新市区吸纳了19世纪后期欧洲大国在城市规划、建设方面的有效经验，成为民国初年北京城区继王府井、前门大街之后新的商业核心区。时人这样描绘香厂新市区："两傍商店林立，多为新式建筑，可谓北京最新式之商埠。该路一带饭庄极多，其次化妆品公司、绸缎店，最近又新辟落子馆矣。此项新布置未可谓非北京最近之进化。"

香厂地区虽然住户少、空地多，但毕竟还有老住户。市政公所并没有强制无偿征用他们的房地，而是"按着等级，核实给价"。《北京房地收用暂行章程》规定，为交通和公益事项于指定收用房地后，分别给购买费、迁移费、补偿费，"如有相当之官房官地适足抵偿，无须另行给价"；地上附属物系不能迁移者，由收用机关临时估计酌给补偿费，其可以迁移者均由业主迁移，概不给费。以前被忽视的居民物权，得到了北洋政府的尊重。

香厂的繁荣一直持续到20世纪20年代末。1928年北洋政府倒台，北京不再作为首都，并被更名为北平，市政公所也为北平特别市政府取代。城市地位的降格，直接导致工商业的萧条。新世界商场由于股东意见不合，加之顾客越来越少，生意越发难做，逐渐陷于停业。至20世纪30年代中叶，竟破败到沦为乞丐遮风避雨之所。

1935年初，北平市政府在新世界商场大楼内开办暖厂，“收容了二百多位无家可归的男子……每天下午四点到六点开门收容，第二天早晨七点再让他们出去。在每天下午六点以后，是给一次粥吃（确保能度夜）……草鞋、稀粥、草铺上瑟缩的身影，稀粥边吮啜的紫唇，破旧的大屋里，一群蓬头垢面的褴褛不堪的人……”在当时报刊记者笔下，新世界“门窗都被风雨所剥蚀，显着一种凄凉的景况”。

直至1936年4月，才有商人出资3万元，借租香厂新世界地皮10年，斥资6万元重建商场，“招商推销国内工商各业出品，并辟出一部楼房，向世界各国征集出品布置陈列，任人参观”，以改变该地区长期以来“破旧不堪”、“市面萧条”的境况。

然而，抗战的爆发令这一切努力戛然而止。香厂新市区的试验宣告结束。

这场昙花一现的尝试，没能带来太久的繁荣，当然也就来不及将这里的住宅房地产市场带动起来，变得活跃。由于商业发展裹步不前，这里反而沦为贫民窟聚集区。

2. 有争议的尝试：都市计划和新街市建设

如果说香厂新市区建设只是局部规划的话，那么20世纪30～40年代北平（北京）的确做了全面规划，甚至对今天的城市功能布局仍有影响。

1933年，袁良担任北平市长，改革市政，首倡北平市游览区建设计划，创办故都文物整理工程，订定沟渠建设、河道整理及自来水整顿计划，开北平市进行城市规划的先河。时人称之为“北平市都市计划”。然而，这个计

香厂地区今貌。

划的重点是市政建设，而非住房建设。

1937年，日寇侵占华北。北平成为华北地区伪临时政府和日寇华北驻屯军司令部所在地。此后，大批日侨涌入北平，租住民宅，与中国人的房屋租赁纠纷有增无减，日伪当局颇为头疼，担心这些小冲突引发大危机，威胁其统治秩序。连年战争和年久失修，使北平旧城住宅大多破败不堪，而旧城的中国居民数量众多，这让许多生活讲究的日侨不太适应。

惹不起，住不惯，这让日伪当局对旧城改造兴趣索然，而是倾向于另辟新城，容纳日侨居住。因此，在1940年日伪当局制订的北平“都市计划”中，就提出“对旧城区完全不顾，纯注重于建设租界性质的郊外新区域”的说法。

日伪“北平都市计划”的整体构想是建设新街市，即在“西郊树立宏大计划，俾可容纳枢要机关及与此相适应之住宅、商店，更于城外东南面地区及通县南部，以工厂为主。而计划之对于城内向城外之发展，拟于城之四周距城墙一公里至三公里处设置绿地带，在绿地带及城墙之间计划住宅地，并于一部分配置商业地”。

为了沟通西郊和东郊“新街市”的交通，便于西郊居民前往东郊上班，日伪当局打通长安街作为“东西新市区之联络干路”。为此，专门在内城东西城墙挖开两个豁口，起名曰启明门和长安门，1945年后更名为建国门和复兴门。

1936～1946年外侨户口统计表

年份	户数	男性人口	女性人口	总人口
1936	1 438	2 737	2 177	4 914
1937	1 693	3 081	1 306	4 387
1938	5 524	11 143	8 319	19 462
1939	8 796	17 687	13 594	31 281
1940	10 098	20 636	16 028	36 664
1941	10 856	39 127	17 091	56 218
1942	40 605	65 401	45 121	110 522
1943	40 610	65 240	44 665	109 905
1944	40 185	64 596	44 529	109 125
1945	8 789	15 927	14 498	30 425
1946	806	1 424	1 203	2 627

一些似曾相识的东西浮现在了我们眼前：

这份计划里，西郊“新街市”，即今天的西二环以西，被规划为行政区和新的居住生活区，集中安排机关、住宅、商店；东郊“新街市”，即今天的东二环以东、以南，一直延伸到通州区南部的大片地域，被规划为工业区。直到20世纪80年代，北京城的产业格局，大概就是这个样。

这份计划里，出现了“绿地带”的概念，与今天的绿化隔离带概念相当。城墙外1～3公里，大致相当于今天的三、四环路。也就是说，西二环到西四环之间，主要安排住宅和商业用地。

西郊“新街市”的位置，被圈定在北京内城西城墙以西约四公里处。它的地理范围大概是什么样的呢？这份计划里写道：“西至八宝山，南至现在京汉线附近，北至西郊飞机场，全部面积约合六十五平方公里，其中主要计划面积约占三十平方公里，余为周围绿地带。”还原到今天的北京城区图上，大概相当于丰台区和海淀区交界的公主坟、定慧寺、万寿路、五棵松、永定路、玉泉路、四季青等区域。

西郊“新街市”的全部面积占当时北京（北平）城区、郊区面积总和的9%。其中规划了住宅区、商业区、祭祀区、医院、高尔夫球场、公园等，并完全按照北京内城的棋盘型格局修建了道路。

1939年7月，日伪当局成立伪“建设总署北京市西郊新市街建设办事处”，专门负责西郊“新街市”建设。1940年2月由伪“建设总署北京建设工程局西郊施工所”取代，1942年1月再由伪“北京市西郊新街市建设办事处”和伪“工务总署北京工程局西郊施工所”取代，分别负责新区规划和具体施工。

根据1946年国民政府的调查资料，至1945年，日伪北平当局完成了西郊新街市第一期建设计划，用地22000余亩（合14.7平方公里），建成住宅581栋，建筑面积67083平方米，占地面积862042.13平方米。基本为低密度洋式楼房或瓦房。其中，住宅用房如下表：

日伪西郊“新街市”住宅建筑状况表

业主（产权单位）	数量、型号	占地面积（平方米）	建筑面积（平方米）
华北交通公司	洋式瓦房6栋12户	4 312.5	180
华北交通公司	洋式瓦房2栋12户，附属瓦房6栋12间	10 412.5	200
华北交通公司	洋式瓦房2栋12户，附属瓦房6栋12间	4 836.92	200
华北交通公司	洋式瓦房12栋24户，有围墙	17 179.3	900
华北交通公司	洋式瓦房16栋32户，有围墙	9 673.9	1000
邮政总局	洋式瓦房12栋24户，有围墙	9 673.9	1600
华北交通公司	洋式瓦房8栋200户，有围墙	18 000	1000
华北交通公司北部日华洋行私人租地	洋式瓦房2栋12户，附属瓦房6栋	6 400	200
华北交通公司	洋式瓦房6栋24户，附属瓦房12栋24户，无围墙	18 000	1 500
华北交通公司	洋式瓦房4栋24户，附属瓦房12栋24间	10 687.37	400

业主（产权单位）	数量、型号	占地面积（平方米）	建筑面积（平方米）
华北交通公司	洋式瓦房4栋24户，有围墙	10 428.7	800
华北交通公司	洋式瓦房6栋12户	7 916.8	450
华北交通公司	洋式瓦房11栋31户，附瓦房1栋，有外围墙	18 500	1 200
华北交通公司	洋式瓦房4栋8户，有围墙	4 448.9	800
华北交通公司	洋式瓦房14栋28户，有围墙	资料缺	1 050
南部新民会用北部日人私宅	石板顶洋式房2栋，有围墙，计4户	68 000	100
日本房产公司	洋式瓦房6栋12户，附瓦房1栋已坍塌	19 800	450
日本北京居留民团	洋式瓦房36栋88户，木室1栋	18 000	1 700
日本北京居留民团	洋式瓦房22栋44户，有围墙	9 000	650
华北广播协会	洋式瓦房8栋16户	16 200	600
日人私宅	洋式瓦房2栋1户	资料缺	400
华北石炭服卖会社	洋式瓦房10栋20户	10 372.49	1 800
日本北京居留民团	洋式瓦房32栋64户	12 803.01	1 400
士屋利雄	洋式瓦顶房大小3栋，计1户	6 925	160
华北运输公司宿舍	洋式瓦房14栋28户，有围墙	7 425	1 050
华北运输公司宿舍	洋式瓦房14栋28户，有围墙	1 050	1 050
工务总署西郊东官舍	洋式瓦房16栋32户，汽车房1间	1 588.75	1 500
华北电业	洋式瓦房40栋80户，有围墙	34 800	3 300
中华航空	洋式瓦房16栋30间，2户，有围墙	15 212.5	1 500
中华航空	洋式瓦房16栋28户，守卫室1间，有外墙	9 625	1 200
中华航空	洋式瓦房10栋20户，守卫室1间	15 896.5	800
华北电电	三层楼房5栋二大三小，瓦房16栋32户，有围墙	16 784.5	2 500
华北开发	洋式瓦房25栋50户，有围墙	10 750	2 000
钱高组	洋式瓦房3栋6户，附西灰房2间，已坍塌	3 381.55	600
总计	445栋，1059户	428 085.09	34 240

如表所示，西郊“新街市”开发的住宅房地产，无论是建筑面积，还是占地面积，都占该区域房地产开发建设总量的一半左右，住宅栋数则占3/4。可以说，日伪当局的确是将这里作为新居住生活区来开发的。然而，这一区域多数住宅的产权都归属日资企业和机构，私人住宅极少，这反映了西郊“新街市”并非自发形成的新居住生活区，而是完全由日伪当局规划建成的。正因如此，西郊“新街市”接纳的居民只有千余户，且基本是日资企业和机构的高管和员工，大多数日本侨民没有机会住进来，只能继续在旧城找房。

由于日伪当局对北京（北平）的建设和管理，是以服务侵略战争，经营“兵站基地”为目的，有限的资金大都投放到军事领域，对民用设施的修缮投入极少。不仅旧城民宅年久失修，即便是“新街市”的新建住宅，质量也很差，几年间损毁严重。1946年国民政府接收时，西郊“新街市”的住宅已有多所瓦房、灰房坍塌。

如果抛开政治因素，单从市政规划和管理的角度看，日伪当局的“新街市”计划，对于优化北京城市结构，改善人居环境，改变生活方式，还是具有积极意义的。

西郊“新街市”的兴建，实际上有摆脱旧城影响，另起炉灶实现独立发展的考虑。正如国民政府内政部聘请的荷兰籍都市计划专家柏德扬（J.C.L.B.Pet）博士于1946年11月9日在北平的一次演讲所说，“北平西部之原计划，类似一种房屋集中地，其广袤几与北平全城相等……此种特质之房屋集中地，不能名之曰郊区（Suburb）。所谓郊区者，其原意则为区域或地区，附属于主要之城市，而与之成为一体是也。郊区之特点，在乎与主要城市并不分离，居民易于来往。今观西郊之情形，乃与旧城虽然分离，两者边界之相距约为四公里，中心之相距约为八公里。此种郊区，实不能谓之北平之一区，或其一部；简言之，不得谓之曰郊区，在现代城市计划术语中，只可称之为附属市，或卫星城（Satellite town）”。

他认为，“西郊不能视之为郊区，而作为卫星城市，赋以自力生存之方……

须使人民能居住、能工作、能憩游，又必令此种集中地各部分间之交通，保能畅利是也”。因此，他建议在西郊“新街市”“设计一居住区，一工作区域或数工作区域，分为工业区、商业区与行政区”。形成较独立的卫星城格局。

不过，“新街市”计划的缺陷也很明显：由于西郊“新街市”没有成片的工业区，未来入住的居民将不得不到旧城区上班，或沿长安街跨越旧城区，到十余公里外的东郊“新街市”工业区上班。一旦西郊“新街市”形成规模，难免出现“卧城”、“睡城”的格局。而大批居民早出晚归的潮汐式涌动，造成的交通和通勤压力可想而知。

这种新城区的规划模式，与20世纪初西方工业国家的第一代卫星城如出一辙：1912～1920年，巴黎市政府在距离市区16公里范围内建立了28座小型城镇，然而，这些城镇只有居民区和一些起码的生活服务设施，居民的就业、社交等日常生产生活仍要到巴黎主城区解决。

1945年抗战胜利后，国民政府开始接收日伪财产，并考虑重订都市计划，对日伪当局的规划进行调整和改进。1947年5月29日，“北平市都市计划委员会” 成立，市长何思源兼任主任委员，社会、财政、教育、工务、公用、警察、卫生、地政等局局长以及相关民间组织负责人担任委员。8月，北平市工务局编印了《北平市都市计划设计资料第一集》，作为重订都市计划的参考资料。其中，“新市区之发展”再次被提升到重要高度，“建设新市区，发展近郊村镇为卫星市，开发产业，建筑住宅，使北平为自给自足之都市”作为都市计划的四项基本方针之一。

都市计划委员会的构想是，“建设西郊新市区为一能自立之近郊市，利用已有建筑道路设施，疏散城区人口，解决市民居住问题。于其北部为文化教育区，南郊丰台附近设小工业区。新市区周围绕以绿带，与城区隔离，设备高速铁路，紧密联系之。保留空地以备将来之发展，改原来方格形道路系统为圆形辐射式”。

这样，日伪当局遗留下来的西郊“新街市”，不仅由隔离中日居民的

“城市是一本打开的书，从中可以看到它的抱负。”这是美籍芬兰裔城市规划学家沙里宁（EeroSaarinen，1910—1961）在《城市：它的生长、衰退和未来》一书中的精彩片段。他把自己的美好岁月都献给了城市，用建筑精品和规划思想，给后人留下了无尽财富。

沙里宁的建筑设计不拘一格，坐落在密苏里州密西西比河畔的杰斐逊国家扩展纪念碑（俗称圣路易斯弧形拱门）是他的代表作之一。这是一座高192米的抛物线形拱门，造型宏伟，恰似一道长虹飞架于大地之上，走过它便意味着进入美国西部，因此也被誉为“通向西部之门”，成为纪念19世纪美国“西进运动”中拓荒者奋斗精神的标志性建筑。（如右图）

“有机疏散”理论，是沙里宁在城市规划思想领域的成就。他认为，趋向衰败的城市，需要有一个以合理的城市规划原则为基础的革命性演变，使城市拥有良好的结构，以利于健康发展。这种结构，必须符合人类聚居的天性，便于人们过共同的社会生活，感受城市的脉搏，同时不脱离自然。

具体来说，就是将一些日常生活部门、轻工业、重工业和相关的居民迁出城市中心地区，疏散到新区，获得更适合的发展空间和居住环境，降低中心城区的人口密度。同时，个人的日常生活应以步行为主，并充分发挥现代交通手段的作用。城市的拥堵与瘫痪，不是现代交通工具的过错，而是由于城市机能组织不善，迫使在城市工作的人每天耗费大量时间、精力作往返旅行。

沙里宁的“有机疏散”理论遵循两个原则。一是把“日常生活区”作集中布置，使活动需要的交通量减到最低程度；二是把“偶然活动区”（如看比赛和演出的场所）作分散布置，通过日常活动区以外的交通干道（因是“偶然”，所以使用频率不高）实现快速往返。

“有机疏散”理论对西方大城市调整发展战略，形成良性布局产生了深刻影响。1945年完成的大伦敦规划，就对以伦敦为核心的大都市圈进行了通盘的空间秩序安排，在伦敦周边规划了十多个卫星城，组成大都市圈，接纳伦敦市区的外溢人口，减轻市区人口压力，以利战后重建，同时分解伦敦核心区的城市功能，提供更多的就业机会。其后几十年伦敦的城市建设，大体按照这一规划实施。

最初用途，演化为疏散旧城人口及部分功能，缓解城区居住拥挤的用途，而且由于工业区、文教区与之配套，生产生活不必完全依赖北京（北平）中心城区。

美籍芬兰裔设计师E.沙里宁（1910—1961）在《城市：它的生长、衰退和未来》（The City: Its Growth, Its Decay, Its Future）一书中倡导“有机疏散”原则，并据此制订了“大赫尔辛基方案”和“大芝加哥方案”，用半独立的卫星城来疏散中心城区人口，在这些卫星城中除了规划住宅外，还建设一定数量的工业企业和服务设施，使一部分居民就地工作，另一部分去中心城区工作。在沙里宁看来，“城市是一步一步逐渐离散的，新城不是‘跳离’母城，而是‘有机地’进行分离运动”。

这是西方国家第二代卫星城的建设理念，也是当时世界上最先进的城市规划理念，北平市都市计划委员会对于“新市区”的建设构想，基本符合这一理念。

然而，由于国民政府忙于内战，北平市各种资源都集中于华北“剿总”，西郊“新市区”计划只得搁浅。

民国时期历届市政当局对北京（北平）的大规模城市规划，特别是香厂地区的开发和“新街市”的兴建，将市民的居住区域从传统的内城、外城和城厢，逐渐拓展到外城空地、西郊和东郊，并推动市区辖地的扩大。“新市区”的出现和旧城区空地的开发利用，提供了大批存量土地，对于城市住宅的开发和房地产业的兴起，留足了发展空间，对于古都北京而言，这不啻于一场“革命”。

走向近代：市政设施的更新

能源、供水排水、交通通讯和公共空间等四个领域的“革命”，改善了民国北京的市政基础设施，为北京城市住宅房地产业的兴起以及价格的提升创造了有利条件。

1. 煤电走进千家万户

北京市民烧煤取暖的历史，最迟始于元代。京西门头沟、房山煤炭储量丰富，每年约有20万吨煤由彰仪门（广安门）和阜成门运进城。甲午战争后，随着列强逐步获得国内的采矿权，以及北京城市化对于煤炭需求量的激增，京郊的煤矿企业增多。

1918年，由英商垄断的中英门头沟煤矿公司成立，资本金达150万银元，实行机器采煤，成为京西生产能力最强的矿井企业，1934年产量曾达43.8万吨。1936年底，由于中英公司的代售商通诚公司提议，限制其他小煤窑产量，并组织价格联盟，垄断销售渠道，操纵煤价，致使北京城区煤价暴涨，窑商获利，民怨沸腾。《世界日报》等报刊每日都在显要位置刊登事态进展，足见煤炭对于北京市民日常生活之重要性。

1949年全市工业能源年耗煤24.9万吨，加上民用煤量，全市每年用煤约100万吨。

煤的使用推进了能源“革命”。光绪三十一年（1905年），官绅筹资兴建的“京师华商电灯公司”在顺城街成立，这是北京第一座公用发电厂，初设2台机组，装机容量300千瓦，可以对外供电营业。7年后，机组增至7台，总装机容量3035千瓦。北京城内电灯数量也由3000盏增至30000盏。自此，用电不再成为权贵的专利，而逐渐普及。

20世纪初，痛感中国遭受列强的经济侵略，时任候补同知的冯恕发出“挽中国之利权，杜外人之觊觎”的倡议，奏请成立电灯公司。1905年，京师华商电灯股份有限公司获准成立，冯恕担任首届董事会总办。这是中国最早的民族电业。不收一股官银，不借一分外债，全靠国人集资起家。好处是官府和洋人无从染指，坏处是实力薄弱，饱受列强阻挠。

面对重重困难，冯恕沉着应对。在33年的发展史里，华商公司做了两件大事：一是成立电厂。1906年在前门西顺城街26号（今前门西大街41号北京供电局），华商公司的首家电厂开张，年发电量7000千瓦。1920年，又在石景山增设电厂，年发电总量增至1.7万千瓦。1933年，青龙桥又出现了华商公司的变电厂，并为清华大学和燕京大学供电。二是培养人才。1921年，华商公司在司法部街开办了电气学校。

祖籍浙江慈溪的冯恕，在海军衙门担任过要职，在发电领域卓有建树，但他最大的爱好竟是收藏和书法。

陕西岐山出土的著名青铜器毛公鼎，曾落入前清封疆大吏端方手中。进入民国，端家因吸食鸦片败落，打算将毛公鼎以五万元价格卖给外商。冯恕听说此事，担心国宝流失，马上联络友人变卖家产，多方筹资，抢先将其买下。如今，这尊稀世珍宝就安放在台北故宫博物院，并成为镇馆之宝。

冯恕一生酷爱书法，钻研颜体和柳体，尤其擅写对联、中堂和墓志铭。京城中轴线的老字号，一度流传着“无匾不恕”的说法。意思是说，冯恕曾为京城位于中轴线上的不少老字号门店题写过匾额。他最满意的，当属西四

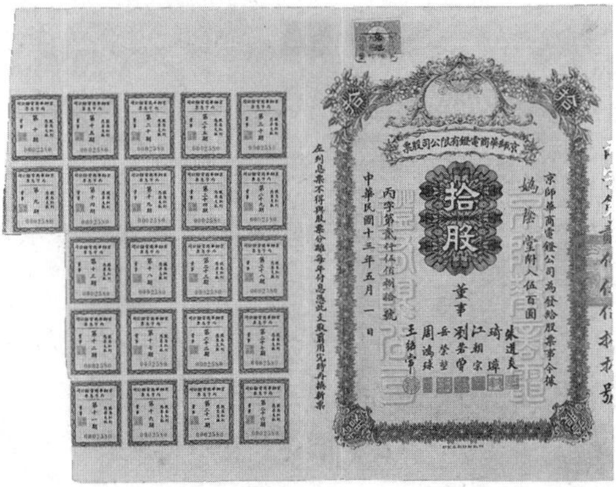

京师华商电灯公司的股票及其创始人冯恕（1867—1948）。

“同和居”饭庄和前门大栅栏“张一元”茶庄的匾额。

此后，石景山、通州、清华大学、协和医学院发电厂以及一些用户自备的发电厂先后成立，装机容量直线上升。1929年，全市使用电灯的用户达到21116户，占全市总户数的7.8%。至1948年，北京地区的用电户为119079户，其中电灯用户为115479户，市民的住房通电率超过30%。在各种报刊上登载的售房、租房广告中，房屋配备电灯，被视为必备的重要居住条件之一。配备电灯的住宅，比靠点煤油灯照明的住宅，租金和售价都要略高10%。

由于电力的广泛应用，路灯照明、有轨电车、机器磨面逐渐进入了市民的日常生活，前门、香厂、西单等商业区采用的霓虹灯，虽然粗糙，但多少营造了些近代化大都市的氛围，客观上有助于拉升该区域的房地价格。

2. 喝上近代自来水，排污还靠龙须沟

水资源紧张和水质低劣是几百年来困扰北京城市发展的大问题。皇帝可以不计成本地每天从玉泉山运水进城；平民百姓没这条件，只能在河塘、浅井等处就近取水，即便水质差、味道苦、不卫生，也无可奈何。到了光绪末年，随着人口的激增和商业发展，城内浅井已无法满足市民的用水需求。直至20世纪初西方钻井技术的传入，可以从10米深的水层获取洁净的井水，北京的城市供水困难才略有缓解。

1908年，在维新人士的强烈呼吁下，清廷农工商部募集300万元资金，采用官督商办的方式，在正阳门内成立“京师自来水股份有限公司”。以孙河为水源，在孙河畔和东直门建水厂，全套引进德国设备，并铺设供水管线。1935年，北平全市自来水用户达10384户，仅占内外城总户数的5%，自来水普及利用率不及全国11个行政院辖市15%的平均水平。到1945年，全市自来水用户也仅2.5万户，占全市总户数的8.3%，“这种普及率为中外任何都市所无”。

自来水管线主要敷设在市区繁华地段，食用自来水的大多为中上等收入

阶层。各种报刊上登载的售房、租房广告中，配备自来水管道和水龙头的住宅，大多为改良的四合院或洋楼，售价租价不菲。大多数北京市民由于收入偏低，还是以饮用土井的水或购买水霸把持的机井水为主。

对于市政建设来说，给水很重要，排水更重要，但往往被忽视，清末民国的北京（北平）也不例外。

龙须沟源自虎坊桥，经天桥、金鱼池、红桥，横贯北京外城东南部，最终注入永定门外护城河。大概由于位居帝都北京的南城，涓涓细流好似真龙

民国时期北京的自来水塔（左图）、公用水站（模型）（中图）、东直门自来水厂的蒸汽水泵（右图）。

天子的胡须，故而得名。

这条小河沟大概出现于明代，早年水流很大，直至清朝光绪年间以前，水流还算清澈。宣统以后，由于金鱼池以北的三里河枯竭，河道淤积，导致下游的龙须沟成了一潭死水，逐渐变成臭气难闻的污水沟。

龙须沟位于北京外城，在民国时期是一个接纳外地难民和本地穷人的“移民区”。两岸垃圾成堆、污水横流，被视为“肮脏之地”。民国政府曾加以整治，改砌暗沟，但只完成了西段。东段自天桥向东，经金鱼池、红桥，仍为明沟，恶臭不断。老舍先生笔下的《龙须沟》，描写的就是这段河沟两岸民众的生活。

新中国政府从1950年起就启动龙须沟改造工程。50年代初，将蚊蝇丛生的龙须沟整修为可以养鱼和划船的街心公园；60年代中期，又将龙须沟改为地下暗河，将其填平，盖起简易楼，改善居住条件；上世纪末，北京市政府又启动

龙须沟旧貌（上、中图）和电影《龙须沟》剧照（下图）。

简易楼改造工程，兴建了焕然一新的金鱼池小区，包括42栋住宅楼、一所综合性学校和南北两片水面，总建筑面积30万平方米。龙须沟虽然没了，但其上和两侧的街道、居民区还在沿用它的名字命名。

清代北京的城市排水系统，主要分为明沟和暗沟两种。虽然沟渠纵横，但由于年久失修，破败不堪。每年春夏，污水和臭气成为北京城市排水系统的典型特征，既阻塞交通，又传播疾病。北洋政府时期，市政公所曾经进行了前三门护城河修治工程，加宽加深河道，清除淤泥；填平化石桥、大明壕、御河等明沟，改为暗沟，上筑街道。

在老舍作品中，南城的泄水沟之一——“龙须沟”，被称为“从来没人管过的臭沟”。由于政府缺乏资金，龙须沟东段一直处于露天状态。尽管国民政府于“1935年就制订过利用400名毒犯疏浚整条两英里长的明沟的计划”，日伪当局也于1939年曾“督察居民自发进行沟渠疏浚”，但龙须沟东段淤塞日久，臭气熏天，给附近居民带来的苦难一直没有缓解。不过，市政

龙须沟今颜：新中国成立后初步改造而成的简易住宅楼群（左图）；21世纪初在龙须沟原址通过危房改造建成的焕然一新的金鱼池小区（右图）。

公所于1918年将龙须沟上游虎坊桥至天桥等段明渠改为暗沟，还是为改善南城排水系统做了一些有益工作。

3. 楼上楼下，电灯电话

民国时期北京城市基础设施改善最多的，当属交通通讯领域。

邮政取代驿站，并逐渐向民间推广；电报、电话的使用与普及，便利了城内与城际的快捷沟通。到1949年初，北京（北平）的电话装机容量为2.5万门，一些高收入居民已享受到“楼上楼下，电灯电话”的高尚生活。装备电话的高档住宅越来越多。

清末以来，“内政始于道路”成为北京市政建设的口号之一。20世纪上半叶，北京历届市政当局在平整马路、制订交通规则、栽种行道树、改善道路环境以及打通断头路等方面做了大量工作，开辟了多条通衢大道，改变了清代北京城层层设防的禁城格局，北京的道路布局开始四通八达起来。

民国时期的前门大街（上图）；今日复原并通行其上的铛铛车（左图）。

清末民国时期的交通干道建设基本情况

时　间	干道建设
清　末（1900～1911）	对东四牌楼、西四牌楼所在的南北大街、东西长安街、前门大街、王府井大街、户部大街和东直门大街等主要干道进行平整，铺设10米宽的石渣路，安设路灯，栽种行道树
北洋时期（1912～1928）	拆除皇城的长安左门和长安右门，大清门内的东西千步廊、东西三座门两侧的宫墙，以及正阳门瓮城和东西月墙；拆除皇城城垣，仅保留部分皇城根。开辟天安门前的东西大道，打通南北池子和南北长街，开辟化石桥城门（和平门），连接南北新华街
国民政府前期（1928～1937）	贯通内城东西南北城之间的干道，拆除宣武门南瓮城，贯通宣武门内外大街
日伪时期（1937～1945）	在长安街东西两端内城城墙处分别开辟东豁口、西豁口，命名为启明门、长安门，抗战胜利后更名建国门、复兴门

这样的道路布局，有利于城市新区的开辟和住宅区域的合理配置，以实现1947年都市计划提出的构想——“城内干路，以直达各城门为目标，自各城门向四郊卫星市及各名胜古迹建设放射路”，“城外周围，建设园林式之环路，至少两环，以联络各放射路”。

当然，还有很多街巷，依旧尘土飞扬，一旦下雨，泥淖没胫。1946年，城区沥青路在全市道路中的比重不足1/3，而土路则超过40%，人均占有道路面积不足2平方米。

道路的增多和城区的扩大，使得交通工具日趋多样化和近代化。除了传统的骡马车和毛驴之外，自行车、汽车逐渐走进市民家庭，成为私人交通工具；人力车（黄包车）、三轮脚踏车、公共汽车和环城铁路列车则成为城市公共交通工具。其中，以“铛铛车”（有轨电车）为代表的公共汽车，因价格低廉深受群众欢迎。20世纪30～40年代，从和平门到崇文门的铛铛车“票很便宜，1分钱，不管站多少”。同样距离如要乘坐更便捷的人力车，则要花10～20倍的价钱。不过，多数居民苦于囊中羞涩，加之生活半径小，还是

万牲园（今北京动物园）。这个大门历经百年沧桑今天依旧保留，笑迎各地游客。

选择步行作为主要出行方式。

此外，北京市政当局开辟了万牲园（动物园）、中央公园（中山公园）、城南公园（先农坛）、天坛公园、北海公园、太庙公园、海王村公园、颐和园、中南海公园等城市公共空间，并在垃圾清运、粪便处理、消防设施等方面做了不少工作。光绪二十七年（1901年）以来，北京（北平）修建和拆改了大批公共厕所，逐渐改变了胡同居民随地便溺的坏习惯。

样式、观念、习惯：这里的革命静悄悄

处在近代风云诡谲的政治旋涡中心的北京，住宅建筑一方面继承和保留传统风格，一方面又受到西方建筑文化传播的影响。这两种建筑风格的互动、碰撞和交融，使得清末民国北京的城市住宅，在西方文化影响下出现了“建筑革命”。而在这场“于无声处听惊雷”的“革命”中，不仅北京传统的四合院被注入了新的建筑内涵，而且北京人的居住习惯也开始发生某些变化。这是清末民国北京住宅房地产发展的重要特征。

1. 住洋房，改良四合院

北京的“洋房”，就建筑风格可分为两类：一是纯粹的近代“西洋式建筑”，二是舶来的西方古典式建筑。前者以教堂为主，后者则中西合璧，不少是在中式庭院的基础上改建、翻建而成的，最典型的当属东交民巷使馆区建筑。进入20世纪，随着西方文化和生活方式的冲击，民居洋式化也渐成时髦。

那桐是清末重要的政治人物，号称晚清“旗下三才子”之一。光绪宣统年间先后担任户部尚书、外务部尚书、总理衙门大臣、军机大臣、内阁协理大臣等。

八国联军占领北京期间，那桐担任留京办事大臣，随奕劻、李鸿章等人与列强议和。《辛丑条约》签署后，他以户部侍郎身份赴日，为日本驻华使馆书记官杉杉彬被杀一事道歉。在日期间，他率团考察日本警政、路政。回国后兼管京师工巡局事务，借鉴日本经验，在北京开辟新式马路，兴建东安市场。

那桐虽然身份高贵，但在糜烂的晚清官场却显得有些另类。他没有姨太太，没有抽大烟的家人，而是热衷集邮，酷爱戏剧。尤其遇到京剧演员，便会忘记自己的重臣身份，变成十足的“追星族”，甚至不惜谄媚讨好。

那宅和花园平面图

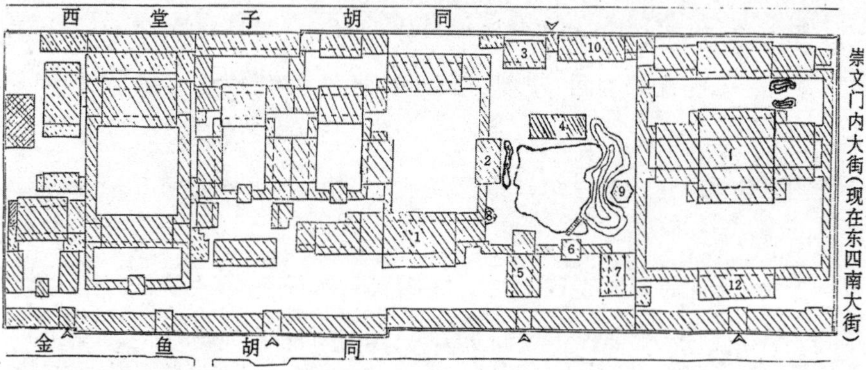

那桐，那家花园的内景及平面图。

一次，庆亲王奕劻为福晋举办祝寿堂会，邀请谭鑫培登台献艺。庆亲王亲自出门迎接，并请谭鑫培唱个“双出”。谭鑫培满口答应，但提出要“哪个大臣给我磕个头”。庆亲王面露难色。突然，那桐快步上前，双膝跪倒，陪着笑脸说道：“请谭老板赏脸。”谭鑫培又惊又喜，当然兑现了承诺。演出到高潮时，那桐还情不自禁地站起来朝台上作揖，以示仰慕。

洁身自好，给那桐留下了好名声。辛亥革命结束了他的政治生涯，却没有断了他的财路。其后，他退出政界，到处买房置地，坐收渔利。1925

年，那桐因患中风去世，留给后人三个有价值的物件：一是为清华大学题写的“清华园”三字；二是从1890年到1925年，坚持写日记，系统完整地记述了清末民初的政治、外交、军事和官僚日常生活，时间跨度大，内容非常丰富，成为研究那个时代的重要史料；三是那家花园。

那家花园的珍贵之处，不仅在于园中的精美建筑和幽雅环境，更在于其一度成为民国时期的政治交际场所。1912年8、9月间，这里曾三次举行欢迎孙中山的宴会。1917年4月14日，广东督军陆荣廷来到北京，国务总理段祺瑞曾在这里摆下戏台设宴款待，借以拉拢，以对付时任总统的黎元洪。70岁高龄的谭鑫培被强邀到此，扶病演出剧目《洪羊洞》。这也是谭鑫培生前最后一次演出。

那桐去世后，那家花园的好日子似乎到了头。老北京人邓云乡在《北京四合院》一书中曾经写道，“大厅的镀金花灯架，已斑驳脱落，黯然无光了。‘那家花园’随着历史的流逝，凋零了。直到今天，这所显赫一时的邸宅，已全部拆除，盖起新的摩天宾馆大楼，‘那家花园’彻底消失了”。

1937年北京沦陷，那家花园被汉奸张璧强行租占。1950年4月7日，金鱼胡同1号院由国家收购，在原址建了和平宾馆。80年代后，那家花园仅存翠籁亭、井亭、假山。如今，金鱼胡同还有一家名叫那家花园餐厅的饭馆，所处的地界也是那家花园残存的一部分。餐厅里也有亭台水榭，不过都是些仿古作品。只有餐厅门口铭牌上对那桐和那家花园的简介，让人依稀记得这里的往日峥嵘。

最初的洋式住宅，是在四合院内加盖的。清末许多达官贵人的四合院或花园庭院，都修建洋楼。清末重臣那桐住过的那家花园，无论是地段，还是面积，无论是格局，还是装饰，皆为京城一流。这所宅子“东起金鱼胡同东口，西止今台湾饭店的东墙，正门（南）开在金鱼胡同，北墙一直到西堂子胡同，有两个随墙后门，占地25亩多，原有房廊300多间”。那家花园自西向东依次是马号、花房、西大院、两座四进大宅院、“怡园”等

端坐自家花园的肃亲王善耆，以及被八国联军洗劫的肃亲王府。

多个宅院，“澄清榭”、“水涯香界”等亭廊，以及东大院和院内可以作为戏台和交际场所的“乐真堂”。院子里亭台楼阁，小桥流水，颇能代表宅院主人的高贵身份。“宅院中房廊外装修，都是苏（州）式油漆彩绘。室内装修隔扇，天然落地罩、几腿罩、栏杆罩等也相当考究。从‘吟秋馆’附近沿街如意门可沿廊穿屋到宅内各屋而不受雨淋”。

就是在这座古色古香的传统院落中，盖起三大间前后带廊、灰砖红瓦的洋房，室内摆放全套西式家具并附有西式厨房，那桐曾在这里招待过外国公使。那家花园的乐真堂，又称“东大院”，建有前后带廊的戏楼，“房廊都是花瓷砖墁地、前后大玻璃隔扇”。“大厅内除去电灯、吊扇外，演出台上挂着大汽灯”。

光绪末年的肃亲王善耆的府邸，就建有一个法式二层小楼作为客厅。院子里种上草坪、鲜花、树木与之配套，俨然西式庭院的架势。相比之下，那桐更加洋气：把西式装备从庭院扩大到了宅院的娱乐场所。其后，皇亲贵戚宅院里的西式洋楼逐渐增多，有的甚至在影壁旁侧盖了汽车库。

如果说洋楼在清末贵族庭院里只是点缀的话，那么到民国初年，洋楼与

伶界大王谭鑫培（左图）；北洋将领段祺瑞（右图）。

四合院的结合则提升了一个层次。京剧大师谭鑫培在自家四合院内建起的洋楼，装有拱券门窗、山花檐口、木挂檐、楣子、栏杆、铁制栅栏等，都是西式风格；而门窗拱心、拱脚又有传统的砖雕装饰。于是，这座四合院便形成了典型的中西合璧构造：前半部为完整的平房四合院，后半部以楼房为主。

在清末民国，段祺瑞算是武夫悍将里的另类，他出身行伍，却志向远大；他做事跋扈，观念却很传统；他权倾一方，却生活清廉，号称“六不总理”，即不抽不喝不嫖，不赌不贪不占。信佛吃斋，清廉如水，一辈子除了收过冯玉祥的几块南瓜外，再没收过礼；除了下棋打牌，也没别的嗜好。

段祺瑞没有买过一处房产和地产。他在北京的这座宅院，是袁世凯赠送的。在老家合肥，甚至没有一所属于自己的住宅。在台上当权时，他有时还找地方借钱，下野以后更是经济窘迫，甚至住不起公馆，只能租住“私宅”。直皖战争失利，段祺瑞逃往天津，先是住在部下魏宗翰的公馆，后来搬出日租界，住在英租界47号的一套租金较低的房子里。

无独有偶，中年以后的谭鑫培也开始信奉佛教。戏班子歇暑假时，他就跑到北京门头沟的戒台寺、潭柘寺，住上一两个月，甚至后来70%的个人收入，他都捐给了寺庙。搞得戒台寺的方丈收钱收到不好意思，便希望谭鑫培提点要求，让寺里去办，也算回报。谭鑫培表示愿做善事，不求回报。方丈发现他喜欢这里的环境，便建议他以后长眠于此。后来，谭鑫培的遗骨真就葬在了门头沟的山区。

如果说谭鑫培宅院的布局稍显凌乱的话，那么仓南胡同段祺瑞的宅院则相对典雅。段祺瑞对这座曾作为康熙第二十二子允祐府邸的宅院进行了大

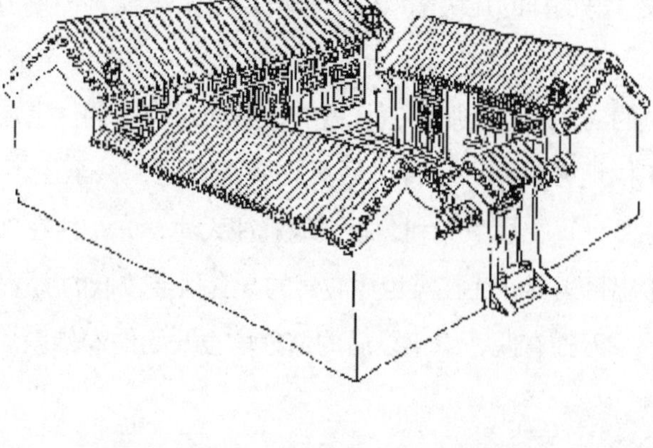

老北京的传统四合院（上图）、

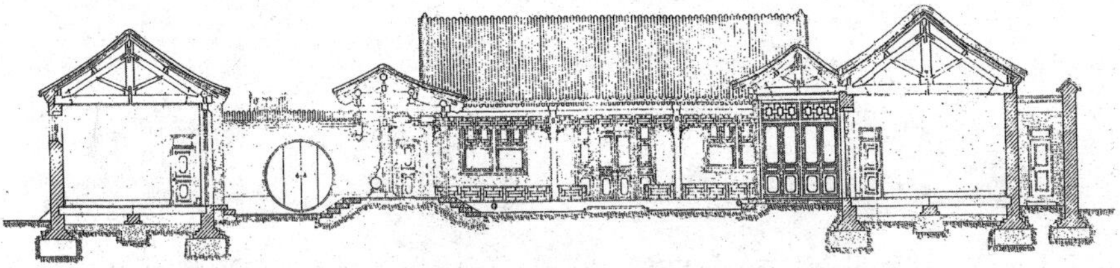

20世纪30年代北平改良四合院（上）、三合院（下）民居剖面图。

胆改建，中轴线上保留大殿，殿后方形院落内建有西式小洋楼。这一建筑格局，既保留了府邸的庄重气派，又能充分享受洋楼的舒适与时尚。

随着西方建筑文化因素的加入，越来越多的四合院、三合院被改造，出现“改良四合院”、“改良三合院”。20世纪30～40年代，北平市政府出台《北平市政府技术室为请采用“市民住宅图说”的签注》（1936年10月16日）、《北平市政府技术室为请采用“市民住宅图说”的修改意见》（1936年10月16日）、《北平市工务局关于改良旧式四合院、三合院平民住宅的呈》（1946年9月22日）等多项改良旧式四合院、三合院民居的官方文件，对改造部位、方式、用料等做了说明，使之趋于合理，方便使用。

改良四合院、改良三合院至少在两个方面有别于传统：

——设备西化，配置西化，讲求居住的舒适度。

很多宅院换下糊窗户纸的下扇窗，改嵌玻璃，保证室内采光更充分、更敞亮。早在道光年间，就有富贵人家使用玻璃的记载：“不待揭帘知客至，疏窗嵌得是玻璃。”到咸丰年间，普通人家也开始争相用玻璃取代窗户纸。已如诗中所说："明如冰鉴薄如蝉，圭自为方璧自圆；驹隙透来尘不到，家家争费一文钱。"

清代北京居民大小便基本靠马桶，每天由粪夫收倒。随着西方如厕方式的引入，一些富贵人家也开始仿效，在家中厕所里装上抽水马桶，既干净又舒服。由于四合院铺地的方砖容易受潮，顶棚常常寄居蚊虫，并有老鼠跑来跑去掉土，特别是下雨的时候，顶棚有可能坍塌。有些人家干脆改成水泥铺地，挑落顶棚，抹上灰顶。经过这样的简单改造，四合院的居住舒适度大大提升。在四合院的房屋类型中，"灰房"的比例越来越大。

室内的装备和设计也开始西化。地板、护墙板、全部水汀（暖气）以及设备齐全考究的卫生间，使得住宅的现代化程度不亚于当代；厨房、小水汀锅炉房则置于前院的东南角，冬天刮西北风，煤烟吹不到院里；刮东南风时天气已暖，不必再烧小水汀锅炉了。这样的设计非常合理。

——格局西化，功能细化，讲求居住的便利与私密。

"京师屋制之美，备甲于四方，以研究数百年，因地因时，皆有格局也"。四合院的传统格局，大都采用均衡对称的方式，沿着纵轴线和横轴线进行设计。在纵轴线（南北向）安排主要建筑，并在院子左右两侧对称修建两座形体较小的建筑，然后再在主要建筑的对面建一座次要的建筑，构成正方形或长方形的庭院。

事实上，就是东、西、南、北四面房屋合围起来，形成一个口字形的建筑结构。

四合院中比较高大而舒适的北房，一般由家长居住；厢房分住晚辈儿孙；倒坐房（即南房），则常用作书房或客厅。按照"正房与倒坐视线不能相通"的习俗，往往在庭院中靠近倒坐的一侧，装设屏门或影壁。而在四合院的后面和侧面，则往往建有花园。

四合院住宅的四周，都由各座房屋后墙及围墙封闭，不对外开窗户。可以说，对称性的平面布局和封闭式的外观，是四合院的两大基本特征。这种格局处处体现着“长幼有序”、“上下有分”、“内外有别”的中国传统宗法和礼教制度，房屋的建筑形制上只能严格按照上下尊卑的等级制度修建，不允许有僭越。

进入20世纪，受辛亥革命的影响，四合院里的等级因素开始淡化。居民不再拘泥于传统的四合院建筑形式，而是以舒适、方便、合理等实用诉求为立足点，对四合院内的格局进行改造。比如大门的位置不再拘泥于传统的院落东南角，而是随心所欲，以合理为准。传统的四合院正房外的庭院，是整个院落布局的中心，其功能主要是采光、通风、夏日乘凉、晾晒衣物以及家人交流的场所，有闲情雅致的房主还种植花木盆景，陈设鱼缸鸟笼；部分改良四合院，在小路旁完全种上草坪，绿油油的非常漂亮，使得整个庭院的风格完全西化。

改良四合院不仅格局大变，而且功能细化。随着等级观念的淡化，不仅传统的正房、厢房不见得一定给家长和儿孙居住，而且各个房屋的功能也越发具体化和欧化。如1946年永大建筑厂承建的朝阳门大街343号住宅改筑工

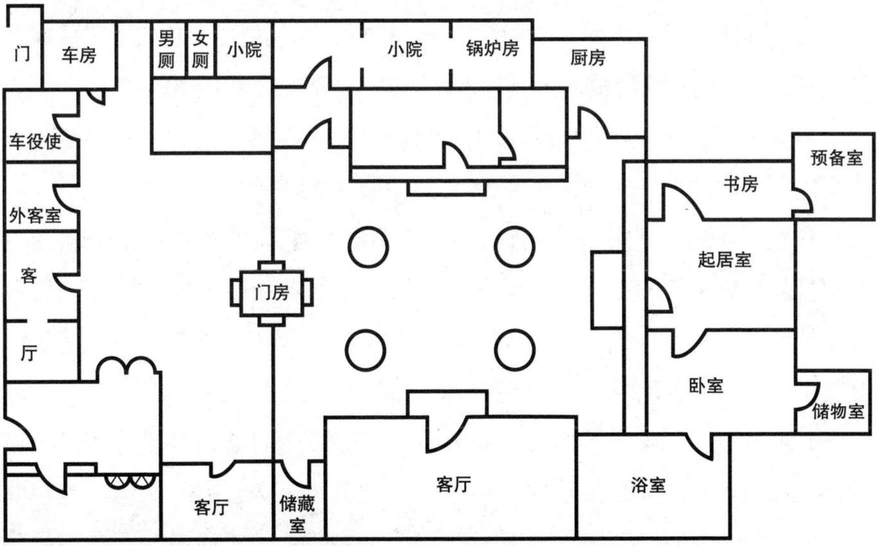

朝阳门大街343号住宅布局示意图。

程，在保留传统四合院封闭格局的同时，做了一些改动：

一、大门开在西北侧，车房在大门内侧，便于汽车出入。

二、客厅分布在院落西侧和南侧，离大门较近，而与起居室、卧室、书房完全隔离。

三、增加了预备室、存物室、浴室、锅炉房等服务性房屋。

四、待客房屋分为四部分，西侧设有外客室和两个小客厅，南侧设有大客厅，显示出宾客的内外亲疏有别。

五、由于房主人配备了汽车，车役室被安排在车房南侧，距离大门一步之遥，不仅起到看门传达的功用，而且远离起居室和卧室。

六、由门亭将院落分为东西两院，西院较小，但足以将外客隔离；卧室、书房、起居室位于东院内侧，不仅内部有门互通，而且与浴室、厨房皆有门相通，足不出户，即可完成日常起居生活。

虽然所有房屋的位置都没变，但经过功能调整和内部改建，居住舒适度大大提升。

中式庭院与西式庭院的最大区别，在于四合院是四周盖房，中间留院子；西式住宅是中间盖房，四周留院子。这样，布局更加开放的西式住宅，以其宽阔的庭院和优良的室内设备，让不少中国富家子弟羡慕。

辛亥前后，北京已经出现中国人修建并居住的纯西式住宅。府右街太仆寺街内罗贤胡同的一处西洋住宅，外面是西式城堡般的高墙、大铁门，院落里一片桃林环绕着一幢二层小洋楼。这座小楼一通到底的落地窗，配备洁白的窗纱。这座宅子的主人是个军阀。新鲜胡同里也有一处西洋住宅，洋房内部是组合式套房，有落地窗、露台以及暖气锅炉、厕所、浴室、厨房等各种功能设备。庭院里花草树木，别有情趣。宅子的主人是个富商。

1944年内一区本司胡同9号的新建住宅，就是将四合院完全推倒而改建的洋式住宅。其地基面积为247.41平方米，建筑面积为110.5平方米，容积率为0.45。总高4.10米，层高3.75米。为平顶平檐的砖建灰顶平房，是典型的四

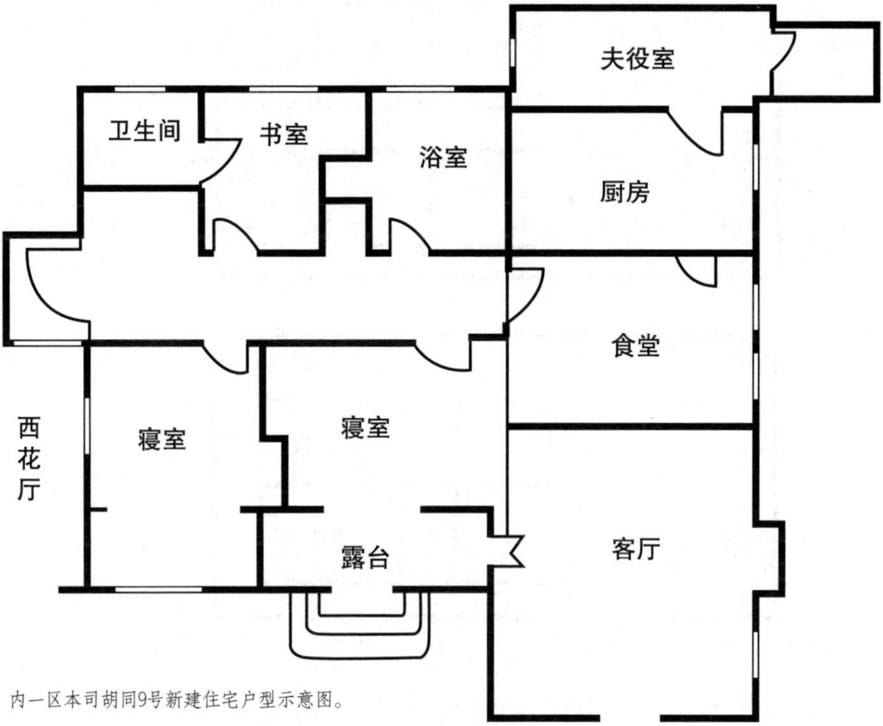

内一区本司胡同9号新建住宅户型示意图。

室二厅一厨一卫的格局。

1944年内一区什方院8号旁门的新建住宅（位于北总布胡同附近），也是将四合院拆掉，原地建起二层洋楼。地基面积534平方米，建筑面积280平方米（每层140平方米），容积率0.52。总高6.2米，其中第一层3.2米，第二层3米。为砖砌平顶二层建筑。其中书房、饭厅、厨房放在一层，游艺室、主卧室放在二层，形成动静结合，有助于保护主人的隐私。此外，每层都有盥洗室和女仆室。

当然，为数不少的改良四合院，在引入电灯、电话、浴室、暖气等洋式住宅室内设备的同时，还是保留了传统四合院的外观。这种不事张扬的做法，与四合院自身的内敛风格恰好保持一致。

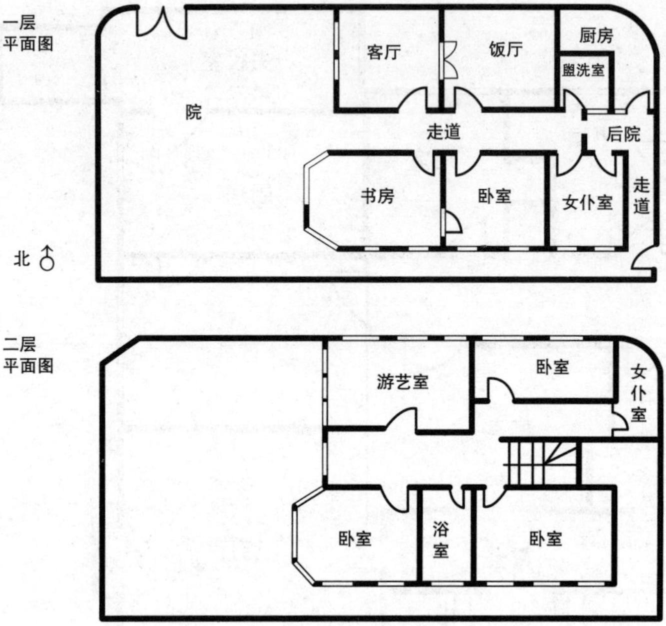

内一区什方院8号新建住宅户型示意图。

2. 周转房性质的“新街市”住宅

20世纪40年代初，日伪当局在西郊“新街市”建起的大批住宅，既不同于旧城的四合院，又有别于传统日式住宅。由于“新街市”的规划和兴建是围绕侵略战争的需要而展开，其入住的居民随时有可能被征召上前线，所以入住者大多只是“暂住”。加之多数住宅系机关、企业兴建，带有宿舍性质，因而其住宅建筑的外观比较简洁。

西郊长安街延长线以南，永定路向西两个街区的一处日人住宅，由中日合办华北房产股份有限公司开发，钱高组株式会社承建。房高（坡顶到地面）5.94米，轩高（上梁到地面）3.74米，每户20平方米，共计20户。占地面积1632.5平方米，容积率为0.25。每户都拥有大厅、小厅、书房、浴室、厕所、厨房等，实为小型独立住宅。所有各栋住宅为平层坡顶。

西郊第四街区“中华航空”的新建住宅，也由中日合办华北房产股份有限公司开发，钱高组株式会社承建。地基面积9675平方米，建筑面积4762.5平方米，容积率为0.49。在3个地块共建30栋住宅，住60户。每户面积约52平方米。各栋住宅为平层坡顶。

这两处住宅区的单体房屋建筑面积都比较小，甚至远小于旧城的四合院，更类似单身宿舍。但由于容积率较小，室内设施一应俱全，特别是每栋房屋都有独立卫浴，居住舒适度较之传统四合院为好。此外，各个地块都做了不同程度的土地预留。

北京西郊第五街区的一幢独身宿舍楼，坡顶，全楼呈工字形，分为前后两部分。地基面积12587.5平方米，建筑面积3160平方米（其中地下层265平方米，一层1613平方米，二层1282平方米），容积率为0.25。其中一层有30套单间，二层有20套单间，全部为南北通透型住室，其一侧为走廊通道。除去走廊通道，平均每套的建筑面积约为40平方米。尽管容积率不如前两处大，但由于居住人数较多，且共用一座楼宇，楼内居住密度较大。

显然，西郊“新街市”的新建住房，日常生活功能齐全，但居住面积较小，只适合过渡和周转性居住，不太适合家庭长期居住，这与当时的战争环境有着密不可分的关系。

3. 置业思维与居住习惯的变迁

中国人一直有“成家立业”的传统。买田置地盖房是中国人一生必做的大事。近代城市化进程的加快，以及房地产和房地产业的升温，使房地产的保值增值功能在乱世中显现无遗。

军阀政客大都热衷于囤积住房。

——张勋在“北京南河沿一带大住宅与小住宅共有几十所，能值一百几十万元”，在“永康胡同，他买太监张祥斋住宅，值30多万元”。

——冯国璋去世时留下的遗产里，房地产价值849465元，占全部遗产总

冯国璋（上左）、张勋（上右）、王怀庆（下左）、樊国梁（下右）。

张勋，以复辟闹剧闻名于近代，失败后寓居天津。虽然政坛失意，在日常生活上非但没有落魄，反而越来越潇洒。他在天津松寿里有一百多栋小洋楼，跟黎元洪的宅子比邻；在北京南河沿、南昌高升巷也有豪宅。他还投资当铺、电影公司、银行、钱庄、金店、工厂、商店等七十多家大小企业，家里佣人不下百人，花匠、木匠、厨子、司机、丫鬟、仆人一应俱全，家门口还有天津英租界工部局派来的警察站岗。有人估计，张勋名下的资产，少说也值五六千万元。

北京安定门内的永康胡同里，有一处隆裕太后的红人小德张送给他的宅子。当年袁世凯想买，小德张不卖，索性送给了张勋。复辟失败后，张勋先是躲在荷兰使馆，而后在这里被监视居住。直至直皖战争爆发，段祺瑞无暇搭理他，他串通张景惠以送字为幌子逃到了天津。

冯国璋，作为直系军阀的掌门人，当过民国的大总统，公务不断。然而，忙里偷闲买宅子，成了他一项雷打不动的爱好。在北京的宅子，有房屋500多间；在天津还有3处房产，总计620多间屋子，近12万平方米的建筑面积。此外还持有大量农田和商铺。

当了总统，冯国璋住进了中南海。据说明嘉靖朝以后，无论是皇帝还是总统，都会在活鱼翅上插御字金牌，然后把鱼放进中南海的一个池子里。其中一条名贵的鲫鱼，传说活了六七百岁，体重40斤，脖子上系了两道金圈，上面挂了两块金牌。冯国璋听说以后，非常好奇，便做出了一个惊人的举动——下令把这些名贵金鱼全卖了。北京各大饭店成了买主，而冯国璋也从中“挣”了10万块钱。大总统卖金鱼发财，成了当时的笑谈。

王怀庆对房子的痴迷程度当然赶不上冯国璋，但他对家居用品有特殊的爱好，尤其是马桶。在北洋政府做官期间，王怀庆在北京弄了一套豪华公馆。公馆门前有四名手持长矛的大兵把守，公馆里面亭台山石多从圆明园搬运而来。然而，就在这所无比气派的公馆里，王永庆最钟爱的，既不是花园，也不是假山，而是厕所。据说这个厕所有两间大屋，中间设一“大便椅”，下面铺着细净炉灰。椅前摆放办公桌，陈设文具。王怀庆常常在便椅上一坐几小时，一边方便，一边召集下属，处理军务。

马桶之于王怀庆，好似青龙偃月刀之于关云长。无论走到哪儿，王怀庆可以不带枪，可以不带卫兵，但绝不能没了马桶。这个马桶，漆红烫金，上书斗大的“王”字。行军时，必须有一个班的卫兵扛着马桶走；打仗时，士兵们扛着“王”字大旗冲锋，王怀庆便坐在这个写着“王”字的马桶上督战。马桶，成了王怀庆军队的特殊符号。他本人“马桶将军”的绰号也因此得名。

今天的北京城里，既是天主教堂，又是全国文物保护单位的，只有西什库教堂。20世纪初，天主教华北区总主教樊国梁，就在这个教堂传教。在教堂所处的小院里，不仅有一座三层高的哥特式天主堂，而且有医院、学校、印刷厂和育婴堂，占地几百亩，是整个华北地区天主教传教的中心。

1900年6～8月，义和团和清军围攻西什库教堂50多天，最多时聚集了10万人，愣是攻不破这个只有41名法国士兵用洋枪把守的院子。虽说义和团的“刀枪不入”是妄谈，但这么多人，即便是前赴后继，一起冲锋，别说推倒围墙，恐怕连这个院子也被踏平了。然而，现实的场景是，义和团和清军的每一次冲锋，都是前面的人中枪倒地，后面的人一哄而散。西什库教堂在今天的存在，就是在告诉人们：愚昧和迷信不能救中国。

额（2645151元）的三分之一，他在帽儿胡同有400多间房，在西河沿、煤渣胡同也各有一所住宅。

——王怀庆“在北京东四七条胡同有豪华的住宅、北京西郊的达园……其中楼台亭阁之多，山水花木之胜，堪与‘大观园’相比拟”。而他对西洋住宅的情愫，则全都倾注到天津日租界和英租界为数更多的洋楼地皮上了。

——法国传教士樊国梁利用八国联军进占北京的机会，大肆圈地建房出租，坐收渔利。仅西单牌楼以南、宣武门内外向他交纳房租的房产，据不完全统计，就多达115处，其中包括店铺、作坊和少量住宅。樊国梁在清末俨然北京“包租公”一般。

各色人等蜂拥进城置业，是城市化进程加快的重要特征之一。

北京市民对于置业选址，向来颇有讲究。老舍笔下的祁老太爷颇为典型。

祁老爷子选中的西城护国寺附近小羊圈胡同的宅子，“街门朝西，斜对着一棵大槐树。在当初，祁老人选购房子的时候，房子的地位决定了他的选取。他爱这个地方。胡同口是那么狭窄不惹人注意，使他觉得安全；而葫芦胸里有六七家人家，又使他觉到温暖。门外呢？两株大槐下可供孩子们玩耍，既无车马，又有槐豆槐花与槐虫可以当作儿童的玩具。同时，地点虽是陋巷，而西通大街，背后是护国寺——每逢七八两日有庙会——买东西不算不方便。所以，他决定买下那所房”。

显然，闹中取静、生活便利，成为祁老爷子选房置业的基本出发点。这也是20～30年代北京有房一族置业的首选依据。

20世纪30年代，北平失去了首都地位，商业萧条，房租低迷，即便是低收入居民，也能花较少的价钱租到一间可以遮风避雨的小屋。而购买住房要出的总价不菲，在金融信贷不发达，“量入为出”的观念依旧盛行的时代，没人愿意今天花明天的钱，购房对多数百姓来说依旧遥不可及。因此，那些装潢良好的大宅，只存在于大户人家。

随着欧式风格住宅的引入，住宅功能的划分显得更加具体细致。改良四合院普遍配备了独立卫浴，中小套型的洋式住宅形成了典型的三室两厅或四室两厅的格局，饭厅开始走向独立。一些四合院还配备了车房（车库）和车役室。

在学者居住的中小套型的住宅里，书房并不像大户人家那样，成为

"表现家庭阔绰的工具，也可以藉此表示自己是'诗礼家风'有根基的人家"，也不像某些军阀商人的家庭那样，使书房只有"一个标本式的用处，里面虽然也相当收藏些书籍，但是主人不去动这些书籍，客人也无须乎去翻看，只用很精致的外表，把书装潢得十分好看，也就永远放在书房"，而是以居室布局的经济紧凑为原则，将书房与卧室连为一体，或将书房与客厅打通。前者多为夫妻有共同的知识趣好，后者则多是访客与自己志趣接近。这种不拘一格的居室功能分区，在民国北京的中等知识分子和中下级官员家庭比较多见。

显然，人们置业思维和居住习惯的变迁，无不浸透着城市化和近代化给北京人日常生活带来的巨大变化。

房地产：
一个行业的蜕变与新生

传统的住宅房地产业，在北京早已有之。具体来说，可以分为建造和经营两个领域。

——建造。有清一代，除了少量旗人住宅由朝廷出资营建外，几乎所有的私人住宅都由个人出资建设。大部分旗人住宅是明朝官民留下来的，因而也属于个人出资建设的范畴。一些规制和体量较大的四合院，一般是由房主付费邀请营造作坊、营造厂代为兴建。当时最有名的营造厂当属兴、隆、广、丰四家，“所蓄匠师，系出冀州，诸作皆备，各擅专长”。

——经营。主要是买卖和租赁。现存清代北京房契显示，大部分房产都是个人直接交易，而后在官府签署契约，缴纳契税，从而完成过户手续的；也有一部分是通过“房纤”、“牵手”的中介牵线而完成交易的。这些“房纤”、“纤手”，或是茶馆老板，或是典当铺伙计，介绍房屋只是他们的兼职，而不是主业。一些富裕的权贵和商人，购置大量田宅，用于租赁，坐收租金。

整体来看，在清代，住宅房地产没有形成一个行业，也没有对城市经济发展和城区规模扩展产生多大影响。

从传统到近代：房地产行业的蜕变

1. 公司化、专业化：房地产行业的新变化

清末以来，私人建房行为越来越多。整个民国时期，京城一共新建了500万平方米住宅（当然也拆掉了不少房子）。1949年初，北平市城区有住宅

1160万平方米，其中平房1076.7万平方米，占93%。这些平房多系四合院或大杂院，建于明清时期和民国时期的各占50%。由于房屋年久失修，木骨架倾斜、开裂、变形、拔榫，墙体空膨、酥碱、漏雨严重的占60%，其中危房达60万~70万平方米。

建新房和修危房的旺盛需求，给建筑行业的发展带来了一些契机。

进入民国时期，市工务局负责管理北京建筑行业，政府管制的色彩开始增强。"建筑业资本，多属流动性质。（北）平市工务局订有限制章程，如报一千元资本之木厂，其承揽工程有在数千元者，须联合数家，方许其呈报建筑"。

1932年，"能报建筑之木厂共约160余家，入木业公会者40余家，未入会者尚有200余家。400家共有工人约20000余人"。1946年，在北平市工务局登记的营造厂商共计141家。而到1948年，私人营造厂、瓦木作、席棚铺、水电安装行等共467家，从业人员915人（资方），职工（雇员）488人，临时招募的建筑工人6900余人。

经营领域的变化更大，其最显著的特征就是公司化、专业化。

辛亥以来，受上海、汉口等地影响，北京也出现了一批专门经营房地产的公司。有些还实行股份制，接近现代企业制度的产权特征。抗战胜利后，百废待兴，"北平为政治重心、文化要地，建设不容稍缓，房地产业亦为一端。且过去在沦陷期间，多数房屋为敌寇侵占破坏、改装，损失尤巨。为整顿市容，使人民安居乐业起见，经营买卖修葺整理，并办理一切有关房地产之服务事项，实为当前急务"。因此，专门经营房地产的公司更是如雨后春笋般出现。北平建安房地产股份有限公司和复兴房地产股份有限公司就在这样的背景下成立了。

2. 典型的公司样本：建安与复兴

建安房地产股份有限公司总部位于和平门外西柳树井43号，法人代表为

民国时期北京部分住宅房地产经营企业名址一览表

名称	类别	地址
北平广兴房地产股份有限公司	房地产公司	石驸马大街
建安房地产公司	房地产公司	和平门外西柳树井43号
世界永安房地产公司	房地产公司	西单学院胡同甲2号
复兴房地产股份有限公司	房地产公司	东四北大街256号
惠民堂	店铺	北新桥新太仓56号
裕兴广告社	广告社	东四北八条
裕兴社	广告社	东四北大街路西382号
中央服务社	广告社	西城扁担胡同7号
中国服务社房产部法律部	广告社	前门外杨梅竹斜街46号
刘大隐广告社	广告社	前门外杨梅竹斜街102号
志成社	广告社	东城灯草胡同4号
九三服务社	广告社	王府井大街东厂胡同5号
基督教服务会	慈善机构	钱粮胡同
张益三广告社	广告社	西单辟才胡同
信诚社	广告社	西四北前口袋胡同
五兄弟广告社	广告社	西单北大街
叶　宅	个人	南闹市口回回营10号
中信服务社	广告社	西城丰盛胡同1号
普安房产服务社	广告社	西四大红罗厂甲21号
世界日报	平面媒体	廿箱
郭载卿广告社	广告社	北新华街
平安社	广告社	和平门外南柳巷60号
新亚广告服务社	广告社	和内双栅栏
艺虹广告社30箱	广告社	灯市口
群贤社	广告社	西四兵马司能仁寺29号
南洋广告社	广告社	沙滩
信诚广告社	广告社	南长街北口路东
华洋广告社	广告社	前门内銮舆卫
北平通易信托公司信托部	信托公司	西交民巷77号

刘季英，资本金1000万元，其中先行筹措的500万元按照国民政府《公司法》之规定存于聚兴诚银行，作为企业准备金。

这是一家股份制企业，所有资本金分为1万股，每股1000元。公司设立董事会和监察人。凡持有200股以上之股东可以当选董事，持有100股以上之股东可以当选监察人。董事会专设9名董事，附设3名监察人，前者任期三年，后者任期一年，可以连选连任。公司根据持股多少决定股东议决权、选举权的多少。“自一股至一百股，每股为一权；自一百股另一股至二百股，每二股为一权；自二百另一股至五百股，每三股为一权；五百另一股至一千股，每五股为一权；一千股以上每十股为一权；零数不满一股者不计”。这样的股权分配方案，对中小股东较为有利。

每年结账前三个月内由董事长召集股东常会，在董事及监察人三名以上认为有必要时，也可召集股东临时会。公司每年结算时，应编造营业报告书、资产负债表、财产目录、损益计算书。

至于年终分红，将公司营业利润除去开支外，预留10%为法定公积金（数额不超过股份总额一半）以及10%的股息，剩余80% 的利润作为纯利，分为20份。其中股东红利占10份，董事及监察人酬劳占3份，经理、职员花红占7份。

这张表格透露出三个信息：

公司发起者中，江苏人占一半，考虑到法人代表也是江苏人，这说明同乡关系在房地产公司创建筹资过程中很重要。

除法人代表刘秀英外，其他出资人年龄平均为33岁，当时房地产从业人员起步年龄较低，由于行业利润丰厚，年纪不大即已有较多的资金积蓄。

董事、监察人的权数，并非完全参照出资人出资多少决定，而是根据股东常会得票数决定，所有董事、监事都从出资人中选出，其中汪树滋是唯一没有入选董事会和监察人名单的出资人。

建安公司的经营范围包括：

建安房地产公司发起人（出资人）名单及董事会、监察人名单

发起人姓名	发起人年龄	籍贯	发起人认股数	董事、监事姓名	董事、监事职别	得票数	董事、监事权数
刘季英	60	江苏丹徒	1000股	刘季英	董事	9	3150
汪树滋	30	江苏吴县	1000股	郑瑞林	董事	9	3150
郑瑞林	42	河北玉田	1000股	朱右民	董事	9	3150
朱右民	35	江苏泰兴	1000股	刘厚泽	董事	8	2800
刘厚泽	32	江苏镇江	1000股	叶甫阁	董事	8	2800
许屺生	36	浙江绍兴	1000股	张佩衡	董事	7	2450
叶甫阁	34	江苏南京	1000股	宋雨秋	董事	6	2100
张佩衡	27	河南南阳	1000股	瞿昭旗	监察人	8	2800
宋雨秋	28	河北交河	1000股	许屺生	监察人	7	2450
瞿昭旗	31	湖南长沙	1000股				

旧房改造。“设法收售不适用贱价房屋与已修葺使成合理化之房屋，俾能居住再予转售或行租赁，设法收购市内空地兴筑居宅，发展都市以应实际需要”。

代卖房屋。“为适应购置或买卖房地产人之需要，本公司得办理接收受委托代理买卖业务，收取手续费，并代办一切移转产权等法律手续，以求买卖双方之便利”。

代收房租。“特设代理经租部分，接受经营房地产人之委托代理经租……按期收租，收取一部手续费”。

代办保险。“由本公司联络各大保险公司……便利雇主”。

代销建材。“采购各种欧美建筑材料”。

这家公司年度收支预算如下：

收入部分：资本1000万元，临时融资（所购房产抵押）1000万元，经营房地产利益200万元，代理买卖房地产利益900万元，代理经租房地产利益300

万元[1]，代理买卖建材利益50万元，代理保险利益50万元，共计3540万元。

支出部分：未收股本500万元，流动资金300万元，公积金25万元，房地产投资1000万元，日常开支840万元，应付利息360万元，股息50万元，营业用购置费200万元，折售40万元，纯益225万元，共计3540万元。

复兴房地产股份有限公司总部位于东四北大街256号，其法人代表为杨绍勤。根据公司章程，公司共有注册资本金法币1000万元，分为100股，每股10万元。根据出资人提供的资本比例，确定杨绍勤、袁济民、张茂斋各20股，翟荫泉、陈文仲、李毓舟、杨耀增各10股。公司高层设置5名董事，任期3年；2名监察人，任期1年，可以连选连任。公司每年年终决算，所有收益除去各项开支及一切费用外，如有盈余，则分为100份。其中股东红利60%，董事及监察人酬金10%，经理、副经理酬金15%，全体职工奖励金15%。

根据公司章程的设想，复兴房地产公司“经营本市市房市地并代办有关房地产一切事项”。其发展步骤是首先“经营市房市地、介绍房地买卖及办理有关房地产之一切事项，以便市民繁荣市面；将来如营业发达，希望承包或自行建筑大量房屋，以供市民之居用，使市民住的问题获得安全解决”。根据公司的概算书，其年度预算收支情况如下：

收入：介绍买卖1500万元，其他300万元，共计1800万元。

支出：薪金600万元，房租100万元，文具20万元，邮电30万元，捐税150万元，交际200万元，煤水30万元，杂费100万元，折旧20万元，共计1250万元。

收支相抵，结余550万元。参照公司章程规定的比例进行盈余分配：公积金55万元（10%）、股息8万元（八厘）、股东红利243.5万元（50%）、董事监察人酬金48.7万元（10%）、经理副经理酬金73.05万元（15%）、全体职

[1] 一些大房产主，在购置产业后，凡不愿意或不善于自己经营，或者不愿意抛头露面的，都将产业托人经租。这是房地产所有权与经营权相分离的典型模式。产权人通过经租机构，代理收房租、维修养护等一切经营事宜，经租机构按照房租额和维修工程费用总额提取佣金。佣金的比率为5%～10%或更高。由于代理经租是房地产业垫支成本最低、经营风险最小、收益最稳妥的项目，而且由于租金数额一般较大，便于生息。尽管不能短期内牟取暴利，但积少成多，仍可获取可观的利润。这种经营模式，为多数房地产公司所采用。

员奖励金73.05万元（15%）、社会福利金48.7万元（10%）。

两家公司不仅具有租售中介功能，还管收买、改造旧房和出售建材，超出了传统房地产中介单纯介绍交易的功能。建安房地产公司还拥有一批房源，可以自行出资延请营造厂进行修葺和加工，具备了旧房开发的初步功能；复兴房地产公司也有“承包或自行建筑大量房屋”的设想。显然，这两家公司已经不同于普通的房地产中介，而是比较典型的房地产开发企业。

从年度预算情况看，两家公司代理买卖和经租房地产的收益，几乎占到资本和临时融资以外全部收入的80%。这至少可以说明，直至20世纪40年代，北京（北平）的房地产公司，还无法完全摆脱房产中介的影子；房产中介仍旧是房地产开发企业的主营业务。相比于上海的外资房企，类似建安公司和复兴公司的民族企业，不仅缺乏开发大中型社区的能力和经验，而且很难拿到城区地块。

从财务数据来看，建安房地产公司的融资手段大体分为以下几种：

——通过抵押房产从银行临时融资。建安公司将所购房产抵押，获得1000万元类似贷款的临时融资款项，增加了企业的流动资金。

——通过发行股票、分割股权等方式向社会募集。最初的1000万元资本就来自于此。一般来说，向社会募集的资金，是房地产企业起步资金中最

民国时期房地产公司的股票。

主要的部分。虽然早在1917年北洋政府就成立了北京证券交易所，然而北京的金融业、证券业仍比上海、天津落后，难以成为房地产企业的主要融资来源。建安房地产公司所募集的资金中，90%以上来自该企业的发起人，即合伙人。因此，与其说是股份制企业，不如说是合伙企业。

在复兴房地产公司的概算书中，“介绍买卖”以外的“其他收入”只有300万元，占预算总收入的17%。其融资能力显然还不如建安公司，其最初的资本金绝大多数也很可能来自公司发起人。

由于缺乏政府支持，加之北京政局长期动荡，比起上海、香港的外资地产公司，北京（北平）的房地产企业普遍规模不大。建安房地产公司和复兴房地产公司的1000万元股本，看似数目巨大，但考虑到1946年全国物价大幅攀升，法币严重贬值，这个资金量只够买1~2套四合院，因而这两家公司的资本实力依然较弱。这也与当时中国民族资本的普遍特征相一致。

3. 兼职的皮包公司遍地开花

20世纪30~40年代，还有数量不少的广告社、信托部兼营房地产业务。

1921年创办的、位于东城沙滩7号的杨本贤广告部，因广告词“惊心醒眼”，刊登广告“价廉特效”，“登载迅速，绝不误期”，因而在广告社中规模和影响力为最大。其“得到全国报界的信仰”，在《北平晨报》、《世界日报》、《北方日报》、《晋阳日报》、《太原日报》、《中央日报》、《华北日报》、《法文诚报》、《庸报》、《实报》、《京报》、《晶报》、《快报》、《新闻》、《申报》、《时报》、《民报》、《导报》、《商报》、《真报》、《大公报》、《益世报》、《全民报》、《小公报》、《公民报》、《新天津》、《时言报》、《小小午报》、《晚报》、《平报》、《晓报》、《群强》、《现代》、《华北明星》、《时事日报》、《西京日报》、《北京日报》、《实事白话》、《新中日报》、《北平新报》等数十种平面媒体的广告版面都有一席之地，其刊登的广告内容种类繁多，其中涉及房产招租、出售内容的广告比例最大。

与广告社相比，信托部不仅兼有介绍房屋买卖租赁的功能，而且可以替房主代收房租，即资金托管功能，比如位于西交民巷77号的北平通易信托公司信托部，即北平通易信托公司投资房地产的专营机构。

报社利用自有的广告版面为房东做广告，并通过出租信箱，帮助出卖、出租房屋的房东接收求购、求租信函，收取广告费。

其中，广告社一般规模较小，很多只有一间门脸，前面是营业室，后面是广告作坊，有的则是“皮包公司”，仅有一个挂有社长或经理头衔的人出面揽活。它们与报社一样，只是征收各种房源信息，为房东和房客提供信息中介和资金中介服务，收取服务费，与传统的房地产掮客在功能本质上没有太多变化。

4. 新影响：房地产格局之变

当住宅房地产经营由经济现象变成行业名称时，其所蕴含的财富效应就会显现出来。民国时期，香港、上海、天津、汉口等商业城市涌现的富豪，不少人就是房地产开发商。与这些商业城市相比，北京（北平）还是显得慢半拍。

20世纪30~40年代，当近代房地产企业纷纷在这座城市生根发芽之际，古都早已变成了故都。达官贵人接连离去，社会购买力缓慢下降，房地产业长期疲软，几乎没有涌现出靠经营房地产发财的富豪。

即便如此，近代住宅房地产业对于北京（北平）的城市生活，还是带来了很多新变化。

——城市住宅经营模式之变。尽管传统的中人牵线，卖主买主一手交钱、一手房契过户的做法依然大量存在，但报纸广告成为居民发布租售信息的新途径。不少广告社充当房产中介的角色，发挥了信息媒介的功能。几乎所有的房地产公司都有住宅租售的中介业务，将卖主和买主由私下交易转到公开合法交易，减少了交易风险。房地产公司承揽经租业务，既节约了房主的时间和精力，又因其术业专攻，善于把握市场动向，成为大房产主的理财助手。

——城市功能布局之变。尽管并未通过拍卖、协议等方式获得太多的空地经营权和建筑权，但因大多数房地产公司位于前门外、虎坊桥等外城的交通要冲，吸引各类顾客到这些区域，客观上有助于活跃外城的商业经济。加之琉璃厂、厂甸等毗连区域传统商业活动（诸如庙会）的推动，虎坊桥成为除大栅栏、天桥以外，外城较为重要的商业区。沦陷时期，日伪当局支持的中日合办华北房产股份有限公司，在西郊“新街市”的开发过程中承揽了大批住宅的兴建、经营活动，还在客观上推动了北京城市空间的扩展和部分城市功能的转移。

——住宅供应引入市场机制。尽管当时的《土地法》等明文规定政府对于防范住宅短缺、保障国民居住权的责任，但因财力、精力有限，北洋政府和国民政府无力将具有住房保障色彩的“平民住宅”加以推广。鼓励私人营建新房、出租空屋，通过市场的手段盘活存量，扩大增量，就成为扩大市场供应的重要途径。毫无疑问，房地产企业在其中发挥了积极作用。

——助长了投机之风。与上海、汉口的房地产企业相比，北京的房地产公司自建房产有限。截至1948年，北京全市共有1354万平方米住宅中，平房住宅（包括四合院）有1270.7万平方米，其中91%集中在62平方公里的内城和外城各区。这些住宅多是清代遗产，以及居民自建或延请营造厂修建。房地产公司成片开发的区域，仅限于西郊“新街市”以及外城的少量空地。由于主要靠从交易价格中提取佣金获利，房地产公司当然希望房价走高。

20世纪40年代后期，北平房价暴涨，尽管恶性通货膨胀是主因，但部分房企恶意抬价，牟取暴利，也起到推波助澜的作用。几乎所有的广告社，都把触角从房地产宣传、租售信息传布等广告业务，伸向标定房价本身，甚至与房主谈好价格后，对房客擅自抬价，赚取差额。

对于这些暗中抬价的广告社，国民政府也曾设法整治过。1948年8月，群贤、普安、中信三家广告社被取缔。理由是其营业执照上标明的营业范围，只有“各项广告”或“报纸、电台、美术、电影、灯片广告”，没有房地产经营的内容。然而，这种“惩一儆百”的方式丝毫无助于遏制疯狂的炒作、投机之风。

掮客的天下

1. 早期的掮客

所谓掮客，就是中间商，是通过给他人介绍生意以赚取佣金的人。由于他们能把互不相识的买卖双方撮合到一起，达成交易，因而又被形象地称为“牵手”或者“纤手”。在不同的城市，他们还有经纪人、居间人、跑合的、拉纤的，诸如此类的多种称呼。早在春秋战国时期，掮客就已成为一种商界职业。

房地产中介业务，又俗称为“专吃瓦片生意”。从事这类工作的掮客，至迟到元代就出现了。当时叫作“牙人”、“牙商”。如需买卖房屋，须由牙人牵线作保，书写清单，签字画押，方能成交和缴税。在房屋交易中，牙人如想“侥幸图利”，就可以设法不让买卖双方相见，而是先对卖家压价，再对买家抬价，利用信息不对称来吃差价。

元朝官府看到了这一弊端，于是在至元二十三年（1286年）出台法令，限制牙人的经营性活动，“除大都羊牙及随路买卖人口、头匹、庄宅，牙行依前存设，验价取要牙钱，每拾两不过二钱。其余各色牙人，并行革去”。

明朝初年，出身贫农的朱元璋恨透了囤积居奇、投机钻营的商人。重农抑商政策在他手里发挥到极致。牙人这个职业，索性被他灭了。后来，官府放宽政策，允许官方指定的官牙和经官府批准的私牙营业。

清朝前期，朝廷禁止百姓私充牙人、牙侩，想当牙人，必须到官府领取牙帖，缴纳牙税才能营业。领取牙帖的牙人有资格开办说合双方交易和代理买卖货物的牙行。乾隆二十三年（1758年），顺天府（今北京）管辖的牙行共有849名牙纪（即牙行经纪人）。他们不仅经营房地交易，也经营各种商品的居间服务。

咸丰年间，清廷颁布《写契投税章程》，明确了牙人的佣金提取比例为房地成交价款的5%。其中买家出六成，卖家出四成。也就是说，这5%里，买家出3%，卖家出2%。由此形成了掮客行当里的佣金潜规则——“成三破二”，直至20世纪40年代末。

那么，这赚来的佣金怎么分配呢？一桩房地交易，如果是由牙行的牙纪说成，那么他可从中提成25%，中人和代笔也可提成25%；如果是由中人说成，那么牙纪只能提成10%。“如牙纪人等多索，准民告发，查实严办”。

宣统年间的《写契投税章程》重申了上述规定。并对牙纪的业务范围制订了新规，即只管丈量，不管说合。至于居间说合的业务，则被光绪年间新成立的官方机构——“官中”拿走。它的出现至少反映了两方面现象：一方面，专业化的房地产掮客出现并得到官方认可；另一方面，清末国家财政紧张，只得到处敛财，甚至连房地产交易过程中的佣金也不放过。

房地买卖中介的官方化，并不意味着民间房地产掮客的消失。由于缺少资格准入和行为监管的有效举措，民间的房地产掮客不仅数量有增无减，而且业务量不断攀升。到了民国时期，房地产掮客已经遍及社会各个阶层。

2. 民国时期的掮客

限于经济实力和交通条件，每个掮客只在某个固定的片区活动。民国时期北京的房地产掮客大约分为东城片、西城片、南城片。各片都有代表人物，即“纤头”（亦称“大拉纤的”）。每天上午或下午，该片区的掮客要聚会一两次。

“宣外骡马市大街三义轩茶饭馆、宣内大街海丰轩茶馆等处，每日座上必有此类人盘聚。所谈无非某家卖房，某家买房，某家典。或故自作神秘，谈话间忽吞忽吐，使同道中人不易捉摸其虚实；或公开宣布，铺张扬厉，招致同道中人共起援助；或自诩多能，当众夸耀，引起同道中人妒羡反感。种种形色，不一而足”。

每年农历二月二日，南城片掮客还要在骡马市大街的宴春饭庄举行一个名为“财神会”的大聚会。大掮客通过“财神会”提高自己声望，小纤手也争取有事能够得到照顾。

此外，内城的广和轩，外城的玉春、天汇轩等茶馆，“每日均有此项人之足迹，专为访问何人欲买房，何处有房售卖，遂即自行寻去，为双方撮合”。天桥地区茶馆最多时达25家，其中充斥着各色掮客，在品茶的过程中交流信息，甚至达成买卖。可以说，茶馆成为北京房地产掮客交流传布各类房产地产信息的中转站和实现交易的重要枢纽。

“成三破二”虽说是行规，但并非铁板一块。有些掮客不见得挣得到这么多佣金。当时有俗谚曰：“十纤九空，拉住一次即不轻。”“若双方均有仆人，亦当许给纤费一份，更有此纤手正在撮合之中，另一纤手从旁加入，此谓之‘钻纤’，亦有由甲纤手久说无成，再找乙纤手加入，成功后中费由两人或三人同享者，有一交易而纤手多至八九人者”。更多的掮客，“往往节外生枝，特别苛求，或侵蚀房价，或例外需索”，为了获得更多利润，无所不用其极。

20世纪30年代北京（北平）的房地产掮客，为了牟取暴利，鬼蜮伎俩层出不穷。不同的掮客，可以合伙蒙骗卖主、买主，也可以为了蝇头小利反目成仇。当时的报刊有这样的报道：

> 往往甲拉房纤人为人经手说合，代为买卖房产一所，讲妥代价洋两千元，为乙拉纤人所知。于是乙急中生智，立即飞奔至买主处，谓甲所接洽之买价两千元未免太贵，如由我接洽，一千六百元准可成交。花言巧语，百般谄媚，买

主如稍不审慎，为其所惑，拖甲亲乙。乙一面又奔至卖主处，对甲多方倾轧，进谗不止，痛诋其两千元卖价太低，卖主如亦为其所惑，乙初步之计划便算成功。其实乙揽得此项买卖房产交易后，毫无确定办法，无非抢别人饭自己吃。迨至买主果真出一千六百元买房时，乙必又多方托词，希其增涨。如买主坚决不增，则必又央恳，谓本人情愿牺牲佣金，但求买卖成交。同时如卖主果真于此两千元之外，希冀多卖，则又进以危词。或谓时局不好，有房产以早卖为佳；或谓彼时本人认为此房可以多卖，今则发现此房风水欠佳，能卖到两千元，已属万幸。结果买主仍系以两千元代价买房，卖主于两千元以外，亦未能多得分文。乙之佣金，依然照样分得。

这种相互拆台、争抢生意、牟取佣金的伎俩，在民国时代的房产交易中屡见不鲜。

事实上，掮客能够在房地产交易市场，特别是二级市场翻云覆雨，就是利用信息不对称的特殊条件。掮客可以通过茶馆的交流，获得买主和卖主双方的信息，获悉双方的价格底线，但买卖双方限于落后的交通、通讯条件，难以互相了解，获取有价值的信息。更重要的是，买卖双方尚无市场的观念，缺乏房地产交易的专业知识和对房地产行业及市场的全面了解，因而习惯于依赖掮客。在某种程度上，掮客垄断了信息，也就垄断了这个市场。在当时的报刊上，这些房地产掮客被称为“唯靠一张嘴、两条腿，东钻西碰谋得糊口”。

不过，随着报纸发行量和广告版的增多，越来越多的房主更愿意自行把广告刊登出来，并强调“牵手免谈”，避免掮客插手交易过程。

鉴于房地产掮客通过各种不法行为牟取暴利，北洋政府曾经试图通过建立官方中介机构来取代掮客的某些功能，限制房地产掮客牟取暴利的可能性。

1927年3月31日，京都市政公所、京师警察厅和京兆尹公署联合公布

《合办京师城郊官中事务处简章》，仿照光绪年间的做法，设立官中事务处，郊区设立分处，专司内外城二十个区和四郊房地的租赁、出典、售卖。

官中事务处有“出租房地簿”“出典房地簿”“出售房地簿”供人阅览抄录。市民出租房地，须花大洋两角购买该处的租折。成租日当天，出租人和承租人要按月租额的25%缴纳成立费。市民典或出售房地，须花大洋四角购买该处的契纸。成约日当天，典售人按房地价的2.5%缴纳成立费。

官中事务处对房地产掮客的从业资质设定了审批门槛。规定凡从事介绍房地营业者，经该处考询，合格后发给房地介绍证，介绍证每年更换一次；禁止无证者从事房地中人及介绍事业。中人介绍房地，允许其收受的介绍费，租赁的不超过半个月租金，典买的不超过总价的2.5%，如果交易由几个人介绍说合，则这几个人共同分配这笔介绍费。

官中事务处不仅收费不低，而且手续烦琐，反倒不如房地产掮客办事简练。掮客的业务并未受到太多冲击。1928年，国民政府占领北京后，新成立的北平市政府精简机构，撤销了官中事务处，放任房地产掮客经营市民买卖房屋的交易活动。这说明，北洋政府对房地产中介领域的干预劳而无功。

抗战爆发后，房地产掮客开始兼营代客租赁房屋的业务，“纤手撮合买卖、租赁各事，于双方成立契约时，须负中人之责，签名画押，中费由租房人酌给纤手，数约房租之半”。随着业务范围的扩大，房地产掮客的从业人数也逐渐增多。到1948年，北平（北京）城区专业的和兼职的房地产掮客达5000人左右。

作为房地产行业的润滑剂，房地产掮客业务熟练、人脉广泛、消息灵通，对于活跃大中城市的房地产交易市场，加快成交速度，降低买卖双方的交易成本，都起到一定的积极作用。“买卖双方，明知拉纤人从中使钱，然而又非用之不可。盖因买卖两家，各不相识，无中人说项，似不能面对面讲。且此项纤手，于买房人实有利益，如某处房不净，某处房有纠葛，非此等人莫知其详。且房产交易后，纤手可代换转移凭单、立案、投税、领契等事，较买房人自己办理尤妥”。

然而，他们为了实现一桩交易，或为了拿到一笔佣金，不惜施用各种诡计，真真假假，使买卖双方缺乏安全感，损害了房地产中间人的信誉形象。这个群体的长期存在，对实体经济的正常运行，以及稳定社会秩序和减少买卖、租赁房屋的纠纷，都造成了不利影响。

教会地产：京城房地产市场的怪胎

早在18世纪，西方基督教、天主教、东正教教会就向中国内地渗透。鸦片战争后，通过一系列不平等条约，教会势力攫取了游历、传教、置产、建房等特权，并将其适用地域由通商口岸逐步扩大到中国内地，包括北京。

根据道光二十四年（1844年）中法《黄埔条约》、咸丰十年（1860年）中法《北京条约》、同治四年（1865年）《柏尔德密协议》、光绪二十一年（1895年）《教会置产协议》有关文本的规定，以及教会与中国地方当局进行的索还教堂的交涉等，教会拥有了在华购置地产的法律依据。

1. 骗来的特权

中法《北京条约》中文本第六款，有“任法国传教士在各省租买田地，建造自便”的规定，但在法文本中却找不到这样的话。这是怎么回事呢?

原来，担任中法谈判中方翻译的法国传教士艾美，在条约的中文本里擅自添加了这样的话。

尽管咸丰八年（1858年）签署的中法《天津条约》，其第三款有“自今以后，所有议定各款，或有两国文词辩论之处，总以法文作为正义”的规定，可以证明《北京条约》中文本第六款的这些规定没有法律效力，但在谈判过程中，法国公使利用清廷急于结束战争的迫切心理，以及清朝谈判官员不懂法文的情况，胁迫和愚弄他们上当受骗，签约画押。

张之洞（左图）；赫德。

张之洞的旧宅位于北京西城区白米斜街路北。大门在白米斜街，后临什刹海前海。湖畔排列着3栋小楼。中楼前花厅2间，四面带廊；中楼7间；东楼5间，西楼6间，都是2层。据说，张之洞在这里居住时，过着夜猫子般的生活。每天下午2点入睡，晚上10点起床办公。喜欢蹲在椅子上吃饭。酷爱养猫，家里多至数十只猫。张之洞是爱书之人，但猫在书本上撒尿，他却不恼。

张之洞去世后，他的后人“不恒居此”，宅院逐渐破败。30年代，哲学大师冯友兰买下了这个院子。新中国成立后，此宅变成了石油部宿舍。其中白米斜街11号院是昔日的张府住宅，7号院是张府花园。两院内部相通，几乎占据了半条胡同。尽管里面已变成了大杂院，被民居拥挤得面目全非，花园、游廊也不复存在，但起码房屋整齐、道路干净，门口的照壁、上马石、八字门墙，仍令人依稀可见当年的富贵气势。

英国人赫德执掌中国海关近半个世纪。一方面竭力维护英国利益，粗暴干涉中国内政，另一方面改革海关制度，清理陈旧积习。在他的经营下，中国海关一改长期散漫、低效的形象，海关税收逐年攀升，取代农业税成为清廷的头号财政收入，改变了长期以来农业税为主的财政收入格局，有助于清廷摆脱财政危机，支付庚子赔款。难怪清廷对他倚重有加，甚至称呼他是“我们的赫德”。

1873年，二胡、古筝演奏的中国乐曲，令包括奥地利皇室成员在内的一千四百多名观众叹为观止，没有一人中途离开金色大厅。这是中国人在维也纳世界博览会上的最后一次亮相，也是积贫积弱的近代中国，首次像大国一样在欧洲受到尊重。而促成中国人奥地利之行的，就是赫德。得到清廷授权的他，利用在海关工作的特殊优势，把展品征集和人员选拔工作做得井井有条。可以说，赫德是推动中国走向世博会的第一人。

西方教会势力的“内地置产权”由此而来。

并不是所有人都能轻易被蒙蔽。几年之后，时任大清海关总税务司的英国人赫德，就发现了这个漏洞，并告知了总理衙门。遗憾的是，总理衙门不仅未予公布，甚至“对这条很明确的条文从未提出抗议”。

直至光绪二十一年（1895年），湖广总督张之洞根据1886年《各国交涉政书》所载中法《北京条约》（法文本）有关内容上奏朝廷，才揭露了法国方面隐瞒三十多年之久的置产骗局。

可是，一切都太晚了。

同治四年（1865年）中法签署的《柏尔德密协议》，至少还有“卖产之人，嗣后须令于未卖之先，报名该处地方官，请示应否准其卖给，由官酌定准否，方准照办，不得将已业私行卖给，如有私卖者, 立加惩处”的限制性规定。到光绪二十一年（1895年），中法签署的《教会置产协议》里，连这条也被删去了。法国教会在华自由置产的合法性，就此得到了最终确认。

2. 传教士疯狂圈地

光绪二十六年（1900年），八国联军攻进北京，全城一片混乱。

美以美会传教士刘海澜（H.H.Lowry）率领教徒，跑到崇文门内孝顺胡同和船板胡同一带，用秫秸插标立界，连同界内的佛寺一并圈占。一名法国传教士也看中了这块地，带人过来抢。双方发生冲突。刘海澜当过美军营长，掏出手枪把对方吓跑了。此后，刘海澜在所占地盘内建了亚斯利堂、洋人住楼和大中学校等楼房，成为美以美会在北京进行文化侵略的据点。其中的备堂（中学）校舍，后来发展成为汇文男校和慕员女校。

在八国联军占领北京前后，部分传教士圈占土地似乎“蔚然成风”。清朝地方官员毫无办法，只好承认既成事实。其中，西什库教堂圈占的大量房地产，几乎全部用来做租赁投资。

其实，这样的圈地运动，在不平等条约的保护下早已开始。进入中国

位于北京西城区西什库大街附近的哥特式教堂——西什库教堂。

内地的传教士，无论是绝对数量、活动地域，还是在华购置地产的规模和资产总额，都远超历史上任何时期。他们不仅在农村大肆圈占土地，进行租佃剥削，而且在各大城市进行房地产投资。1948 年，北京、上海、天津、汉口、广州、青岛、哈尔滨等7个城市，外国人所占土地中有44.4%为教会所有，外国人所占的房产中有43.2%为教会所有，这些房产中80%以上是用于出租牟利的。

在所有列强中，法国及其教会充当了在华投资城市房地产的急先锋。1930年前后，法国教会在上海的财产有91.1%为“生财资产”，只有8.9%为教会自用资产。法国所圈城乡土地，教会占有67%；所占房产，教会占有83%。可以说，法国教会俨然超级房地产集团。然而，他们获得土地和房产，巧取豪夺的多，合法交易的少，有时甚至武力强占。

清末的北京，西单牌楼以南、宣武门内外，就有116家铺面房和4处城内空地，其产权属于北京各天主堂，其每月的租金总收益达市松银42.8两以及铜钱952240文（其中，空地月租为市松银5.6两和铜钱14000文）。不过，铺面房的租金能否按时足额收取，与店铺自身的经营状况有密切关联，因而投资铺面在当时还是有一定风险的。

3. 洋教士的房产生意经

——住宅出租。

西什库教堂主教樊国梁等法国传教士，为求获利稳定，就经营住宅租赁。樊国梁就将其圈占的裕大人住宅出租给开平矿务局官员林辅臣。其租约如下：

北洋开平矿局洋司事三品衔补用游击林辅臣，今租到北京裕大人住宅一所，坐落在东四牌楼南箭厂胡同东口外路西大门，共计房六十八间，言明租价每月英洋壹百元。所有商定一切事宜，分条开后，以便日后彼此照办。

一、每月租价洋银一百元，自光绪二十五年六月十一日，即西历一千八百九十九年七月十八日交房之日起租。

一、此房系归北堂樊总主教代为经管，每月租价按月交樊总主教收存，不欠不少。

一、房屋门、窗、户、壁、装修及树木、家具等另有清单，彼此收执，不得损坏。

一、房主如欲索回原房，须于四个月以前告知房客，按期迁让。

一、言明此房由林辅臣承租之后，不得转租别人，如别国使馆愿租，林辅臣可与樊总主教商明办理。

一、房屋现已修整完好，无须大修；如每年有应行小修补漏之处，每年由房客出资修理，不扣租价。

一、此房租定之后，如遇有中国国家查保甲等事，概遵照中国章程办理。

一、此租约写中英合璧文各一纸，房主、房客各收一纸，概由林辅臣用英文签字为据，并由房主抄送樊总主教处存查。

光绪二十五年六月 即西历一千八百九十九年七月 日 林辅臣启

这份租约规定了租赁双方的权利和义务。其中，樊国梁强调该房不得转租，不得拖欠房租，日常维修由林辅臣自行承担，并以中、英两种文本收存。尽管这所住宅的主人曾是裕大人（姓名不详），但经过巧取豪夺获得该房产权的樊国梁，俨然以中国业主自居。

——住宅典押。

这也是教会从房地产上牟取暴利的一种手段。不过，相比于住宅出租，典押业务变数多、风险大。

1924年11月13日，经中人说合，直系军阀曹锟的亲信、时任公府收支处处长李彦青将其名下的西城堂子胡同6号住宅151间及部分动产典押给西什库教堂，向其借款5万元。言明借期6个月，每月交1000元房租抵借贷利息，以借券、租折及房契为凭证。李彦青预付了3个月的房租。

不久，冯玉祥发动北京政变，囚禁了曹锟。李彦青因克扣军饷而与冯玉祥结怨，旋即被枪毙。人一死，房租和借款就没人偿付了，一直拖欠。

李彦青夫妇已死，膝下没有子嗣，主教包士杰只好向李彦青的胞弟李汉彬、李伟斌（住西安门内西什库东夹道路西44号）追索欠款。然而，堂子胡同的房产不在李汉彬、李伟斌名下，他俩当然“始则支吾，终则复函请自拍卖，以致受有登记费、拍卖费之损失”。

参照当时同等地段的住宅单价（参见第81页表），堂子胡同6号住宅的市价不低于3万元，即便算上典押的动产市场价，能否完全抵补借款及利息（房租），尚且未知。无奈之下，包士杰诉诸公堂，执意要求李汉彬等人替兄还债。

——开办慈善。

除了进行住宅投资外，教会势力还开办了慈善机构，或拿出部分房屋作慈善用途，希望借此宣传“福音”，招徕更多中国人入教。

同治三年（1864年），美国传教士裨治文（E.C.Bridgman，1801—1861）的寡妻裨爱利莎（Elijah Bridgeman）在北京灯市口购置一处房产，并出资兴建房屋，作为其创办的贝满女子中学的教员和学生的宿舍，后又屡次

《晨报》广告版所载1923～1925年北京内城部分区域住宅售价表

地点	房间	全价	每间单价	报刊日期
新街口积水潭西河沿	20多	3500元	约175元	1925.11.30
西直门大街酱房大院	40	5500元	138元	1925.11.30
西城什锦坊街武定侯中间路北	14.5	2800元	193元	1925.11.30
六部口12号	17	8000元	471元	1925.04.03
宣内鲍家街中间笔管胡同1号	18	4300元	239元	1925.05.03
棉花八条3号	20	5200元	260元	1925.05.26
朝阳门内迤北东城根89号	20	2900元	145元	1926.03.08
新街口北槐树胡同5号	16.5	3000元	182元	1926.01.12
宣武门外官菜园上街3号	12	1400元	117元	1926.01.13
每间住房平均单价			约213元	

扩建。义和团运动期间，该宿舍遭到焚毁。庚子以后，华北公理会北京众议会用庚子赔款在该地原址重建洋式楼房，改为私人住宅。

1921年，基督教公理会信徒美国人古德里奇夫人（Mrs. Good Rich）在东城灯市口同福夹道6号和8号开办老人院，一开始只收留基督徒。几年后她去世，公理会英、美、德各国女性信徒继承旧业，扩大收容范围，允许非基督徒入院。这两处房屋都是曹汝霖的私产。虽然不收租金，但产权仍属曹家。该院最多收容64人。其中6号房收留男性鳏夫，8号房收留老年夫妻。前者提供床位，后者提供单间，均提供衣食、洗澡、洗衣等服务。经费完全来自慈善家的捐助。老人院正常运转的开销为每月平均160元。每位老人每年耗费衣食、灯火及一切杂用约50元。从而形成老年群体的特殊公共住宅。

光绪三十二年（1906年）成立的北京基督教青年会，在东四钱粮胡同42号设立了服务会，专门进行房屋中介信息等各种广告信息的发布。

4. 无奈的“修法”

1928年，南京国民政府挟“二次北伐”告捷之威，为“改订新约”运动做准备，力图收回一些国家主权，改变中国外交软弱的旧形象，并争取国际社会承认新政权。

在外交谈判的同时，国民政府希望通过颁布新的国内法，从执行面实现修订条约和收回主权的目的。7月12日，《内地外国教会租用土地房屋暂行章程》颁布，旨在改变中法《北京条约》和中法《教会置产协议》签署以来，西方教会势力在中国内地进行房地产投资的原有格局。

《暂行章程》规定，教会在内地租赁土地建造或租买房屋，不仅“应服从中国现行及将来制定之法令及课税”，而且“须由业主与教会会同呈报该管官署核准，其契约方为有效”。“外国教会在内地租用土地建造或租买房屋，其面积超过必要之范围，该管官署不得核准”；如有将上述土地房屋“作收益或营业之用者，该管官属得禁止之，或撤销其租买”。

《暂行章程》不仅收回了《柏尔德密协议》“卖产人需在卖产之前报官酌定”的司法主权，而且在面积、用途方面对西方教会在华购置房地产都做了严格限制。

遗憾的是，《暂行章程》没有得到很好的执行，西方教会购置中国大城市住宅和铺面房的活动仍在进行，只是不再像清末民初那样大张旗鼓，纠纷和冲突也少了一些。

看得见的手：
立法与干预

——有规矩，才有方圆：房地产的立法与交易

“有土斯有财”，是中国人几千年根深蒂固的观念。获得土地所有权及其建筑物（主要是住宅）产权，是获取土地收益的前提。然而，这种收益必须通过房地产权属的交易才能体现。住宅买卖和租赁，就成为这种交易的主要形式。作为“物”的房屋和土地，与作为“人”的交易双方，通过政府立法，规范交易秩序，实现权利合理流转，推动着这个尚不成熟的市场，沿着近代化与市场化的道路，亦步亦趋，缓慢前行。

平均地权：从学说到立法

1. 从“去私有化”到“土地国有”

支撑民国大部分时期房地产立法的理论原则，就是孙中山的“平均地权”学说。

有清一代，清廷实施“满汉分城”政策，强迫内城汉族居民迁到外城或城郊居住。八旗军民取而代之，按照八旗方位划分了各旗的辖区，按照八旗的战利品分配原则对旗人进行了住宅分配。内城取缔了一切商业街区，严禁开设戏园、旅店及娱乐场所，意在“拱卫皇居”。这就意味着内城的土地和住宅在法律意义上归属国有。而在旗人影响力尚不可及的外城，官产占比不高，大多数土地和住宅都是私有财产。

然而，清代的法律没有私产保护的明确规定。居民只有使用房契和地

契，作为有法律效力的文书来保护私产权益。贫富差距导致房地产占有不均，富者“平地起高楼”，豪宅鳞次栉比；贫者寄人篱下，“望屋兴叹”，甚至无立锥之地。产权模糊和占有不均，成为房地产市场普遍存在的问题。

清末维新运动领袖康有为曾有针对性地提出“去私有化”的思路。

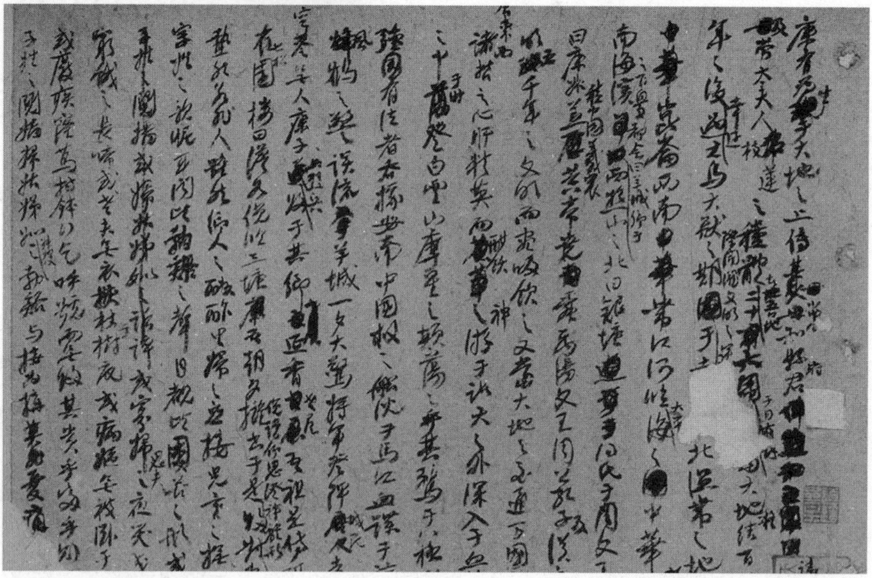

康有为及其《大同书》手稿。

戊戌变法失败后，康有为流亡海外，撰写《大同书》，继续宣传维新思想。能在异国他乡留得下、待得住，除了靠华侨的资助，更靠他自己的理财本领。

1906年春节，康有为访问墨西哥首都墨西哥城，注意到当地正在筹款修建有轨电车，立刻意识到，电车轨道经过的地方，必将成为人气旺盛的商圈，地价必定随之飙升。于是，他大举购进电车轨道沿线的房产。没过多久，电车通车，地价果然翻了几倍，康有为逢高出货，见好就收，赚了十多万银元。

1913年，康有为结束流亡生涯回国。广东地方政府发还了清廷抄没的康氏故居，并对他流亡15年给予了巨额补偿。1914年6月，他租住在上海新闸路16号辛家花园，每月租金120银元，一住就是8年。这期间，他感到上海房地产升值潜力巨大，马上决定卖掉广东的房产，投资上海地皮。没多久，上海地价飞涨，康有为又大赚一笔。

手里有钱，心里不慌。晚年的康有为开始到处置产。除了在交通干线买房置地，等待获利外，他还在上海愚园路购买了10亩地皮，自建了一座取名“游存庐”的中西合璧花园住宅。杭州西湖的“一天园”、上海杨树浦的“莹园”、青岛的“天游园”，都是他购置和扩建的别墅。他的最后岁月就是在“天游园”终结的。

他在《大同书》中指出，私有制是现实社会中贫富对立、市场竞争和生产无政府状态的根源。因此，未来的大同社会必须废除私有制。“今欲致大同，必去人之私产而后可；凡农工商之业，必归之公。举天下之田皆为公有，人无得私有而私买卖之”。

他在《人类公理》中又提出，政府将公有土地交给私人经营，纳十一之税。即分离土地所有权与使用权，实现所有权的国有化和使用权的私人化。然而，一旦使用权私人化演化为长期占有（即获得永佃权），就有可能对所有权归属产生影响。

因此，在当时的社会条件下，“去私有化”只能停留在理论上。

相比于康有为“去私有化”的大同理想，孙中山的“平均地权”学说及其衍生的“土地国有”思想更具有操作性。

孙中山认为，“求平均之法，有主张土地国有的。但由国家收买全国土地，恐无此等力量，最善者莫如完地价税”。从某种意义上说，他的“平均地权”思想主要着眼于解决城市土地问题。就是将土地所有权收归国有，通过征收单一税的方式，防止土地被少数人垄断，防止工商业发展引起土地涨价，从而使少数人“炒地皮”大发横财，导致贫富悬殊。这么说来，“平均地权”包括两层含义，即土地国有和征地价税。

为什么孙中山会提出“土地国有”的设想？一个很重要的原因，就是他看到欧美的工业革命虽然促进了工商业的迅速崛起，也带来了阶级的对立和斗争，引发严重的社会问题。他担心中国日后也会陷入实业越发达，社会越文明，大多数人越痛苦，社会越不平等的怪圈。

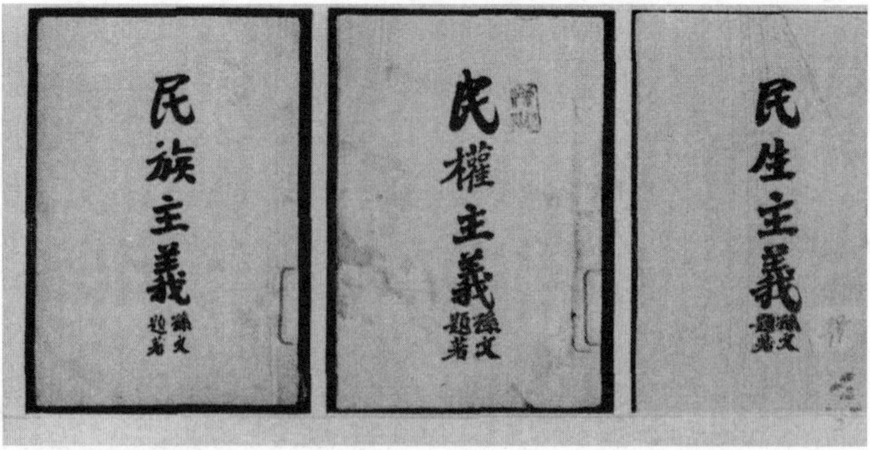

孙中山及其“三民主义”学说。

孙中山的担心不无道理：19世纪末的香港和上海，开埠较早，经济发达，但“地价比内地高至数百倍”，“前一亩值百十元者，今已涨至百十万”。一旦中国内地的房地产市场也变成靠“炒地皮”发财的单一营利模式，就会有“许多人把土地当作赌具，做投机生意”。由于“土地有限，投机者无限”，势必造成“平民以失业之痛苦”，“富者日富，贫者日贫，十年之后社会问题便会一天紧似一天”。

如何理解“土地国有”理念呢？他认为，“世界愈文明，人类愈贫困，盖于经济学均分之不当”。土地国有可使资本家“必舍土地投机业，以从事工商”，而“工商之出息无限”，“制造事业日繁”，而可达到“国利民福”。显然，他想通过土地国有的方式，防止私人垄断土地和任意抬价；引导过剩资金进入工商业，远离房地产业，减少地皮炒作。这样既保证经济稳健增长，又合理控制房地价格，避免社会矛盾激化。而做到这一切的前提，就是“土地国有”，这是政府调控房地产市场的利器，也是孙中山开给中国城市土地问题的一剂药方。

2. 从“国有”到“平均”

在“平均地权”学说的制度设计中，“平均”和“国有”并不矛盾。“平均”是承认形式上的土地私有，而非强制均分土地；“国有”则是政府通过课税，实现“地利共享”，即土地收益的国有化。孙中山认为，“平均地权”学说付诸实践后，占地面积、土地增值多少与课税轻重成正比，可以迫使大地主由于“税赋不胜负荷，势必释出土地，地权于焉平均；纵使大地主不释出土地，巨额之税赋，用于地方建设，于‘地利共享’之情形下，地权形式上虽未平均，但实质上则已平均矣”。

因此，“平均地权”学说的核心字眼，不是“平均”，而是“地利共享”。正如《同盟会宣言》所说，“改良社会经济组织，核定天下地价。其现有之地价，仍属原主所有；其革命后社会改良进步之增价，则归于国家，为国民所共享”。

为此，孙中山为“平均地权”学说制订了核心宗旨和实施路线图。其宗旨在于“私人所有土地，由地主估价呈报政府，国家就价征税，并于必要时依报价收买之”。其路线图大致分为四个步骤：

“核定地价”。地价税是“地利共享”的实现形式，征税的参照基准就是地价。地价多少，不由官方裁定，而由地主“自由呈报”，并由国家“载在户籍”，以“所报之价即为规定之价”。由于政府实施“照价征税”和“照价收买”，地主不敢谎报地价。倘若报高了，“纳税不得不重”；报低了，“自定之地价太贱，则国家可以照价收为国有”。无论怎样谎报，吃亏的都是地主。因此，他坚信“所报地价不患不公平”。

“照价征税”。即按照地主所报的地价征收地价税。设计税率为1%。

“涨价归公”。自定价之日起，如地价上涨，则上涨部分“完全归为公有”。譬如一块土地，地主报价1万元，十年之后地价涨到10万元，那么高出原价的9万元，便“收归众人所有”，地主不得私人占有。这么做的理由是，土地涨价，“非由地而生”，而是由于“社会改良和工商业进步”所引起，因而地价上涨部分应当是社会各界共同的“功劳”，“归之大众”理所应当。这个思路，使得土地的实际所有权由地主转向国家。

必要时“按价收买”。“照价征税”只是权宜之计，是民国肇始，在无力将全部土地收归国有的条件下而采取的变通方式。当国家认为地主报价太低，有损税收利益，或因兴建公共工程必须征用土地时，按照地主的最初报价给付资金，收买土地。

孙中山的“平均地权”学说，体现了民族资产阶级在土地领域的政治、经济要求。20世纪30年代以后国民政府颁布的土地和住宅法规，大多标榜“平均地权”学说作为理论基础。

3. 土地管理法制化

中国古代很早就有关于住宅的法律规定。张家山汉简、隋唐的均田制等律令中，不难找到关于住宅及宅地所有权归属的相关法律条文。南京国民政府时期，在形式上遵循“平均地权”学说，将中国住宅房地产所有权的立法推向完备。

国民政府分别在1930年6月和1946年4月两次颁布《土地法》。这两部《土地法》虽然没有提及“平均地权”，但其涵盖的三个要点已经体现了这一精神。

土地国有化。两部《土地法》都规定，“中华民国领域内之土地属于中华民国国民全体”，“其经人民依法取得所有权者为私有土地”。既明确了土地国有的大原则，又承认了土地私有的现状。不过1946年《土地法》则出现了“私有土地之所有权消灭者，为国有土地”的表述。体现出国民政府推动私人土地国有化的政策思路。

开征土地税。两部《土地法》都宣布开征土地税，其中针对城市土地开征地价税和土地增值税，作为由地方当局征收和管控的税种，既用于充实地方财政，又用于实现土地收益国有化。地价税体现“照价征税”原则，土地增值税体现“涨价归公”的色彩。1946年《土地法》对地价税税率和征收对象都作了具体规定。同年，《北平市地价税征收规则》出台，成为北平市落实《土地法》相关条文的具体细则。

内容现代化。两部《土地法》立足中国实际，吸收西方国家土地立法经验，详细规定整理地籍、规定地价、统制土地使用、地权调整等内容，涵盖土地法的基本原则、土地的开发利用与保护、土地权属等现代土地法的要点，体现了孙中山渐进改良的土地政策思路。

两部《土地法》的颁布，为民国政府加强房地产市场的法制化进程打下了基础。与之相应的，是国民政府和日伪当局还颁布了一系列涉及房地产市场监管的法规，其中与北京（北平）有关的包括：1929年5月报送的《北平市收用房地产章程》、1929年5月颁布的《北平市特别租房规则》、1934年12月颁布的《北平市租房规则》、1935年4月颁布的《修正北平市租房规则》以及《北平市租房规则实施细则》、1936年5月颁布的《空闲民房租用法》、1937年10月颁布的《北平市平民住宅管理规则》及《北平市平民住宅征租办法》、1939年6月颁布的《北京特别市房租限制暂行办法》、1939年11月颁布的《北京特别市补订租房办法》、1940年12月颁布的《租房限制办法》、1944年8月颁布的《修正北京特别市房捐征收章程》和《平抑房租办法》、1946年5月颁布的《北平市平民住宅管理规则》、1947年12月1日颁行的面向全国的《房屋租赁条例》、1948年6月颁布的《修正北平市房捐征收细则》、1948年颁布的《北平市房屋租赁管理规则》和《奖助民营住宅建筑条例》等。这些地方性法规，大体分为租赁规则、平抑房租、征收房捐、奖励建房等四个类别，涉及建设和交易环节的调控，但对产权的规定很模糊。

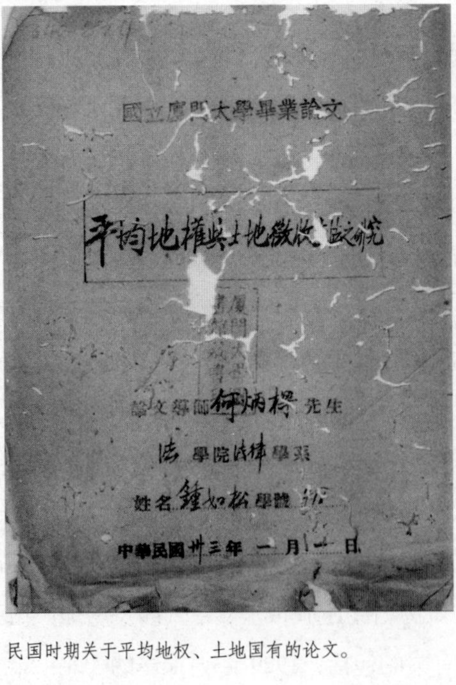

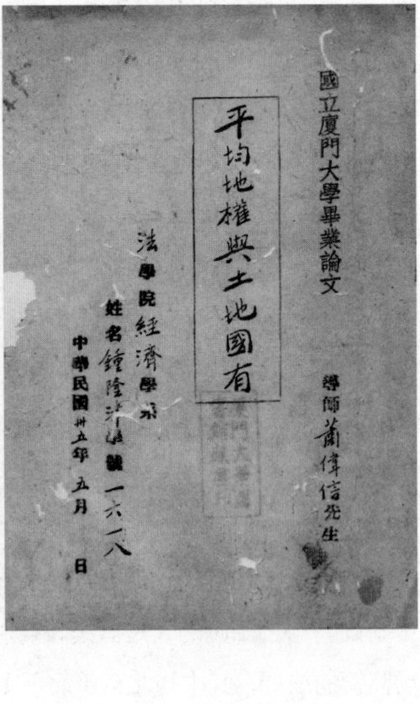

民国时期关于平均地权、土地国有的论文。

两部《土地法》的缺陷也是显而易见的。从技术上讲，当时政府高层并未意识到住宅立法对于社会保障的作用，因而只把住宅房地产作为《土地法》的分支科目而已，并无专门的住宅法出台。即便是《土地法》中有所体现的"平均地权"学说，在当时的政治经济条件下也未能依法实践。特别是抗战期间日趋混乱的住宅所有权归属，在战后的城市"接收"与秩序"重建"中并未完全理顺。

对于这个弊端，当时的学者并未视而不见。1948年3月，萧铮、汤惠荪、祝平、鲍德澂等学者提出了"土地改革方案"，建议国民政府将全国农耕土地"一律归现耕农民所有"，通过分年清偿地价的方式使佃农获得自有耕地，从而废除租佃制度，并禁止非自耕农购买耕地，限制土地兼并。这是一项希望采用温和的赎买方式实现"平均地权"、"耕者有其田"的政治理想，并试图对抗解放区土改的政策建议。倘若付诸实施，并将其政策形式套用到城市，或可解决城市住宅所有权归属不清、住房占有不均的难题，缓解城市住房供应压力，降低房地价格。然而，由于战争和其他原因，国统区的"土地改革方案"只停留在了纸面上。

住房交易：过程、角色和文本

买卖、出典、租赁，是住房交易的三种传统形式，在中国有几千年历史。其中，买卖和出典分别是将房地产所有权转让和质押给受让方，而租赁只是将一段时期内的房地产使用权出售给承租人。有些人逢低购置多套房产，就是为了赚取租金，是典型的投资行为。

清前期，"京人买房宅取租以为食者，谓之吃瓦片"。"春秋二试之年……家家出赁考寓，谓之状元吉寓，每房三五金或十金，辄遣妻子归宁以避之……当此时，人数骤增至数万。市侩行商，欣欣喜色。或有终年冷落，藉此数日补苴者"。靠科举考试期间向考生高价出租房屋，许多"房虫"大赚一笔，甚至几天就能把平常一年的钱赚出来。

清末民初，“旗民交产”禁令的取消和旗民分城居住局面的结束，使沉寂数百年的北京住宅房地产交易市场开始升温。不过，大部分无房市民囊中羞涩，当时的信贷条件又不支持较低利率的按揭贷款购房，因此在中低端住房市场，租赁私宅是房地产交易行为的主流。

1．跟谁做交易？

跟谁做交易？潜在的交易双方，通常情况下对对方都是不熟悉的。而在当时的通讯条件下，租赁信息的发布和传递很不便捷。内城的房源信息，多是靠串百家的水夫、粪夫、卖炭人等代为口耳相传；而外城的闲房，则以招贴方式告知。

1928年以后，北京更名北平，不再作为首都，于是大批具有强劲购买力的官员、显贵和商贾纷纷离去，转而“东南飞”。北平出现了大批闲置住房。一些地段偏僻、暂时租不出去的房屋就要雇人看管，并在报纸上刊登“吉房招租”的广告。一般而言，同一条住宅买卖广告一般刊登5～50天，而同一条住宅租赁广告则刊登天数较少。尽管在报章上刊登广告，宣传效果

20世纪20–40年代部分年份北京（北平）主要报刊房源信息表

报刊类别	《华北新报》	《晨报》	《北平晨报》		《世界日报》	
类别	买卖广告	租赁广告	买卖广告	租赁广告	买卖广告	租赁广告
“本宅领看”、“门内有人领看”、“致电领看”、“致函某广告社某信箱”等类广告	34	29	18	21	67	17
广告信息总数	76	32	43	32	179	22

比口耳相传要好，但个人刊登房源广告，毕竟成本不菲。于是，一些握有大量房源信息和特定宣传渠道的广告社和掮客，就在北平房地产市场大行其道。杨本贤广告部就与多家国内报刊保持长期合作，不遗余力地刊登房屋租售广告。

根据对《晨报》、《北平晨报》、《华北新报》、《世界日报》部分年份标出售价和租赁价格的房源信息统计，明确提出“本宅领看”、“门内有人领看”、“致电领看”、“致函某广告社某信箱”等类字眼的住宅买卖广告占40%左右，住宅租赁广告占65%～90%。[1]（如上表所示）一些广告更是注明“牵手免问”的字样。这说明，房主自行发布房源信息的比例较高。

为什么房主更愿意亲自发布房源信息呢？这主要是担心掮客（牵手）上下其手，进行交易欺诈。

为什么房主自行发布的租赁信息所占比例，远高于买卖信息所占比例呢？其原因有二：一是租赁的短期收益远低于买卖，故而房主不愿掮客分羹；二是房主担心掮客介绍的承租人借故拒付租金、毁坏房屋结构，引发租赁纠纷，而更愿将房子租给确有承租意向、拥有妥实铺保、能按时足额交租、生活习惯较好的人士。一些房主选择租用广告社的某个信箱，请具有承租意向的人士致函，并附上职业、家庭人口和妥实铺保等，有合意者再约期看房。

2. 多少钱合适?

选好交易对象后，就该谈价钱了。多少钱合适呢？交易双方都必须考虑两部分价钱：一是成交价，二是根据该价格而产生的税费佣金等。

先说成交价。

[1] 在广告中带有这种字眼的广告，绝大多数应当视为房主自行发布房源信息进行交易，但不排除少量房纤利用这类字眼进行房屋倒卖的可能性。

北平東城燈市口七十九號

遺失聲明

買房

賣房

急售空房

普安社

售空房

售空房

出售

租鋪房

租

良田出售

高等洋房

買房

招租

徵鋪面房

徵租大房

賤售塊煤

一百卅萬元

真正中興

奇！

雀斑

粉刺

雙眼

20世纪30年代《世界日报》上的房产广告。

登报的房源广告中，不公布报价的占到三分之二以上，成交价由买卖双方议定。即便是在广告中注明房主报价的，交易中也免不了讨价还价。还有一种方式，就是由掮客或房地产中介公司提供该地段参考价或该房产的评估价，由交易双方和掮客议定成交价。

1928～1937年，北平城市经济总体处于缓慢衰退状态，但政局大体平稳，因此名义上的住房价格稳中略涨，单套房屋的成交价一般等于或略低于房主报价、该地段参考价或该房产评估价。尽管房屋交易只是个体行为，带有自发性和偶然性，但同地段同类型房屋的成交价逐渐趋同，形成了大体相当的成交价区间。根据当时的调查，“房租高低区域，则和地价区域略同。西交民巷、前门外及东城房租均高，西城、北城则均低。以普通瓦房论，西交民巷每间约五元，而西城、北城者则仅一元左右。若以院落为单位而租赁则租价低，单赁一二间则租费昂”。

再说付钱的行规。

以租赁为例，民国时期北京城区的住宅承租人，在议定租价后，除了付给定洋和寻找铺保外，还要在头一个月交三份租金。其中一份为当月房租，一份是给房主的茶钱，一份是给房主佣人作为打扫费的小费。以上合称为“一茶一房一打扫”。每份的额度都是一个月房租。当然，也有只交半份打扫费或免交打扫费的情况。

如果是由掮客介绍完成交易，则承租人还要缴纳一份中费，即掮客从中撮合的手续费，额度为一个月的租金。倘若承租人准备搬走，可停付一个月房租，谓之“住茶钱”。此外，房主还要依照惯例向承租人取具铺保。这样看来，“（北）平市租房手续既繁，弊习尤深”。

针对这些行规带来的弊端，1929年北平市政府颁布《北平特别市租房规则》，规定“房主除照惯例向房客取具铺保外，只准预收本月房租及押租各一份，但房主如愿免收押者听。押租之数至多不得超过一个月房租”；“房客未将押租住满而迁移者，房主应按日计算照数退还，但房客住满押租尚未迁移，其多住日期未满一月者，亦应按日核计付给房租”；“打扫等费应永远革除”。其中的“押租”，就是先前的“茶钱”。

然而，20世纪30年代初的一些调查显示，“现则在租房手续房主有遵章，只先索房租及押金两份者，亦有仍索房、茶、打扫三份者”。这说明“一茶一房一打扫”的陋规并未根除，“惟不良遗风深入顽固房阀脑筋之内，彻底改革势又未能也”，反而渐渐成为民国时期北京（北平）城区住宅租赁约定俗成的潜规则。

到1948年，北京（北平）共有私人住宅约92万间（城区人口约170万，平均每两人拥有私宅1间），占城区住房总量的76.7%。其中出租房约35 万间，出租户5.5万户，承租户33万户。显然，为数不少的住宅是一套住宅楼或四合院里挤住多户承租者。

3. 签什么样的合同?

住房交易过程中，交易合同的签署最为关键。北京市档案馆收藏了许多交易合同，我选取了几份不同类型的住宅买卖、租赁合同。

第一份：购置安魏氏住房契约

立卖房契约人安魏氏，今有先夫自置住房一所，坐落宣武门外大街路东，门牌一百四十九号、一百五十号、一百五十一号、一百五十二号，又一百五十三号。（其中）院内共有瓦房三十六间，灰房二十一间，共计灰瓦房五十七间，房屋地基共计二亩零四厘八毫。门窗户壁俱全，上下土木相连。情愿卖与北京特别市公用管理总局名下为业。同众言明，卖价洋九千五百元。自卖之后如有亲族人等争竞等情，俱有卖主一面承管，不与置主相干。恐口无凭，立卖约永久为证。其洋笔下交足，并无欠少。

附红契七套、转移凭单一纸、土地登记收据一纸。

另誊税契。

立卖房契约人　安魏氏

见证人　安淑贞

民国二十七年六月二十七日

这是一份日伪时期政府机关购置私人住宅的契约，房主安魏氏准备把名下部分房产（152号、153号院）出售给北京特别市公用管理总局。契约中除了标明地段、地址、房屋间数、占地面积、房屋结构之外，还简单强调了买卖双方的权利和义务：买主需要付款9500元大洋，卖主需要全权处置该房的一切产权争议。契约末尾由卖房人和见证人签字画押，并附红契、转移凭单、土地登记收据、税契等资料，证明该私人住宅是连同房产所有权和土地所有权一道出让。

不过，这份契约缺少买主代表的签字，对于房屋内的装修、陈设的表述也较为简略，更类似民国报刊广告版常见的置产声明。住宅买卖契约签署之后，卖主不再对房屋内部的一切设施负任何责任，其所承担的义务仅限于负责处置产权纠纷，因而契约内容表述简洁。该房平均每间售价约167元。

第二份：刘堜包租朱味经住宅合同书及取租折

（1）包租合同

立包租合同人福盛永铺东兼掌柜刘堜，今凭中保租到朱味经堂名下管业住房一所，坐落在广安门内大街教子胡同北口外东头路南，外右三区地方，门牌四百十号，计院内原有临街瓦房九间，新盖西平房拾间，南平房拾间，东平房四间，东院南倒座四间，共计房叁拾柒间；又影壁一座，砖砌水井一眼。今凭中保说合，情愿包租居住。经三面言定，实租大洋肆拾贰圆正。立合同日即行起租，按月先付后住，到期凭折支取，不得有拖延短少等情，否则房主除立时收房外，仍惟中保是问。所有屋内各房装修及议定条约，均另行开列于后，双方遵守。恐后无凭，特请凭中人暨取具铺保水印，立此包租合同一式两纸，彼此各执一纸存照，并另立给取租折一扣为证，此据。

计开各房装修：

——临街瓦房九间，计正中大门道一间，大门一合，西首四间，截断叁槽，砖炕二付，板门一合，风门一扇，窗户俱全，玻璃二块，护窗板二块，东首里院四间，截断一槽，风门二扇，大玻璃叁块，小玻璃二块，砖炕一付，窗户俱全，屏门四扇，砖墙一段。

——西平房拾间，计截断四槽四间，窗户俱全，风门二扇。

——南平房拾间，计截断叁槽三间，窗户俱全，风门一扇。

——东平台四间，计截断壹槽，风门二扇，四间窗户俱全。

——东院南倒座四间，计截断叁槽，风门二扇，四间窗户俱全。

议定规约

一、每月房租大洋肆拾贰圆正（整），一律收取现金，无论何时各项钞票概不收受。

一、取租日期每月以旧历贰拾日为限，即原起租日期，到期凭折支取，不得推延。

一、包租年限凭中保言定，以十年为率，自民国七年一月二日即旧历丁巳年十一月二十日起租日起，扣至旧历丁卯年十一月二十日止。年限满，房主辞租，包租人应即行腾房，所有包租人经手一切事件，均有包租人一面承担，自行清理，与房主无涉。如愿接续租赁，临时再议。

一、起租时系照北京普通租赁住宅习惯办理，当付租金三份，一为起租日当月房租，一为茶钱，一为进屋时扫除等项费用，此外并未使用押租，亦无铺底倒价。包租人亦不得私自转押转倒，并不准悬挂横匾，如字号、立匾，随便悬挂，以清界限而免纠葛。

一、在包租年限内独住或分住，悉听包租人便，惟每月房租无论独住分住，到原起租日期，包租人应即如数交纳，但包租人如分租人住，须预先知照房主，并不得逾包租年限。期满退租时亦应一律辞退腾房，否则仍惟包租人是问。

一、在包租年限内房主不准任意增租，亦不准无故收房，但遇有特别原因，或到期过五日尚未付房租者不在此限。

一、在包租年限内，包租人不准无故辞房，亦不准有意欠租。倘有等情，除折存茶金不计，并房主立时收房外，即按照每月房租，包租人应再认罚租金两个月，令即如数交点，否则即惟中保人是问。

一、此房新由公益木厂包修贰拾八间，定有保固期限六年。今公益木厂又为包租人说合，原中在此限内如有坍塌渗漏，包租人即知由公益木厂培修，至六年后及临街九间言定每年大小岁修归包租人自行修理。倘各房全行塌坏，即知照房主照旧式修复。但包租人如将房东原有各房意欲另行改动，亦须先行知照房主，至限满腾房时应仍照旧还原，损坏一切均照原式赔偿。至在院内隙地上，包租人若自行添盖房间，到期满退租时，亦即按照北京借地不拆房之习惯办理。

一、以上各条凭中保议定后，即由包租人书立包租合同一式两纸，双方各执一纸有照，并一面缮呈京师警察总厅察核，饬区备案，以昭慎重。

一、本合同成音即行起租，彼此均应按照所载各条履行，互相遵守，自此起租日实行。

说合中人：公益木厂掌柜 杨玉林

包租合同一式两纸，双方各执一纸存照　铺保水印

立包租合同人：福盛永铺东即掌柜 刘堜

民国七年一月二日即旧历丁巳年十一月二十日起租吉日立

（2）取租折

立租折人福盛永铺东即掌柜刘堜，今凭中保租到朱味经堂名下管业住房一所，坐落在广安门内大街教子胡同北口外东头路南，外右三区地方，门牌四百十号，计院内原有临街瓦房九间，新盖西平房拾间，南平房拾间，东平房四间，东院南倒座四间，共计房叁拾柒间；又影壁一座，砖砌水井一眼。今凭中保说合，情愿包租居住，期限拾年。每月房租经三面言定，实租大洋肆拾贰圆正（整），一律收取现金，立折之日起租，按月先付后住，到期凭折支取，如有拖延短少等情，即惟中保是问，房主并立即收房。当起租时系照北京普通租赁住宅习惯办理，并无押租倒价，包租人亦不准私自转押转倒，并不准挂立横匾牌，如字号、立牌，随便悬挂，以清界限，而免纠葛。至拾年期满，房主辞租，包租人即性腾让交房，所有包租人经手一切事件，均归包租人一面自行清理，与房主无涉。在此拾年限内新盖房间，如有坍塌渗漏，六年前即知由公益木厂培修，六年后及临街九间所有各项岁修，均归包租人自理。若各房全行塌坏，仍即知照房主照旧修复。倘包租人自行添盖房间，退租时亦照北京借地不拆房之惯例办理各等情，均经中保言定，恐后无凭，除将屋内各房装修暨议定各条均已详细载明，包租合同内一式两纸，双方各执一纸存照，并一面缮呈警厅察核饬区备案外，兹特凭中并铺保水印，立此取租折为证，此据。

立租折人：福盛永铺东即掌柜 刘堜

说合中人：公益木厂掌柜 杨玉林

民国七年一月二日即旧历丁巳年十一月二十日起租吉日立

这是一份北洋政府时期的包租合同，即长期租赁合同，包括合同文本和取租折两部分。合同文本详述租赁双方的姓名、职业，房屋地址、间数、租期、月租金额，以及各自的权利义务等。取租折作为房主支取租金的凭证，强调了合同规定的上述内容。

这份合同体现了北洋时期北京住宅租赁的七个特征：

——按照“一茶一房一打扫”的潜规则，起租的第一个月要交三份房租，包括当月租金、茶钱和打扫费。

——彻底杜绝承租人变为二房东，擅自转租、转倒，或将住宅用途更改为商铺营利。

——详细记录交房时住宅院内各处房屋的装修设置，不允许承租人擅自更改房屋结构。

——强调包租期间不允许房主随意加租，但将“特别原因”作为例外，给加租留了空子。

——规定了房屋损坏的修理义务，即保固期内由木厂维修，保固期外由承租人维修，只有房屋完全塌坏，才由房主承担维修责任。

——承租人在院内空地自行搭建的房间，在期满交房的时候，按照“借地不拆房”的原则，不许拆毁，而是交给房主处置。

——承租人在包租期内不得违约，提前结束租期。

由于当时北京是民国的首都，官僚、富商云集，购买力较强，在房源有限的情况下，市场供不应求，房客相对弱势，承担的义务要多一些。

第三份：日人八卷一正租用王乃昌住宅的租赁合同

一、房屋地址：东四七条甲十七号。

二、房屋间数：瓦房十七间半，（其中包括）正房五间半，东西厢房各三间，外院南房六大间。

三、房屋一切附属物：详细装修另载租折内，门窗户壁俱全，金石土木相连。

四、订立合同日期：民国二十八年五月×日。

五、租用日期：民国二十八年五月十日。

六、租用期限及合同届满日期：租用五年，由民国廿八年五月十五日起，至民国卅三年五月十五日止。

七、每月租金数目：通用国币大洋玖拾圆整。

八、每月支付租金日期：每月十五日，到期即行照付，不得拖欠。

九、承租人铺保商号及所在地，或日本领事馆证明与日本人保证。

十、有无眷属：有。

十一、其他事项：平租平赁，无押租、茶水。只许住宅，不得开设营业，不得转租转倒，如换人时立即收房。房屋院墙装修等项，不得私自拆改移动。承租人添设或建新何项装修时，于合同期满后须归出租人所有，不得要求任何之赔偿。双方切实遵守，不得违约及反悔。

十二、所属警察署：北京市警察局内三区署。

十三、有无附件：言明除坍塌渗漏由出租人修理外，各项土木油粉等工程统由承租人一面负责修理，决不向出租人要求任何之赔偿。所有条件除当中言明由铺保负责担负外，誓无反悔。如有一方反约时，对方即有废约之权力。如房租、工程、转租、拆损等事一旦违约，此合同即时宣告无效。

出租人　住所：东四七条十六号

职业：公益会会长

姓名（性别）：王乃昌（男）

承租人　职业：北京市满铁事务局总务部

原籍地：日本北海道空知部山部村老节布

年岁：二十八岁

姓名（性别）：八卷一正（男）

铺保或日本领事馆证明

日本人保证矶部住次

中华民国二十八年五月十日订

第四份：美国人义理寿租用赵玉彬住宅的租赁合同

合　同

中华民国三十一年十月十八日核准

立租房合同人义理寿

今因赵玉彬有住房一所，共计四十七间，坐落内五区口袋胡同门牌一号，兹拟租与美国人名义理寿作为住宅，言定每月房租洋壹佰贰拾圆，按月先付后住，并无押租倒价。兹将双方商妥各款订立合同如左，以资信守。

一、租期自本年九月一日起，至卅二年九月末日止。

一、承租人租赁此房只作住宅，不准开设行栈及一切营业之用。

一、此房只许承租人一家居住，不准转租或分租与他人。如不住时，应将房点交房主收回，合同随缴。

一、在租期内承租人不得任意拆改。如将装修移动，俟退租时应照旧修好。如有必须拆改之处，应商得房主同意，出名呈报警察局核准方可动工。

一、在租期内房屋内外年终岁修，均归承租人自行修葺。如有坍塌倒坏，由房主修理。

一、在租期内房主不得无故增租，承租人亦不得欠租。

一、租期未满承租人如欲退租，应于一个月前通知房主。房主如有正当理由必须用房时，应于三个月前通知承租人俾便觅房迁移。

一、租期将满，如欲续租，必须双方同意，并应于限满一个月报局核准。

一、在租期内承租人如有违背合同各款，房主应随时退租。如房主有违背合同各款，承租人亦可赴中国警察署控告。

一、房主取租应另立租折，其房屋形势暨一切装修，可于租折内注明或开单粘联合同呈报亦可。

一、承租人如有拖欠房租情事，应由保证之该国使馆、领事馆暨所取铺保负偿欠全责。

一、承租人所取铺保，于租期未满时不得中途退保。如有特殊情形时，应由承租人先行觅妥地保，经核符后方准退保。

一、合同所订有未尽事宜，应遵照警察局外国人租赁房屋规则办理。

房主姓名：赵玉彬

籍贯：北京

职业：赋闲

住址：内六区东板桥火药局七号

承租人姓名：义理寿

国籍：美

职业：前基督海军学生

有无眷属：有

中保人姓名：毕学温，年二十七岁

德记洋服行

隆福寺街八十二号

第三份和第四份都是日伪时期的涉外租赁合同。不同的是，前者是租给占领国公民，后者是租给普通西方公民。两份合同都详细载明租赁双方的姓名、职业，房屋地址、间数、租期、月租金额，以及各自的权利义务等。

其中说明，国民政府前期[1]和日伪时期北京（北平）住宅租赁的合同特征，与北洋政府时期大体相同。唯一的区别在于“一茶一房一打扫”的潜规则不再提及，第三份合同特别提出“平租平赁，无押租、茶水”，第四份合同也强调“并无押租倒价”。

这个变化不能说明承租人地位的提高，以及北京城区房屋租赁“一茶一房一打扫”的潜规则彻底废除。只能说明由于1929年国民政府颁布的《北平特别市租房规则》，其取缔“茶钱”、“打扫费”等陋规的精神，在日伪时期1939年6月颁布的《北京特别市房租限制暂行办法》、1939年11月颁布的

[1] 20世纪30年代后期，日伪当局延续了国民政府前期（1928～1937年）的部分房屋租赁政策。

《北京特别市补订租房办法》、1940年12月颁布的《租房限制办法》等法令中得到体现并被不断强调，才使得部分租赁行为“依法办事”，告别了“一茶一房一打扫”的潜规则。

上述两份合同尽管都禁止承租人充当二房东，进行房屋转租，但根据1939年1月日伪当局公布的《补订租房办法》，如转租、转倒，房主有权向其退租收房；双方约定可以转租的，转租额超过两成的归房主。事实上承认了二房东的合法化。

第五份：王春华租用王清如住宅的临时取租折

立租约人

今凭铺保租到

王宅住房西瓦房三间，坐落内四区留题胡同六号，言定每月房租金每间国币拾万元，每月共租叁拾万元。所有房捐归房客承缴，电灯费房客与院邻均摊，期限由立约日起以四个月为期，于民国卅六年十一月十一日起，至民国卅七年三月十一日止，期满应即交房。此房并无押租、倒价、修缮等费，迁移时概无迁移费，不许将房转租他人，不许冒名影射改为商业之用。如有欠租违法违约以及损毁房屋其他意外情形，致使房主受损害时，均由铺保负赔偿完全责任，恐口无凭，立此租约为证。计开盖房装修门窗户壁齐全，上下土木相连，计安有风门二个，大玻璃四块，小玻璃二块，安装电灯二支，连线电门，全份当面交清。

中华民国卅六年十一月十一日立

立租约人

铺保

铺长

铺保住址

为暂立租房合同事，此房原折已交法院，未奉通知，不能领出。暂立此折，以记数目。俟原折领出，即照上开展限文意批注，特此声明，暂立合同为证。

承租人　王春华

出租人　王清如

中华民国卅六年十一月十一日

十一月十一日付租洋叁拾万元

十二月十一日付租洋叁拾万元

一月十一日付租洋叁拾万元

二月十一日付租洋叁拾万元

这是一份南京国民政府末期的住宅取租折。尽管它与上述第二份合同的取租折一样，都严格限定了住宅用途，不许改为商用和转租他人，不许擅自更改住宅装修设备，并与第三、第四份合同一样，强调此房并无押租、倒价、修缮等费，但它更带着鲜明的时代特色，即20世纪40年代末恶性通货膨胀导致的房租暴涨。由于租价涨幅远远超过居民收入的增幅，即便是收入中上者也租不起独院，只能“分租”，由此导致四合院“群租”普遍化。由于物价快速上涨，房主为了资产保值，不敢签“包租合同”，甚至租期也由通常的一年减少到不足半年，以便于提高加租频率，“跟上”物价上涨的步伐。

根据1946年《土地法》和其他地方性房屋租赁条例之规定，不仅房捐应由房主承担（可由承租人代缴，在承租人缴纳房租时扣除），而且在租赁合同结束后，房主应给予承租人一定的迁移费，确保其能够迅速找到新住所，不至于流离失所。但在这份取租折中，不仅房捐完全由承租人负担，而且房主不提供迁移费。取租折里满是房主的权利和承租人的义务，地位严重失衡，这加剧了20世纪40年代末北平城区的“房荒”危机。

在合同签署之后，交易双方，特别是买卖双方，还要在报纸上联名刊登或由买主单方面刊登“置产声明”，主要是强调房产交易过程业已完成，与该房产牵涉的一切纠纷，均由原房主解决，与新房主无关。当时的报纸上就刊登过类似声明：

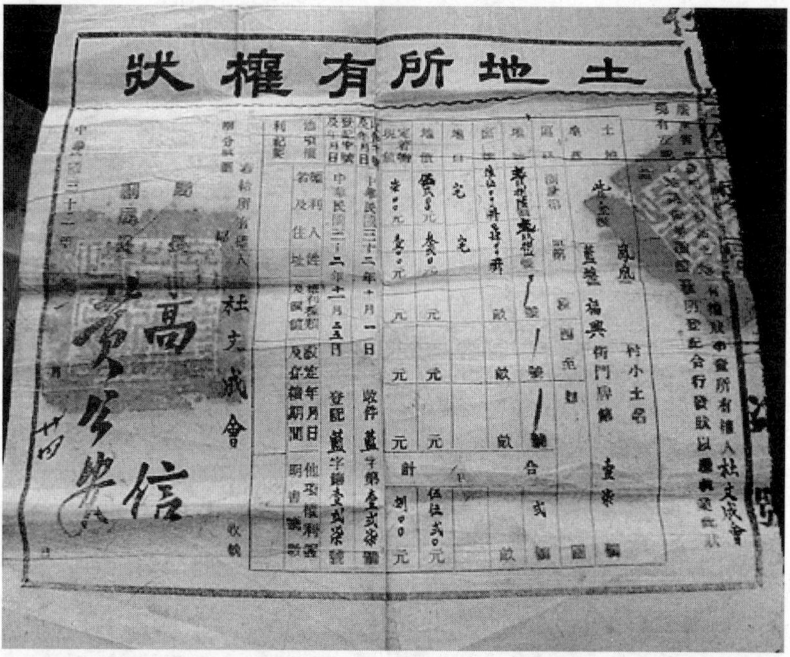

土地所有權狀

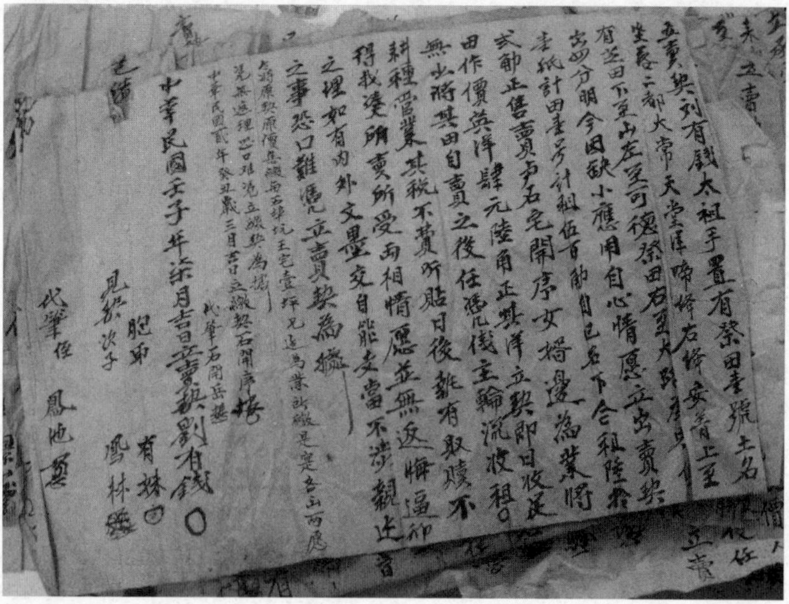

民国时期的地契。

〔崇德堂陈置产声明〕今买妥董荫桥自置房产一所，坐落北平内二区辟才二条八号，共计二十三间半，业已成立契约。倘与该房有亲属或债务等纠葛，请于七日内向旧业主交涉，由旧业主负完全责任。新业主崇德堂陈，旧业主董荫桥。

〔买房声明〕今李静媛买新德堂张住房一所，坐落纳福胡同十三号，房价已交，尚未接房。于此期内倘发生任何纠葛，皆归卖主完全负责，与新业主无干。但对该房有不利处，新业主以法保障其权利。特此声明。李静媛启。

4. 怎样办理房地转移手续？

签完交易合同、刊登置产声明后，交易双方（主要是买卖双方）要到市政当局办理房地转移的法律手续，以获得政府的法律认可。1914年，京都市政公所制定《发给房地转移凭单规则》，对市民房地转移和官有各项房地转移，由转业人及承业人填写转移报告表并附平面图，经京师警察厅饬查和市政公所复勘后，发给“房地转移凭单”。

1932年7月，北平市政府颁布《修正北平市房地转移规则》，将京都市政公所的做法正式制度化。其后，尽管北京（北平）发生了政权更迭和政局动荡，但这一《规则》变动不大。

根据《规则》规定，房地转移手续的办理需要九个步骤。

第一，订契、填表、登记。新旧房主用市财政局规定的草契纸订立契约，缮写两份，并填写“房地转移报告表”；将两份草契及房地转移报告表送呈市财政局代书处，由代书处转送土地股，一份存档，一份转交调查员及测量技术员，对所交易房产的信息和交易双方的个人信息进行登记。

第二，现场勘查。调查员在规定日期按照“房地转移报告表”上的信息，到现场详查地基四至，确定房屋等级及各等级房屋的间数。

第三，实地测量。测丈技术员根据上述调查结果进行实地测量，计算面积，并将测丈结果填入“北平市财政局调查土地房产转移报告表”，再附上绘制的地基缩微图，交市财政局土地股。

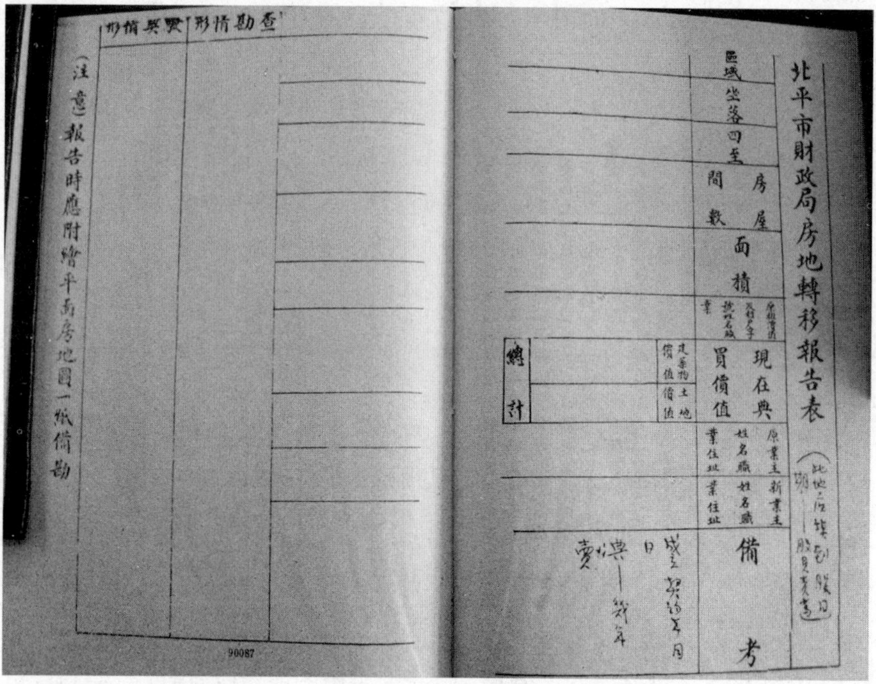
北平市財政局房地轉移報告表
區域坐落四至
房屋間數
面積
現在典買價值
土地價值
建築物價值
總計
原業主姓名籍業住址
新業主姓名籍業住址
備考
查勘情形
買契情形
（注意）報告時應附繪平面房地圖一紙備勘
90087

北平市财政局房地转移报告表。

第四，评估房价。土地股评价科员依据1931年制订的“修正北平市土地房屋评价规则”[1]评定地价及房价，地价以亩为单位，并核算房屋总价（评估价），填入评估情形表。而后将上述文件呈送上级领导审阅签字，发下验契。

第五，检验契约。与新旧房主当面检验契约。如果只有一套契纸，或数套并不接连的契纸，需要有铺保作证担保，以免卖主用红契冲抵借债或一房卖两家。新契所列地亩、房式、间数需要与原契完全相同，倘若以劣报优，则将追税。

[1] 民国成立之初，房地买卖出现税契价格与真实市价相差悬殊的问题，即“阴阳合同”的现象，对税收产生直接影响。1929年，北平市土地局制定“土地房屋评价规则”，首次对房地买卖价格进行政府评价，为税契价格提供基础。1931年初又加以修订。1945年以后，房地评价规则废止，开始实行规定地价。

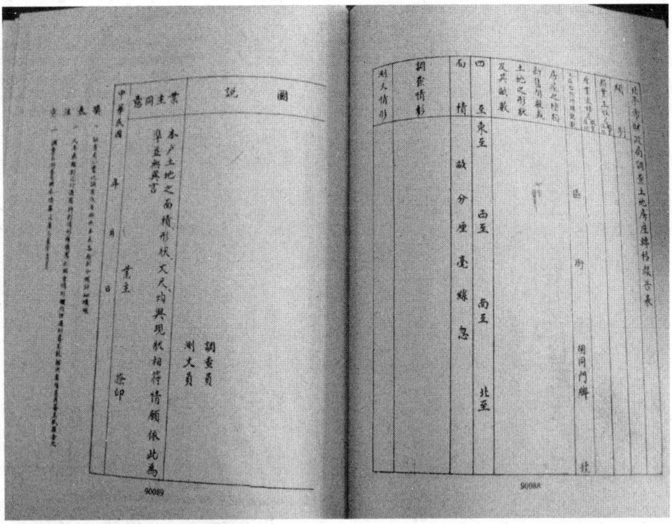
北平市財政局調查土地房產轉移報告表

北平市财政局调查土地房产转移报告表。

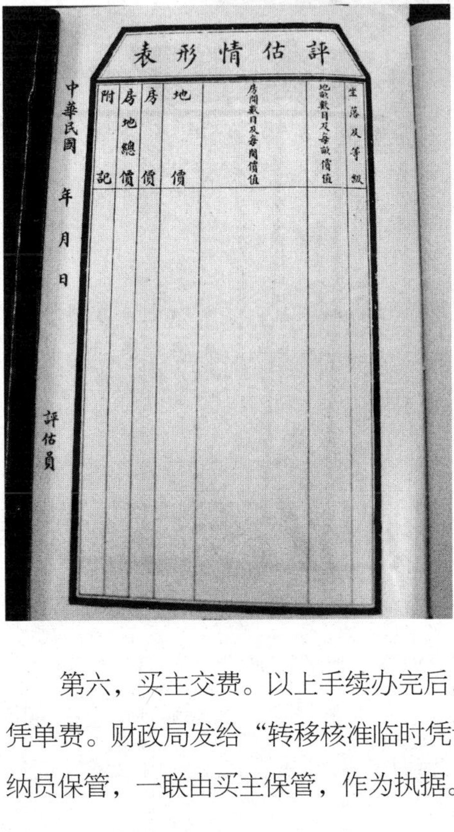
評估情形表

坐落及等級	地畝數目及每畝價值	房間數目及每間價值	地價	房價	房地總價	附記

中華民國 年 月 日

評估員

北平市财政局房地产评估情形表。

第六，买主交费。以上手续办完后，买主需按照房屋评估价的2%缴纳领凭单费。财政局发给“转移核准临时凭证”。共三联：一联存根，一联交出纳员保管，一联由买主保管，作为执据。

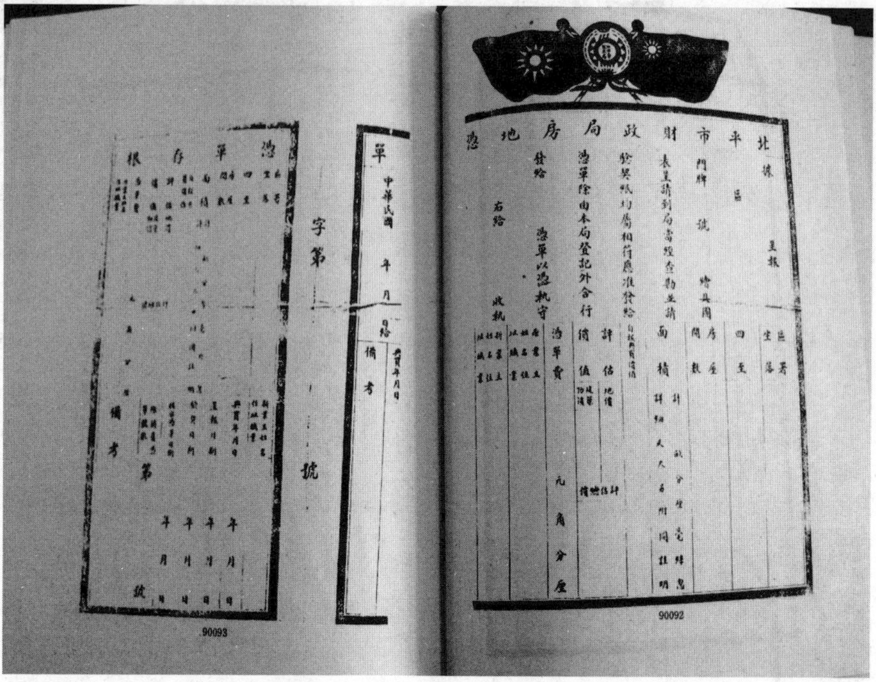

北平市财政局“房地转移凭单”及凭单存根。

第七，买主交税。买主收到“转移核准临时凭证”的七天后，到财政局捐税股缴纳契税（房地评估价的7%）和契税附加（房地评估价的1%）。捐税股将“转移核准临时凭证”交还土地股，换凭单及契纸。

第八，正式登记。市财政局的登记册为每户一页，正面登记新房主的姓名、土地标记等，内容与凭单存根所列项目相同，背面贴附地基尺寸详图。

第九，市政存档。市财政局将呈文、报告表、评估表等材料存档。

1934年12月19日北平市政府公布的《北平市租房规则》规定，“房主出赁房屋于租约订妥五日内应将住房人之姓名、籍贯、职业、人口、租期、租金、保人等询问明确先行开单，报本市公安局该管警署，请领制定之甲种房租收据簿”；“包租房屋分赁他人，或伙租房分住者，由包租人依照前条规定，向该管警署报告，请领乙种房租收据簿”。房租收据簿每三年更换一次。房主或包租人不得借故加租，无故不得强令房客迁让或变更产权、改建修理或收回自用。承租人因欠租或退还押租引起纠纷，由警署核办。

一般来说，交易合同的签署、置产声明的发布和房地转移凭单的获批，标志着住宅买卖有了法律文书的保证；交易合同的签署以及房主或包租人完成将承租人基本情况上报警署的任务，标志着住宅租赁有了合法依据。剩下的，就是买方或承租人付费，卖方或房主腾房，以及缴纳契税、换发房契、由旧房主处理房产纠纷（包括由卖主负责赶走租户）等程序，从而完成住房交易过程。

频繁出招的政府干预

民国北京（北平）城市住房市场，虽然具有自发性，但并未脱离政府的政策干预和制度约束。不过，北洋政府和国民政府对住房市场的干预和约束都较为粗疏，其手段大体包括税收政策和行政干预。

到底要收多少税

民国时期在房地产领域征收的税赋，主要包括契税和土地税，由地方政府征收和支配。

1. 名目繁多的契税

契税是一种交易税，按照标的物的买卖价格征收，始于东晋。明清两代都有具体规定。

北洋政府建立后，对契税的征收作了具体分类。1915年，京师税务左右翼公署制定契税种类和税率，买契、补契、添建改建房屋契、永租契的税率为6%；典契、租典契、佃地契的税率为3%。另有“优待契”，为“王公世爵典卖产业”所适用，税率为4.5%。1919年4月，京都市政公所对于购买和典押房地者，在契税之外加收附加税。前者税率为契价的2%，后者为1%。

也许是觉得原先的规定太复杂，1923年1月，京师税务公所公布《修正京师契税施行细则》，简化了契税种类。规定京师城厢内外，典买不动产与特别新盖改建或添盖房屋领契纳税者，税率统一定为：买契为6%，典契为3%。

《清室优待条件》虽然将清廷内务府所辖地基房屋划为清室私产，但从1923年9月起，北洋政府宣布对承租内务府所辖地基房屋者征收契税，租地原有房屋或建筑房屋者，按建筑费额或转租价额的6%；只租地基者，按原转租价额的3%。商民建筑房屋竣工请领市政公所凭单后或转租成约请领内务府标书后，于一个月内领契投税。

相对于宣统年间买契9%、典契6%的税率，北洋政府的房地契税，税率更低，但征税范围大大扩展，征税监管有所强化。

1928年，北京城头降下五色旗，升起青天白日满地红旗，北京也更名为北平特别市。这年12月，北平特别市财政局设立赋税稽征所办理契税。

1930年3月11日，买、典房地及新建、添建、改建房屋，要求在六个月内缴纳契税，买契为按房地转移凭单所估价格的6%，典契为典价的3%，建筑契为建筑工料费的6%。两年后，契税征收章程有所调整，买价契税按房地转移凭单所定价格的7%，典契按典价的4%，老典契按老典价的7%，建筑契按建筑工料费的7%。较之北洋政府时期，税率有所上升。

北平沦陷后，伪北平市公署于1938年9月9日颁布了新的《契税征收章程》，买契7%，典契4%，建筑契7%，契纸费五角。1943年，买契改为按土地房屋评价规则评定房屋价值的9%，典契改为5%，建筑契为建筑工料费的9%。比起30年代，此时的房地契税税率又有上升，与清末相仿，反映了抗战后期日伪当局对沦陷区的横征暴敛。

抗战胜利后，国民政府在北平重建秩序。1946年3月公布《北平市政府契税征收细则》，规定不动产之买卖、交换、赠予、分割的承受人，及因占有而取得所有权人，均应领用官印契纸，会同当事人填写申请，缴纳契税。买契为契载价格的6%，典契为典价的4%，交换契为交换人各就承受部分按评估价的2%，赠予契按评估价的6%，分割契按评估价的2%，占有契按评估价的6%。这一税率较之日伪时期有所降低，基本恢复到抗战前的水平，且类型划分更加细致。由于契税在国民政府的房地产税中所占比重较小，因而尽管内战期间苛捐杂税频频加派，但房地契税税率再未提升。

需要说明的是，1928年以后，公益性房地的交易契税一般都免予征收。

今天，北京的住宅交易的契税税率为3%。其中，个人购买中小套型普通住宅的契税税率享受减半或更低的折扣优惠，比民国时期低得多。

2. 纷繁复杂的土地、房屋税

自春秋末期的“初税亩”和秦始皇的“使黔首自实田”两大政策颁布以来，土地税（主要针对农田征税）一直作为主要税种，支撑着政府的财政收支。清朝康熙、雍正年间实施“摊丁入地”之后，加入丁税份额的土地税，约占清前期中央财政收入的60%以上[1]。

然而，到清末民初，土地税征收乱象频出。军阀割据和经济衰退导致征税不力，使中央政府土地收入过少；地方军阀为筹措战费开支，预征几十年的土地税；由于缺乏相应的征税机制，政府没能从近代城市的土地增值中获益，巨额收益都被私人占有。北洋政府和国民政府，都肩负着建设城市和养活官员的重任，资金缺口巨大。因此，整理土地税收，开征城市土地税，拓展新税源势在必行。

真正对城市土地开征税赋，始于同治五年（1866年）的上海公共租界。光绪二十四年（1898年），德国侵略者开始在胶州湾租界内征收土地增值税。经过几十年发展，政府对房地产征收的税赋中，土地、房屋税收种类逐渐得到明确，包括地价税、增值税、房捐等。

先说说地价税。

这是孙中山“平均地权”学说里的关键词，扮演了“劫富济贫”的角

[1] 以乾隆三十一年（1766年）为例。这一年处于清朝极盛时期，清廷财政总收入为4854万两，其中地丁银2991万两，盐课574万两，关税540万两，捐纳300万两，耗羡300万两，落地杂税、契税、牙当、芦鱼、矿税、茶税等共计149万两。

色，成为帮助国家从房地产升值中最大限度获利的有效途径。不过，地价税的概念，并非孙中山独创。近代欧美国家普遍以地价作为土地税的征收依据。由于工业化推动下的城市化，使得城市地价的变动速度加快。按照地价征税，富有弹性，既可保证税源，又可使土地税收总额与城市发展节奏相适应。显然，开征地价税是历史的进步。

1930年《土地法》已对地价税的税率进行了粗疏的规定，但征收对象并不明确；1946年《土地法》不仅明确了地价税的征收对象，而且完全援引美国罗斯福新政确立的超额累进税率计算法，对地价实施阶梯式征税，设计更加合理。但由于内战的爆发，这种复杂的计税方法没能普遍实行。

国民政府的两部《土地法》关于地价税的若干规定对比表

类别	1930年《土地法》之条文	1946年《土地法》之条文
城市土地地价税征收税率	按年征收。 市改良地：“以其估定地价数额千分之十至千分之二十为税率。” 市未改良地：“以其估定地价数额千分之十五至千分之三十为税率。” 市荒地：“以其估定地价数额千分之三十至千分之一百为税率。”	按年征收，“照法定地价，按累进税率征收之”，“以其法定地价数额千分之十五为基本税率”，“土地所有权之地价总额，未超过累进起点地价时，依前条税率征收，超过累进起点地价时”，根据下列方法“累进征收”： （1）“超过累进起点地价在百分之五百以下者，其超过部分加征千分之二”； （2）“超过累进起点地价在百分之一千以下者，除按前款规定征收外，就其已超过百分之五百部分加征千分之三”； （3）“超过累进起点地价在百分之一千五百以下者，除按前款规定征收外，就其已超过百分之一千部分加征千分之五”；“以后超过百分之五百，就其超过部分递加千分之五，以加至千分之五十为止”。
城市土地地价税征收对象	不明确。	向土地所有权人征收；设有典权的土地，由典权人缴纳；出租的土地，由承租人缴纳，并在当年应缴地租内扣还。

地价税的征收依据是城市地价，其计算标准和等级划分的情况是如何确定的呢？

根据当时的调查资料，上海公共租界的地价计算方法，通常是利息还原法和购买年法。前者是先计算某个地段若干区地面上所有建筑物每年的房租总收入，从中减去一切行政开支费用（如水、电、巡捕捐等），再减去建房利息，其余作为纯收益，而后除以8厘利率还原，即为该地段的地价。其计算公式为：

某地地价=（房租年收入之和 － 一切开支费用）/8厘利息率

在实际操作中，为求简便，地价计算更多地采用购买年法。即把利息还原法中得出的纯收益一项，不再除以8厘利率，而是乘以13倍[1]，所得结果就是该地块地价。这种估价方法只比市场买卖地价低20%，误差相对较小。其计算公式为：

某地地价=（房租年收入总和 － 一切开支）×13（购买年）

1929年，《北平市土地房屋评价规则》公布。按照两年后公布的《修正北平市土地房屋评价规则》，北平的城市宅地被划分为十等若干级，最高者每亩2000元，最低者每亩50元。由于其时国内政局和北平的政治经济形势总体稳定，从而确保了此次地价评定的可信度。抗战胜利后，国民政府又对北平城区、郊区地价进行了几次评估，但因时局不稳，评估的质量和准确度难以保证。对于起点地价的规定，也不甚明了。

在现代城市的税收体系中，以不动产税为代表的财产税占有重要地位。而地价税是不动产税的最重要一环。1933年，国民政府在上海、杭州两市的地价税征收试点。由于两市基础设施较差、华界地价水平较低、民众抗税活动高涨，造成1934年之后两市地价税征收额下降。地价税额占两市一般性财政收入的比重不足10%。而北京（北平）的地价税征收直到20世纪40年代末

---

[1] 13是上海租界土地的预期购买年。选取13作为预期购买年，与当时英国的计算习惯有关。所谓预期购买年，就是指土地购买者占有土地以图获利的大体占有年数。

《修正北平市土地房屋评价规则》规定的城区和郊区宅地地价

单位：元/亩

城区区位等级	一级	二级	三级	郊区区位等级	地价
特等	2000	1750	1500	一级	150
甲等	1250	1150	1050	二级	130
乙等	1000	950	900	三级	110
丙等	850	800	750	四级	90
丁等	700	650	600	五级	70
戊等	550	500	450	六级	50
己等	400	350	/		
庚等	300	250	/		
辛等	200	175	/		
壬等	150	125	/		
癸等	100	75	/		

才启动。由于战争原因，征收效果不佳。

从理论上讲，开征地价税的经济意义还是积极的。1930年《土地法》规定，“市未改良地”和“市荒地”的税率比“市改良地”高出1.5～10倍，其目的旨在促进住宅建设和荒地开发，将土地升值的利益收归政府，使囤地的投机商人增加囤积成本，不得不抛售富余土地，以减轻地价税负担。这样，既可以增加城市土地的有效供给，又可以用经济手段遏制囤地投机行为，有利于城市土地的集约利用和合理开发，抑制土地投机和私人垄断，防止地价暴涨，有益于城市住宅房地产业的健康稳定发展。

再说说增值税。

在孙中山“平均地权”学说的既定步骤中，完成了“核定地价”，就要“照价征税”。这里的“税”即地价税。由于地价税的征税依据是核定的地价总额，而不管其是否流转和增值，因此，理论上所有的土地都要缴纳地价税，纳税总额大体固定。土地一旦在流转过程中增值，就应当落实“平均地权”中“涨价归公”的步骤。然而，由于国民政府必须顾全四大家族和江浙财阀的经济利益，故而“涨价”难以完全归公。开征增值税就成为“涨价归公”退而求其次的实现形式。

1930年和1946年的两部《土地法》，分别对土地增值税的征收对象、征收基准和征收税率进行了明确规定。其中，对城市土地增值税的规定至为详细。

征收对象涉及土地流转的各类经济行为。

1930年《土地法》规定，“土地所有权之移转为绝卖者，其增值税向出卖人征收之；移转为遗产继承或无偿赠与或法院判决者，其增值税向继承人

国民政府两部《土地法》关于城市土地增值税征收税率对比表

1930年《土地法》有关条文	1946年《土地法》有关条文
（1）“土地增值之实数额为其原地价数额百分之五十或在百分之五十以内者，征收其增值数额百分之二十”； （2）“土地增值之实数额超过其原地价数额百分之五十者，就其未超过百分之五十部分，依前款规定征收百分之二十，就其已超过百分之五十部分征收其百分之四十”； （3）“土地增值之实数额超过其原地价数额百分之一百者，除照前款规定分别征收外，就其已超过百分之一百部分征收其百分之六十”； （4）“土地增值之实数额超过其原地价数额百分之二百者，除照前款规定分别征收外，就其已超过百分之二百部分征收其百分之八十”； （5）“土地增值之实数额超过其原地价数额百分之三百者，除照前款规定分别征收外，就其已超过百分之三百部分完全征收”。	（1）“土地增值之实数额在原地价百分之一百或在百分之一百以内者，征收其增值数额百分之二十”； （2）“土地增值之实数额在原地价百分之二百者，除按前款规定征收外，就其已超过百分之一百部分征收其百分之四十”； （3）“土地增值之实数额在原地价数额百分之三百者，除按前二款规定分别征收外，就其已超过百分之二百部分征收其百分之六十”； （4）“土地增值之实数额在原地价数额百分之三百者，除按前三款规定分别征收外，就其已超过部分征收百分之八十”。

或受赠人或因判决而取得所有权人征收之。”

1946年《土地法》对那些不曾上市交易，但地价确已增值的土地规定开征增值税：“规定地价后十年届满，或实施工程地区五年届满，而无移转之土地，其增值税向土地所有权人征收之。”这就从法律上堵死了长期囤地的出路，迫其必须上市交易，建设住宅。

针对并未进行所有权出让，而只是出典质押的土地，1946年《土地法》规定，“前项规定设有典权者，其增值税得向典权人征收之，但于土地回赎时，出典人应无息偿还”。这项针对出典土地的规定，堵死了通过假典押真买卖来逃避增值税的出路。

对于征收基准，1930年《土地法》没有给出明确说法，而1946年《土地法》有详细规定：

（1）“规定地价后未经过移转之土地，于绝卖移转时，以现卖价超过原规定地价之数额为标准”；

（2）“规定地价后未经过移转之土地，于继承或赠与移转时，以移转时之估定地价超过原规定地价之数额为标准”；

（3）“规定地价后曾经移转之土地，于下次移转时，以现移转价超过前次移转时地价之数额为标准”。

就城市土地增值税的征收税率而言，两部《土地法》都采用超额累进税率计税，以原有地价作为参照。然而，两者的累进层次和税率却有一定差别。1946年《土地法》的累进层次相对要少，税率略轻。抗战胜利后，诸多国民政府大员接收沦陷区大城市时，大发土地财，当然不希望增加税负。1946年《土地法》就体现了这一要求。

从制度设计上看，无论是地价税，还是土地增值税，都是从限制城市土地垄断，加快土地流转速度和利用效率，促使土地所有者营建更多住宅，满足市民不断增长的居住需求。初衷是积极的，但实施效果事与愿违。

如果细究原因，除了立法者要顾及自身经济利益，更重要的是政治经济

北平市标准地价表

（共分20级，1947年7月1日起执行）

土地级别	每亩地价	土地级别	每亩地价
一级	1680万元	六级	1400万元
二级	1620万元	七级	1290万元
三级	1570万元	八级	1180万元
四级	1510万元	十九级	110万元
五级	1460万元	二十级	56万元

1947～1948年北平城市地价指数变化表

（分别以1937年1-6月和1946年5月的地价为基期地价）

时间	地价指数	时间	地价指数
1937年1～6月	100	1946年5月	100
1947年6月	空缺	1947年6月	178.57
1947年7月	3 061 817	1947年7月	219.73
1947年8月	3 090 427	1947年8月	225.09
1947年9月	3 498 054	1947年9月	254.78
1947年10月	4 716 076	1947年10月	343.50
1947年11月	5 726 731	1947年11月	417.11
1947年12月	8 494 460	1947年12月	618.70
1948年1月	11 572 852	1948年1月	空缺
1948年2月	14 790 105	1948年2月	空缺
1948年4月	34 041 157	1948年4月	2 926
1948年5月	42 448 000	1948年5月	4 636

形势太恶劣。1930年《土地法》的实施被抗战打断；好容易等到抗战结束，又面临纸钞滥发、物价飙涨，地价随之上扬，普遍超过了1937年地价总额的300%以上的严峻局面。开征土地增值税，无疑将剥夺土地所有者的几乎全部经济利益。在这种情况下，1946年《土地法》关于增值税的累进征收设想，

便失去了可操作性，最终不了了之。

最后说说房捐。

老舍的小说《我这一辈子》反映了民国警察的凄苦生活。从民国成立的那天起，京师警察厅的警饷全部由北洋政府财政部供给。1922年以后，由于财政支绌，“发饷愆期，推日延月”的事越来越多。优秀警员纷纷离职另谋生计，空额警察无人应募。

警察是维持城市治安的关键力量，北京市政当局当然要想辙稳定这支队伍。于是，他们又把敛财的目光投向了房子。1924年6月，北京开征警捐。征收数额以房屋类型和间数为标准，专款专用，只充警饷。成立警捐评议会，对警捐征收额度和用途进行评议。征收标准为城区每户每年5～20元。由于市民应者寥寥，加之不久后发生“北京政变”，北方政局持续动荡，警捐的征收暂时停顿。

1927年6月，北洋政府恢复征收警捐。最初的缴纳标准是楼房每间0.2元，瓦房0.1元，灰房0.05元，自产自住者减半。开征后，每月的征收总额仅为5万元，无法弥补经年积欠的警饷亏空。次年三月，市政府将楼房分为三级，每间征收0.2元、0.3元、0.4元；瓦房分为三级，每间征收0.1元、0.2元、0.3元；灰房分为两级，每间征收0.1元或0.05元；取消自产自住者减半的规定。扩大警捐评议会的职权范围，由市民代表监督警捐用途，只能用于警饷，不得挪作他用。由于房屋分级，使警捐收入骤增，当月就收了11万多元。

1928年6月，国民政府占领北京，将京师警察厅更名为北平市公安局，警捐之征收照旧。1929年1月，警捐改称“房捐”。北平市公安局成为全市房捐的征收机关。警捐的征收旧章修订为“房捐征收章程”，税率保持不变。

房屋分类分等征捐，最大弊病在于房屋类型界定模糊，特别是瓦房和灰房，其差别在于建筑材料，但不易从外观分辨，部分“商民巧于规避，翻盖新建房屋时多改为新式灰房，或去瓦抹灰希图减捐”。因此，1931年8月，市

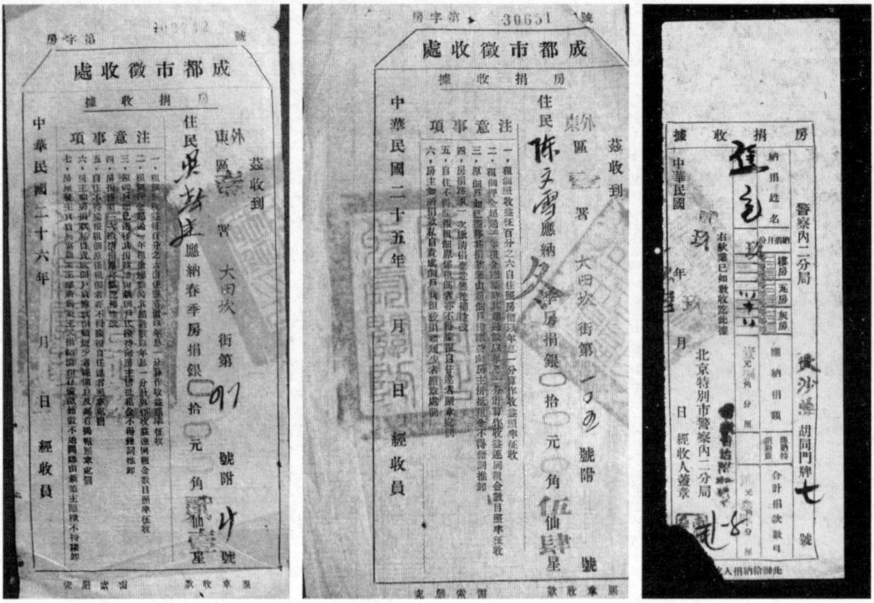

民国时期征收房捐的收据。

政府修改“房捐征收章程”，将灰房也分为三等，捐额相应调整为0.05元、0.1元和0.2元，与瓦房征收额度等同，以杜绝投机取巧，确保房捐足额征收。这样，在物价总水平较为平稳的20世纪30年代前中期，北平的房捐征收标准和数额也就稳了下来。

房捐征收数额的增多，使其用途不再限于警饷，但警饷专款仍赖房捐为大宗，市公安局专款委员会仍定期检查公布房捐的收支情况。这种状态一直持续到20世纪40年代中期。

需要指出的是，楼房的间数是从地窖算起，包括地窖在内，按楼层计算。西式楼房以每150方尺为一间，不及150方尺的独立房间计为一间，但小于75方尺的独立房间，因面积狭小，可酌情减等收捐；铅板及泥草土房也被视作灰房，也可酌情减等收捐。

20世纪30年代前期，房捐成为北平市政府重要的地方税收之一。全市房捐的征收总额每年都在小幅攀升。1930年，北平市年度财政总收入为4262763.63元，其中房捐1314898.135元，约占31%。当时有学者认为，房捐“为维持北平市警察之惟一经费源泉，倘房捐停征，则警察星散，北平将成一匪世界矣”。全市房屋建设总规模以及房捐的征收到位率，不仅与警察的生计有着密切联系，而且关系到社会治安，与官方的利益息息相关。

在作为地方税收的公私房地收入（包括房捐、契税、田赋凭单费、公产公地的租金与售价）中，房捐的比重也很大。1930年公私房地收入共计1 769 192.866元，房捐占到74%。

按照当时学者的说法，房捐的实质即市地改良物税，是对土地之上的改良物（诸如城市的建筑物，农村的庄稼）进行征税。因而税率的确定依据，与房屋所在的区域位置、建筑种类、材料优劣和房屋租金有关。“基地位置决定地价，房租含有地租，地租还原为资本而成地价，（所以）房捐不仅征

1928～1932年北平市各月房捐征收数额一览表

单位：元

时间	1928年	1929年	1930年	1931年	1932年
1月	96 865.125	102 971.863	109 404.456	116 272.290	118 858.780
2月	66 017.305	95 092.039	109 457.460	116 435.820	118 413.270
3月	125 472.150	114 367.491	109 633.830	116 882.220	117 873.250
4月	104 166.625	108 527.434	110 327.590	117 198.450	117 301.130
5月	96 336.000	106 599.856	111 083.390	117 485.300	117 413.750
6月	90 760.950	106 967.829	111 387.650	118 064.670	116 036.810
7月	104 162.700	104 770.475	107 166.443	111 986.360	118 251.590
8月	105 728.475	96 882.045	108 695.968	113 106.270	118 530.050
9月	104 877.475	98 183.645	108 352.519	114 692.370	118 491.720
10月	92 406.125	105 004.710	110 122.715	115 688.440	118 598.060
11月	104 013.048	112 147.332	109 710.497	115 913.100	118 862.880
12月	98 027.850	105 866.139	109 591.617	116 146.390	119 012.070
总计	1 188 833.828	1 257 380.135	1 314 898.135	1 389 871.680	1 417 644.360

《修正北平市土地房屋评价规则》给定各类住房最高等级每间单价、《土地法》规定应缴改良物税与"房捐征收章程"规定房捐征收额对比分析表[1]

	特级一等单价	每年应缴改良物税	每年房捐征收额	甲级一等单价	每年应缴改良物税	每年房捐征收额
洋式楼房	800元	4元	4.8元	500元	2.5元	4.8元
普通楼房				250元	1.25元	3.6元
带廊瓦房				250元	1.25元	3.6元
瓦房				160元	0.8元	2.4元
灰瓦房				90元	0.45元	2.4元
灰房				70元	0.35元	1.2元

收建筑资本之利息税，亦征土地之收益税"。

1930年《土地法》规定，"改良物税，按年征收，不超过千分之五"。据此，按照《修正北平市土地房屋评价规则》所给定的城区各类住房每间单价，其法定应缴纳的改良物税皆少于"房捐征收章程"规定的房捐征收额。房捐征收额比改良物税多出的部分，应视为对土地征税。这说明，尽管20世纪30年代国民政府进行的地价税试点未能推广到北平，但房捐多于改良物税的部分，多少带有地价税的色彩，税率基本不低于1930年《土地法》的设计。

1937年北平沦陷后，日伪当局为支持侵略战争和巩固统治，提高旧有税种的税率，开征多个新税种。

1942年4月，伪市公署将楼房分三等，每月捐银0.3元至0.5元；瓦房分三等，每月0.15元至0.35元；灰房分三等，每月0.1元至0.25元。比20世纪30年代国民政府"房捐征收章程"的捐率略有提高。

1943年3月31日，伪市公署举办"基地税"，"暂就城区先行试办"。按照基地税征收规则，建筑用地统称基地，要缴纳基地税，经营性用地，每

[1] 每年房捐征收额的计算标准是，洋式楼房每月0.4元，普通楼房0.3元，带廊瓦房0.3元，瓦房0.2元，灰瓦房0.2元，灰房0.1元。

年按地价的1.5%征收；自住地及自用地，按1.2%征收。“军政机关、国营机关、学校、会馆、寺庙、使馆、教会及其他公产善产之基地，经证实无收益者，得免征基地税，如有收益者，其收益部分，仍应照征”。

1944年，日伪当局拟定了新的《修正北京特别市房捐征收章程》，以每月每间计算，按照房屋的类型和档次对房捐征收额做了新的量化规定：

楼房一等0.6元，二等0.5元，三等0.4元，“楼房应分层计间数，如房间无法分析者，每一百五十市方尺为一间，不及一百五十市方尺者亦以一间论，其不及七十五方尺者得酌减等次计捐”；瓦房一等0.4元，二等0.3元，三等0.2元；棋盘心仰瓦灰梗及石片顶房一等0.3元，二等0.2元，三等0.1元；灰房一等0.3元，二等0.2元，三等0.15元；铅板及泥草土房一等0.2元，二等0.15元；地窖应按其地上房屋种类间数计捐；瓦顶、灰顶之游廊应酌量宽狭合二间或三间为一间，比照瓦房、灰房的房捐标准按等次计捐。位于繁华地段者，增征30%～60%的特级捐。

该章程规定的捐率，较1942年的标准又有提高，且规定逾期一月以内的滞纳金高达捐额的50%～200%。

1946年1月1日，北平市政府发布布告，废止“房捐征收章程”，公布《北平房捐征收细则》，规定房捐由房屋产权人负担，其设有典权者，由典权人负担。捐率按年计算，自用房屋为房屋现值的1%～2%，房屋现值依《北平市土地房屋评价规则》评定；出租房屋为年租金的10%～20%。

1948年6月30日，市长何思源签发《修正北平市房捐征收细则》，共10条。其中对房捐承担人的情况作了更明确的界定：房捐由房屋产权人负担；设有典权者，由典权人负担；转租房屋的转租租金超过原租金者，其超过部分应纳房捐由转租人承担；如不超过原租金或正常的出租房屋，应由承租人代缴，并抵付房租。还对每年的房捐捐率进行了较大的调整：营业用房屋，出租者为年租金的15%，自用者为房屋现值的1.2%；居住用房，出租者为年租金的8%，自用者为房屋现值的0.5%。

比起1946年的《北平房捐征收细则》，各类房捐捐率均有降低。只有政府机关、慈善团体、公私学校、教会庙宇等自用房屋，非营利性质的集体宿舍，以及毁损不堪居住的房屋，才可免征房捐。

《修正北平市房捐征收细则》还解读了如何计算出租房屋的捐率："出租房屋应征捐额，以其租约所载之租金及押租利息合并计算，其以实物为房租或押租者，均按时值估定之自用房屋应征捐额，依房主自报房屋现值核算。前项押租利息应参照本市银行、银号定期存款利息计算；前项租金过低，按本市房屋标准价年息一成五分推算租金，再按租金照第五条（营业用房屋和居住用房的房捐率）各规定核算，分季征收。前项房屋现值如房主申报过低者，得按本市标准价规定核算分季征收。前项估定租金或房屋现值如有争议，得交由房屋评价委员会评定之。房屋评价委员会组织规程由财政部定之。"

显然，1946年和1948年的两次对房捐征收细则的制定和修订，使房捐的征收依据由房间数转移到房租和房价，按照百分比征收。这不仅体现了国民政府对住房的理解，由"消费品"至"投资品"，且通过资本计量，将房价高低与捐税多少挂钩，有助于实现政府税收与经济发展状况的横向挂钩，是一种进步。

随着1946年11月《北平市地价税征收规则》的公布，房捐所承担的部分地价税功能理应取消。然而，拿1946年《土地法》中关于"建筑改良物税，按年征收，最高税率不超过千分之十；建筑改良物如为自住房屋，免予征税"的说法，与1946年和1948年的两部"房捐征收细则"进行比较后发现，房捐率依然略高于改良物税。即房捐中仍含有部分地价税的成分，此时地价税征收业已制度化，房捐比改良物税多出的部分显然是重复计税。由于20世纪40年代末恶性通货膨胀引起房价、房租逐月暴增，导致1948年《修正北平市房捐征收细则》实施难度较大，征收无序，无法实现调节房屋租售价格涨速的功能。

可以说，民国政府针对北京城区住宅开征的房地产税，包括以地价税、增值税、房捐为主的土地、房屋税，以及数额较少的契税和凭单费，逐渐纳入依法征收的轨道，征税依据和征税标准也在逐渐与国际惯例接轨。然而，由于各方面条件的局限，在20世纪40年代末的恶性通货膨胀和房价、房租暴涨中，以房地产税为代表的财税政策，在20世纪40年代末的房价、房租暴涨中，并未发挥应有的调控功能。

直来直去的调控：
行政管理与价格干预

政府对房地产市场的干预，最常见的就是行政手段。而其干预的重点，就是住宅交易价格，尤其是关乎中低收入者日常生活的租赁价格。民国政府对北京城区住房市场的行政管理和以价格干预为特征的行政管制，对于促进这个市场的成长发挥了一定功能。

设机构、立章法，捋顺关系：行政管理初具规模

北京的住房行政管理机构，早在金朝就已设立。当时的中都店宅务，官员为“管勾”，负责中都左右厢的房地产管理；“攒典”为办事人员，办理征税及备料、修建房屋事务。此后各代，中央政权都设有管理房屋建筑、修建的机构。

清朝定都北京后，八旗都统衙门负责内城管理，包括勘丈租地及旗人置买房屋、地亩纳税、修缮房屋、勘估工程物料、接收和调拨官房、官房取租等。督理街道厅负责外城市政工程和房地管理，包括街巷道路、官沟水道、兴修民居等审核、勘验。清末以来，随着西方城市市政管理理念的引入，特别是受到袁世凯在天津建立巡警制度的影响，北京的市政管理机构和体制也开始调整，对住宅房地产的行政管理逐渐纳入市政管理的范畴。

光绪三十一年（1905年），作为民政部统辖的市政管理机关，内城巡警总厅和外城巡警总厅成立，总理内外城司法、内务、公安等事务，以及官署

及民房的规划、建造和改良等。内外城巡警总厅下辖分厅，分厅之下设区。1913年2月，内、外城巡警总厅改称京师警察厅，隶属北洋政府内政部。1914年6月，北洋政府设立京都市政公所，下设四个处，其中第二处掌管房地产收用勘定、建筑管理查勘、房地产转移登记及勘定等事项。自此，北京形成了由京都市政公所和京师警察厅共同管理地方事务的局面。对房地产领域的管理，以发给房地转移凭单和房地收用为主，由警察厅和市政公所分工负责。

1928年6月，国民政府接管北京，更名北平，成立北平市政府，下设北平市土地局，负责房地转移、土地登记、土地清丈、清理旗产、整理官产、处理逆产等。土地局设有秘书室、第一科、第二科和第三科，办公地点在府右街集灵囿，员工二百余人。1930年4月，北平市土地局裁撤，主管事项归并到北平市财政局第四科。20世纪30年代中国地政学院组织的房地产领域的全国性调查，所获得的北平的文献资料，大多来自北平市财政局。

北平沦陷后，房地产事宜归口伪财政局第三科掌管，该科下设公产股、测绘股、审查股和验注股，员工二百五十余人。1945年10月，光复后的北平市成立地政局，作为市政府直属的房地产管理机构，下设秘书室、第一科、第二科、第三科、第四科、人事室、会计室和统计室，有23个股和组及测量队，办公地点仍在府右街集灵囿。到1948年，该局员工总数为378人，其中职员119人，技艺人员104人，工友155人。

头疼医头，脚疼医脚：治标不治本的价格干预

民国时期，占人口绝大多数的中低收入者，居住质量总体不高，居住舒适度较差，他们最关心的，就是能否住得起。人多房少，价格偏高，在城市化背景下始终是困扰市民生活的大问题。满汉分城局面打破以后，大批外地居民涌入京城，不少外城居民涌入内城，北京城区的房地产价格缓慢攀升。

20世纪30年代前中期，北平的城市房地价格水平尽管因迁都和九一八事变等原因稳中略涨，但多数市民仍承受不起。中央政府以及北京（北平）的市政当局，改变了长期以来不干预房地交易价格的惯例，多次公开限价。

1. 大清末年：尝试限价

宣统元年（1909年）九月十一日，清廷民政部提出限价办法，并准备于两个月后实施：头等市房每间每月5元，二等3元，三等2元，住房亦分三等，头等每间月租2元，二等1元，三等5角。这可能是20世纪中央政府对北京城区房价的首次行政干预。由于清廷没有明确房屋的分等原则，导致限价办法无法操作。两年多后，清廷垮台，该限价办法不了了之。

2. 国民政府：出台规则

1929年，北平市土地局制定“土地房屋评价规则”，首次对房地买卖价格进行全面的政府评价，为契税征收提供参照。按照规模、工料、形状、新旧等标准，将洋式楼房、普通楼房、带廊瓦房、瓦房、灰房等类型做了具体划分和规定，将限价政策由简单的行政命令升格为地方行政规章。

随着城市化进程的加快，以及九一八事变后大批东北难民的涌入，以租赁住宅为主要居住形式的外地居民越来越多，因价格分歧而致的租房纠纷也层出不穷。

北平市政府于1935年4月颁布《修正北平市租房规则》，对1929年《北平特别市租房规则》和1934年《北平市租房规则》进行补充，规定“房主或包租人于出赁房屋时收取本月房租外，得预收同数之押租，但不得以茶钱、打扫及其他名义向住房人额外需索。前项押租于交房时应即退还，但住房人愿扣抵房租者听任之”，“房主对于住房人，除欠租已逾二个月外，无故不得强令迁让”。不过，对房租价格没有明确规定和限制。

至此，北平市政府初步构建了以行政规章为中心的房地产限价政策框架。

北平市城区房屋评价以每间计其价目等级统计表

单位：元

类别	洋式楼房	普通楼房	带廊瓦房	瓦房	灰房
特级一等	800				
特级二等	700				
特级三等	600				
甲级一等	500	250	250	160	90
甲级二等	400	220	220	150	85
甲级三等	350	200	200	140	80
乙级一等	350	200	200	130	80
乙级二等	300	180	180	120	75
乙级三等	250	160	160	110	70
丙级一等		160	160	100	70
丙级二等		140	140	90	65
丙级三等		120	120	80	60

然而好景不长，随着抗战爆发和国内经济形势的恶化，“土地房屋评价规则”所规定的价格高限，已经无法阻挡通货膨胀的汹涌洪流；《修正北平市租房规则》赋予房客的权利，也因物价上涨和“房荒”的出现而无法实现。

3. 日伪时期：顾此失彼

日伪统治时期，当局继续实施“土地房屋评价”制度，并于1938年12月公布调整后的土地房屋评价等级标准。城区宅地分十等，其中甲等至戊等6000元～1400元；己等至癸等1200元～200元；郊区分七等，400元～100元。不过，这并不意味着日伪当局限价政策的规范化和制度化。“一刀切”式的行政命令反倒越来越多，施政目标仅限于房租，有些训令甚至前后矛盾，根本无法执行。

1939年6月签发的“北京特别市公署警察局训令字第3846号文”中提

到，“本市近来人口激增，因之现在住房几有不敷分住之势，黠者利用机会觅房承租，即以转租他人从中藉获厚利，及经房主查觉，而原承租人已杳不知所往，以致近日租房纠葛，无论中外人士大多以转租为起因，兹为维持产权、预防纠纷期间，应由各区署转饬各段，传知界内住户：嗣后租赁房屋，除包租分赁他人为本地习惯所许外，其他不论中外人，须由本人或携同眷属自行居住，不得转租他人，并应在租房合同内注明，俾资遵守”。显然，这份文件认为房租暴涨缘于二房东加租，因而治本之道就是禁止转租。

同年11月，由伪“市长”余晋龢签发的《北京特别市补订租房办法》里，出现“房客租得房屋，若并无不许转租或分租限制者，其租金不得超过原房租之二成，否则其超过额应归房主”等语。这个戏剧性的变化，相当于承认二房东合法化。

5个月内，两份自相矛盾的行政命令先后出台，究竟该按哪个文件执行？

由于日伪当局将房租暴涨的责任，片面地归结到房主与二房东的恶意加价，从未认真反思侵略战争以及由此带来的恶性通货膨胀，给房租上涨造成的强大压力，也不重视调研全市住宅的实际供求状况，其发布的限价命令基本是从片面削减契约价格入手，希望通过直接的行政干预来缓解房租快速上涨的势头。

1939年9月，日伪当局开始实施“警察局212号文”，即“减租办法”。其中规定，就高档住宅而言，该年1月（含1月）以后订立租赁合同的，房租下调20%；此前订立租赁合同的，房租下调10%。就普通住宅而言，其房租一律下调10%。如果房东、房客对合同规定的房租不持异议，可以不予下调。

到1944年9月，日伪当局见干预无效，便以警察局训令3586号的形式单方面抛出《平抑房租办法》，硬性规定甲等住宅的房租不得超过每间30元，乙等不得超过20元，丙等不得超过10元，“诚恐市民阳奉阴违，仍不免有将空房匿不出租情事，合行令仰该局各区分局详细查明空房，限期出租，不得勒租高价”。

1939年11月颁布的《北京特别市补订租房办法》，还笼统地提出了“非有正当理由不得藉故增加租金”的说法。

不过，这些限价措施既缺乏可操作性，又难以组合使用，收效甚微。

4. 光复之后：全面失效

1945年抗战胜利后，接管政权的北平市政府，面对日益高涨的房价和房租，以及愈演愈烈的房租纠纷，似乎拿不出有效的解决方案。

1946年1月，市政府从城区74000起土地交易中抽查3695起，根据抽查结果，将地价相近、地段相连的土地，划分地价区，并就每区抽查的市价及收益价格为总平均数计算，求得各该地区的平均地价，制成地价等级表及建筑改良物价等级表。城区地价分为六等十四级，每亩地价最高40万元，最低3万元，瓦房最高每间24000元，最低每间7000元。

可是，没过多久，恶性通货膨胀带动房地价格涨了数倍，原先估定的标准严重滞后，不得不重估。重估的标准刚刚确定，房地价格又涨了数倍，将重估标准远远甩在了后面。

到6月，重估后确定的每亩地价最高270万元，最低12万元，瓦房每间最高17万元，最低3万元。1947年5月，根据再次调查，地价改为二十级，最高每亩1680万元，最低56万元，瓦房最高每间308万元，最低56万元。

到1948年，恶性通货膨胀使标准地价及建筑改良物价格等级表严重滞后，无法使用。4月，在抽查城区的4000起土地及调查房地转移的收益价格后，当局开始按月编制两种房地价指数。一种以1937年1～6月的平均地价为基期，显示自抗战以来地价的变动情形，作为确定房屋租金的标准；一种以1947年5月为基期，显示自规定地价以来地价变动的情形，作为财政局征税的依据。

至此，国民政府对住宅价格的行政干预彻底失效，房地产价格如脱缰野马，随社会整体物价水平飞速攀升，全面失控。这种局面一直持续到20

世纪50年代初。

5. 北洋时期：怪异的提价

如果说这些限价措施就是不折不扣的压价政策，那么北洋政府基于房屋“买卖税契匿报价格，如与市价相悬者无从限制”的情况，从确保税收角度出发的限价政策，则是不折不扣的提价政策。

1923年1月，监督京师税务公署公布《修正京师契税施行细则》，规定“凡房地非现时价买，因原契遗失补契纳税者或照向章行查，或取殷实之铺保结始予照税”，惟最低价格，洋式楼房每间不得低于200元，楼房每间不得低于150元，瓦房每间不得低于100元，灰房每间不得低于50元，普通地基每亩不得低于100元。“若投税列价不及此数，须饬令加增足额，其他坐落在繁盛区域以及工程华美者，不得援以为例，若年久工程朽坏，房间实不值前列价值者，亦可呈明派员勘估”。不过，这种提价政策在民国政府的行政干预中并不常见。

不容突破的底线：房基线和建筑管制

在清末民国政府对北京（北平）城市住宅的干预措施中，执行最彻底的，当属房基线政策。它从制度上明确了住宅用地的范围，最大限度地杜绝了住宅建设侵占公共用地和妨碍市政交通的情况。

宣统元年（1909年）七月，内城警察总厅颁布了《建筑房屋事宜专条》，要求所有“新修、改建房屋均应按照本规则至总厅呈报”。获得建筑许可的前提之一，就是“勘验后果无侵占官街及妨碍交通等情”。如果确有与批准事项不符，或侵占官街、妨碍交通的情况，除了罚款之外，还要限期退让，逾期不退者，有关部门将强制执行，所有执行费用将由本人承担。这是上世纪最早的住宅用地管制条例。

在对房地产转移、市民建筑进行复核的基础上，考虑到都市规模“岁月久远，经途变易，侵占冒越，所在皆有，于是衢路迂逼，房屋参差，错乱无序”，妨碍交通与商业发展，为了整治市区街道，京都市政公所于1915年制订了《厘定房基线办法》，分期测定市内各街巷房基线，规定两旁房屋翻造时应退应展的尺寸，基本确定了住宅建筑用地与公共交通用地的基本界限。此后，这一制度得到了切实执行，直至1949年北平解放。

没有被房基线划入公共用地的部分，即住宅、商业用地，则统称“房基线余地”。从1921年起，北京（北平）市政府就开始规定“房基线余地承领价格”。

1921年，“毗连使馆界各地方”和“已连前门大街各街巷”每亩2000元，“已修马路之大街或交通横街”每亩1500元，“已修马路之街巷”每亩1000元，“未修马路之冲要街巷”每亩800元，“未修马路而不甚冲要之街巷”每亩600元。

1924年3月，市政公所修正房基线余地承领价格，“将地域区界逐一规定”分为七等，每亩最高3000元，最低1000元，其中一等地为“内左一区全部（东单至王府井一带）；内右一区西长安街及其以南并西单南北大街；外左一区正阳门大街及东至孝顺胡同迄大蒋家胡同；外右一区正阳门大街以西迄煤市街；并中一区（皇城东部）南、北池子，南、北长街，南河沿并属之”。

1928年11月2日，北平市政府公布《承领公地及房基线余地规则》，承领地价按地区分为十一等，特等每亩5000元，甲等每亩3000元，乙等每亩2500元，丙等每亩2000元，丁等每亩1800元，戊等每亩1500元，己等每亩1200元，庚等每亩1000元，辛等每亩800元，壬等每亩600元，癸等每亩400元。这些价格构成了1929年《北平市土地房屋评价暂行规则》和1933年《北平市土地房屋评价规则》中规定地价的基础。

1936年，北平市财政局规定，香厂地区未出租的土地允许市民承领，将地基区分四个段落评定地价等级，西柳树井迤南、板章路迤北每亩1750元，板章路迤南、华严路迤北每亩1500元，华严路迤南、仁民路迤北每亩1250元，仁民路迤南、永安路迤北每亩1000元。原市民承租并建有房屋未满30年，由原租人按评估价50%出资，申请改租为领，不愿承领的，租期届满连同地上物一并收归公有；原已承租但未建筑的地基由承租人按评估价的80%出资留置，不愿留置的由财政局无价收回，另行处分。

如果说房基线通过建筑规模的限制，明确了住宅建筑用地的区域、范围的话，那么北京（北平）的部分都市计划，则以城市规划的形式，对居住区的容积率、建筑面积比重等做了详细规定。

1938年6月1日制定的《北京都市计划地域规则》，将北京城区分为五种类型：专用住居地域、住居地域、商业地域、混合地域、工业地域。

在专用住居地域，只能建设住宅（含住宅区的管理事务所）、公寓（包括包月栈房以及共同住宅、寄宿舍等）、旅馆、铺面住宅一体型建筑（店

崇文门外（左上）、崇文门内（右上）和崇文门城楼（左下）、广渠门城楼（右下）。

铺面积低于10平方米），诊疗所、养育院及其他救护设施，寺庙、佛堂、教会，园艺用建筑物，喷泉、塑像、纪念塔、纪念门以及市政府认为无碍于居住安宁的建筑物。

在住居地域，不得兴建工场（没有噪音、烟尘、污水排放等污染的食品、服装、修理等小企业除外）、大型商店、四辆以上的营业汽车车房、戏园、电影院、演艺场、游览场、妓馆、浴场（澡堂）、鸦片烟馆、仓库、火葬场、屠宰场、家畜市场及死畜处理场、垃圾及污物处理场以及市政府认为有碍住居安宁的其他设施。

专用住居地域的住宅，第一层的建筑面积控制在土地使用面积的30%以内，各层总建筑面积控制在土地使用面积的50%以内；住居地域的住宅，第一层的建筑面积控制在土地使用面积的40%以内，各层总建筑面积则控制在土地使用面积的70%以内。

尽管近代北京（北平）的住宅建筑类型日趋多样化，但在房基线和建筑管制的双重约束下，以四合院和旧房为主的格局没有变化。民国以后，住宅仍以建于明、清时期的房屋为主，新建住宅也以平房为多。按屋顶所用材料，分为瓦房、灰房、土灰房。据统计，1933年，市内有瓦房702231.5间，灰房418530间。

城外关厢地区及西直门内西北城角、东直门内东北城角、崇文门内东南城角、西便门内太平街一带、安定门内迤南一带、陶然亭一带、广渠门和右安门内一带，房屋极窄小，俗称“大杂院”。大多数北京（北平）市民，以及外地移民，在大杂院中度过一生。人口多而杂的院落里发生的故事，往往会使个人、家庭，甚至作为小社会的整个院落的历史轨迹发生根本改变。在房价剧烈波动的年代里，这样的现象似乎更明显一些。

房价，房价，还是房价

毫无疑问，价格是房地产市场最敏感的要素。就住宅而言，价格高了，超出消费者的承受能力，就变得有价无市，需求锐减，有可能导致房地产市场衰退；价格低了，会出现两种情况。一是有些人会对有投资价值和适宜居住的房产抄底，二是更多人预期价格会继续下降，从而持币待购。这里所说的“住宅价格”，即“房价”，既包括售价，也包括租价。

住宅，既有投资属性，又有居住功能，是投资品和消费品的合成体。那么，住宅价格的高低，就与宏观经济的走势息息相关，与国际民生和社会稳定密不可分。居者有其屋，一直是每个中国人的梦想，也是城市文明走向进步的重要标志。

民国时期中国主要城市的房价究竟是个什么情况？它的变化受哪些因素影响？不同城市的房价变化有哪些异同和特点呢？仅以北京为例，不同区域的房价又有哪些差别？为什么会造成这些差别？几十年来的价格波动有哪些规律呢？对当时社会发展和人们的日常生活究竟产生了怎样的影响呢？

民国北京的房价经历了怎样的波动

民国北京的历史，大体可以1928年为界。此前是国家首都，此后不仅失去了首都地位，而且在多数时间里叫“北平”。不当首都的北京，又可分为建设（1928～1937）、沦陷（1937～1945）和内战（1945～1949）三个阶段。

报刊广告里的房价

前面说过，报刊广告不是住宅交易的主要媒介，私下交易或拉纤撮合的案例，远多于靠刊登广告成交的案例。不过，报刊广告所标出的租售价，仍能反映一个时期一定区域的房价成交区间。作为第一手资料，具有参考价值。根据20世纪20年代到40年代的《晨报》、《世界日报》、《北平晨报》、《华北新报》提供的广告报价信息（参见附录一），做一番简单统计，大致可以得出以下参考数据：

20世纪20～40年代北京（北平）部分住宅价格
报刊广告报价统计结果分析表

计价单位：元

年代	每间住宅平均售价	单套住宅平均售价	每间住宅平均月租	单套住宅平均月租
1921～1926	213	4067	2.37	51.5
1931～1937	265	7 744	2.40	49.9
1944	9 869	19.4万		
1945	136 503	267万		
1946.1～1946.12	763 753	1 829万		
1947.1～1947.12	4 708 564	6 236万		
1948.9～1948.12	94 020万	1 108 500万		
1946～1947			63 198	387 143

有了这张表，我们就可以比较1921～1948年北京（北平）住房租售价格的变动趋势了。

先说说20世纪20～30年代。

比起20世纪20年代，30年代的北平城区住宅，每间平均售价增长24%，而单套平均售价增长90%。显然，大套型豪华住宅有一定成交量。与40年代的暴涨不同，20～30年代北京（北平）的住宅销售价格稳中有涨，涨幅低于南京、上海、天津等城市。而租金价格保持稳中有降。

据《大中华京师地理志》记载，1919年，北京的私房月租金“凡西南繁盛处，每间月租二元。稍僻东北、西北，每间月租一元。贫民杂居，有一门牌内五十余家者，每间三四角。铺房旧约较廉，修门面则加租”。

1927年3月，《晨报》根据所载房租调查，将北京内外城房租分为六等，地址分为四十六段。一等房租分为六段，分布在外城、东城、西城，每间月租4～10元；二等房租分为六段，分布在南城、西城、内城、东北城，月租2.7～6元；三等房租分为八段，分布在内城和外城，月租2.4～2.8元；四等房租分为十段，分布在外城，月租2～2.3元；五等房租分为八段，分布在内城和外城，月租1.3～1.8元；六等房租分为八段，分布在偏僻之处，皆是杂居之户，即所谓“大杂院”，月租26吊至1.3元。关厢地区房屋亦分为一、二、三等。德胜门、西直门、广安门、西便门为一等，每间月租平均2元；安定门、朝阳门、阜成门、永定门、右安门外为二等，每间月租1.2元左右；东直门、东便门、广渠门、左安门外为三等，每间月租不到1元。

据《北平晨报》记载，1936年北平城区的房租平均“每间代价总在一元五角以上，冷僻地点的房屋，月租价至多不过一元；繁华地段如西单一带，每月租额须三元左右。而且房屋间数越多越便宜，若是在大杂院赁一间住房……每日亦需铜圆三十枚”。

再说说20世纪40年代。

八年抗战期间，住宅招租的资料现存较少，仅就1944年和1945年的住宅销售价格计算，每间平均售价分别比1931～1937年上涨了37倍和515倍，单套平均售价分别比1931～1937年上涨了25倍和345倍。

抗战胜利后，北平的住房租售价格并未停止涨势，而是增速加快。与1931−1937年相比，1946年6～12月每间平均售价上涨了2 882倍，单套平均售价上涨了2 362倍；1947年1～12月每间平均售价上涨了17 768倍，单套平均售价上涨了8 053倍；1948年9～12月每间平均售价上涨了3 547 925倍，单套平均售价上涨了1 431 431倍。与1931～1937年相比，1946～1947年每间平均

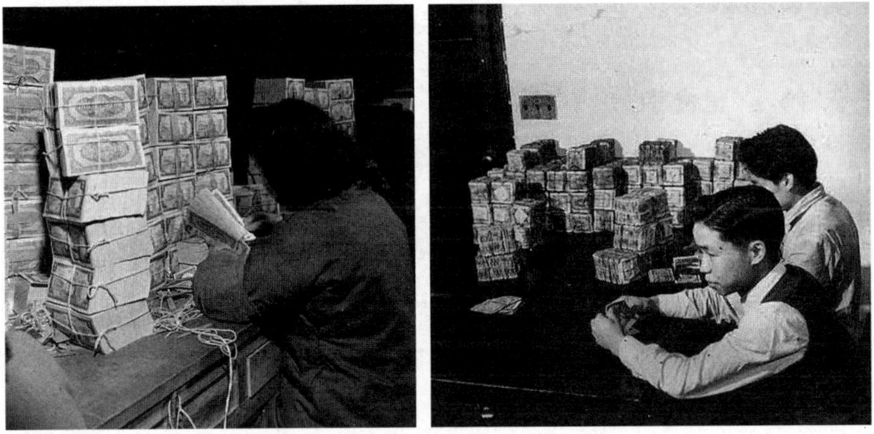

20世纪40年代恶性通胀的表象——法币超发和严重贬值。

月租上涨了26 332.5倍，单套平均月租上涨了7 758倍。

核算前面给出的统计数据，如果以1931～1937年的房屋租售价格指数为100，则1947年1～12月每间平均售价指数为1 776 800，单套平均售价指数为805 300；1946～1947年每间平均月租指数2 633 250，单套平均月租指数775 800。

要知道，1937年以后，无论是日伪时期，还是国民政府时期，为了支撑战争，当局都采取了滥发纸钞的做法，由此导致物价飞涨，成为全体中国人必须面对的经济形势。北京（北平）概莫能外。到了民国的最后几年，物价已经上涨到无以复加的程度，法币、金圆券的购买力迅速萎缩，成了废纸。住宅租售价格的飞涨，实际上主要是恶性通货膨胀造成的。

单从数据上看，确实涨得有些离谱。但如果把物价因素剔除，北京（北平）的住房租售价格，在20世纪40年代又是怎样的变化趋势呢？

细心比较可见，1947年北平城区的房屋租售价格指数，略低于同年北平主要生活用品价格指数。也就是说，剔除物价因素，1947年北平的房价实际总水平处于下降通道。这是1928年以来北平失去首都地位，经济持续萧条，房价缓慢走低的大趋势的继续。只不过，由于通货膨胀导致居民购买力迅速

1937~1947年北平主要生活用品价格指数统计表

时间	物价总指数	米面杂粮价格指数	其他事物及嗜好品价格指数	布匹及其原料价格指数	燃料价格指数
1939.12	261.85	244.26	228.17	265.22	201.59
1946.1	216 012	175 101	210 612	378 302	139 545
1947.1	1 174 578	801 964	1 147 230	1 457 627	1 684 458
1947.7	5 518 735	5 589 044	4 347 412	5 085 647	7 745 765
1947.8	5 546 717	5 353 697	4 509 041	5 257 022	7 569 574

注：1937年6月的价格指数为100。

缩水，客观上造成房价总水平相对于社会购买力的飞涨。

这些数据还反映了两个现象：

第一，至迟从1944年起，单套住宅平均租售价格的涨幅一直低于每间平均租售价格的涨幅。

这说明，成交住宅的套型越来越小，分租、转租的情况越来越多，人均居住条件恶化。

第二，1946~1947年，住宅租金价格的涨幅远高于同期住宅售价涨幅。

这说明，越来越多的人，包括中高收入阶层，对买房已经不抱多大期待，只得通过租房来缓解居住困难，毕竟租房一次性支付的现金比买房少得多，这种旺盛的刚性需求和无奈的生存选择，客观上推动了租价飞涨。

也说明，战乱和恶性通胀，使一些富人不敢把大量现金投放到不动产投资上，反倒倾向于将不动产变现，兑换成金银和美元，以迅速逃离处于内战前线的北平，避免成为新政权镇压和没收的对象。客观上造成了住宅售价涨幅低于住宅租金涨幅的现象。

另外，由于法币和金圆券的严重贬值，失信于民，到1948年末，银圆在时隔十多年后重新成为硬通货。不少房东还要求房客交纳面粉充作房租。

档案里的房价

报刊上的房价相当于挂牌价格，而非实际成交价。要想知道实际成交价的情况，必须求助于馆藏档案。

附录图表二中反映的95条租赁信息和4条出售信息，是从北京市档案馆诸多购房、租房合同，有关机构调解住房纠纷的文件中辑出的，其中反映了两个问题：

第一，每间住宅的租、售成交均价大多低于同期报刊广告信息中的招租、出售均价，即成交价低于挂牌价，但整体价格变化趋势与同期报刊广告提供的价格信息基本一致。这说明，报刊广告的信息还是有参考价值的。

第二，尽管报刊广告中的售房广告在数量上远远多于招租广告，但从实际成交状况来看，租赁依然是近代北京（北平）住宅交易的主流形式。这与大多数城市居民和外来移民普遍贫困，不具备购房能力有关，也与金融组织落后，贷款利率偏高，缺乏针对购房的制度性金融支持有关。

值得注意的是，从1947年起，有不少房东开始放弃货币交易，只收实物（如面粉）作为租金。

外五区的案例

1946～1947年，北平市警察局曾经对各区的房租情况做过比较详细的调查。这一分区调查资料，对于研究当时租赁情况的细节有重大意义。

附录图表三涉及1936年、1941年和1946年三个重要年份，大体可以反映出抗战前、日伪时期、光复之后外五区居民的租房情况。

如今，北京的城市核心区被分为东城、西城两个区。再早几年，内城归属东城区和西城区，外城归属崇文区和宣武区。而在民国时期，为了加强治安、整饬秩序，北京城的分区更加细致。

1928年6月28日，北京更名北平，作为特别市归南京国民政府行政院管辖。

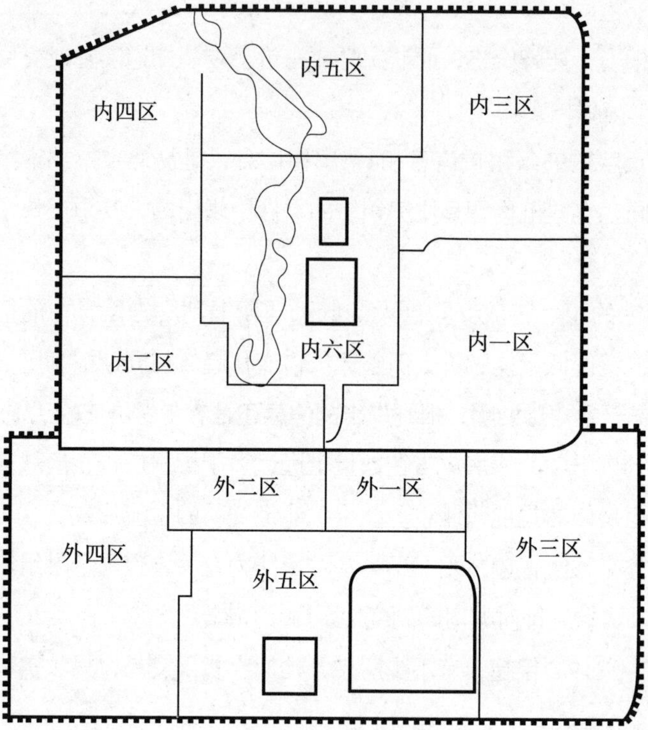

20世纪30年代北平（北京）内城、外城行政区划分布图。

1930年，北平特别市降格为北平市，改归河北省管辖。其城市区域分为内城、外城和郊区，包括东起东坝、西至香山，北起清河，南至大红门。

国民政府将内城分为六个区，即内一区到内六区；外城分为五个区，即外一区到外五区[1]；郊区分为四个区，即东郊区、西郊区、南郊区、北郊区。

1937年7月底，北平沦陷。8月4日，日本侵略者成立“北平地方维持

[1] 内外城各区的区署所在地：内一区在王府井大街，内二区在二龙路，内三区在东直门大街北，内四区在报子胡同，内五区在刘海胡同，内六区在银闸；外一区在东珠市口，外二区在梁家园，外三区在花市，外四区在广安门大街，外五区在灵佑宫。

会”，在中南海丰泽园办公。翌年4月17日，日伪当局决定将北平改名北京，但对内外城和城郊的分区规则依旧。

抗战胜利后，北京又重新更名为北平，行政区划有了新的调整。其中内城七个区，外城五个区，郊区八个区。直至北平和平解放，“内七外五郊八”的区划格局没有变化。

这些分区不是行政区，而是警政区。但是，各区的区署不仅管辖治安，还兼管司法、卫生、救火、户籍、营业、建筑、交通等，有很强的行政管理功能，对后世的城市分区产生了重要影响。

具体到外五区，其范围大致为今天两广大街以南，南二环以北，崇文门外大街至天坛东路一线以西，菜市口大街、虎坊路以东。当时，这里虽然坐拥天坛和先农坛，但经济文化仍然相对落后。

就居住条件而言，外五区绝大多数租户的住房只有1间，一家老小挤在一起，人均居住面积极其狭小；“灰房”占据了租户住房的大多数，瓦房不多，根本没有楼房，住房档次和质量普遍较差。

就价格而言，外五区抗战前房租普遍较为便宜，甚至个别住宅的租价与平民住宅接近；日伪时期租价开始大幅上升，大部分住房的租价上涨了2～10倍，但增幅比起抗战以后，还不算大；抗战以后，大部分住房的租价上涨了100倍以上。

那么，造成北京（北平）城市住宅价格出现宽幅波动的因素有哪些？有没有规律可循呢？

谁能影响京城的房价

实习生的高论

20世纪30年代，中国地政学院组织学生到全国主要城市的财税、土地部门实习，获得了不少一手资料。魏树东的《北平市之地价、地租、房租与税收》和《北平市财政局实习报告》、李鸿毅的《北平市财政局实习总报告》等，就涉及北平的房地产问题。尤其是魏树东的《北平市之地价、地租、房租与税收》，对北京（北平）城区住房价格的变化及其因素进行了初步分析，虽然只是学生，但观点很有见地。

在魏树东看来，影响北京（北平）城区住房价格的因素有四：

1. 城市定位

“每一个都市有其本身的特质，因特质之不同，可分三类：一、工商业都市，为以轻、重工业之从事制造，与国际贸易、国内贸易之经营作基础。二、政治都市，分为国际的政治都市、一国的政治都市、一省的政治都市，是以官吏之荟萃、政治机关之林立、税收为基础的。三、文化都市，以学校、学术机关、图书馆、书店、学生为基础。有一市兼具各种性质者，有仅具一种或二种性质者”。“工业都市随工业之范围程度而升降，政治都市则随政治而变动，文化都市多附属于政治都市、工商业都市，少有独立者”。

——1912～1928：理性上涨。

1912～1928年，北京是全国的政治中心和文化中心。这样独一无二的城市定位造就了某种稀缺性，使北京城区住宅价格在1912年以后的十多年间保持稳步上涨的态势。正如魏树东所言，“北平市自民国元年至民国十三年房租极高，为黄金时代”。

正因为北京所具有的政治、文化中心的特殊地位，且作为“旧京都，其存在已数百年，故宫殿、府第、住宅均有悠久历史，非开辟新地而兴修者，缺乏资本主义的地产经营意味”。显然，在魏树东看来，由于首都地位所带来的政治色彩浓郁、文物古迹众多、商业气息不足等特点，是北京城区赖以维系房价涨势的最重要因素。

由于住房租售价格与城市定位、物价总水平的涨幅大体相当，且涨幅相对稳定，较之20世纪40年代后期的暴涨，可将这一时期的上涨视为“理性上涨”。

——1928～1937：震荡低迷。

1928年，北京更名北平，丧失了首都的地位，后来又失去了行政院特别市的地位；不过，由于故宫博物院的存在和高等院校的云集，北平还继续维持全国性文化中心的地位。“在中国以学校、书肆、学生数目、出版刊物论，上海为最多，北平次之。但自政府南迁后，北平市幸有数万学生、数十大学校、数百教授专家，他们从外埠或乡间吸收金钱来维持北平市的商肆。如果学校停闭，学生星散，学者搬家，则北平地价将每况愈下”。由于北京“房屋之买卖皆连地皮计价，房屋之所有者多地皮与房屋之所有者，无出租地皮使人建筑房屋，或租人地皮而自建房屋”。因此，地价与住房租售价格，在变动趋势上是一致的。

就拿房租说说。

北平社会调查所曾在20世纪30年代编印过“北平生活费指数月报”，其中以平均法专门统计了房租，以普通瓦房和灰房为统计对象，由全城的租房介绍人于每月二日和十六日向调查所报告。这项工作始于1928年1月。如果以1926～1927年房租水平为100的话，那么此后几年的月度房租指数如下：

1928～1933年北平城区月度房租指数表

月份	1928	1929	1930	1931	1932	1933
一月	84.1	102.9	83.1	82.3	86.0	102.9
二月	84.1	102.9	83.1	82.3	86.0	102.9
三月	84.1	102.9	83.1	82.3	86.0	102.9
四月	83.6	102.9	83.1	82.3	89.7	102.9
五月	80.9	102.9	83.1	82.3	89.7	102.9
六月	80.9	100	83.1	82.3	89.7	100
七月	80.9	80.9	82.3	82.3	89.7	100
八月	80.9	80.9	82.3	86.0	108.7	100
九月	83.1	83.1	82.3	86.0	108.8	100
十月	83.1	83.1	82.3	86.0	108.8	102.2
十一月	83.1	83.1	82.3	86.0	108.8	102.2
十二月	83.1	83.1	82.3	86.0	108.6	105.8

注：1926～1927年月租金指数为100

1928年1月～1932年7月的55个月里，除了1929年1～6月外，其他49个月的房租指数都大大低于1926～1927年水平。尽管1932年8月起房租指数有起色，但不仅涨幅较小，而且在略高于1926～1927年水平的点位上反复震荡。可见，迁都之后，北平的住宅租金价格水平基本结束了此前缓慢攀升的格局，进入“震荡低迷期”。

迁都对北京（北平）的住宅房地价格的确影响很大吗？根据20世纪30年代西方国家城市发展的经验，影响各大都市地价、房价涨落的共同因素，包括人口增减、经济力量、交通、区划、设备、治安、法律、土地投机、个人努力或个人投入等。有一个例子，足以说明丧失首都地位对北京住宅市场带来的沉重打击：

民国初年，“中央政务费则过半数消耗于首都所在地。公债之募集，除政府官员分润外，对于首都之金融组织亦有多少刺激或补助。自中央政府南迁后，官员则蜂集于南京，中央政府之各院部经费亦当取给于是。北平昔日之盛世，尽渡江而南。即以市政论，南京人口才六十余万，而经费两千余万；北平人口百五十万，而经费仅四百五十万元。国民政府倘设立于北平，则北平必繁盛。今设立于南京，故南京日趋景气。北平与南京向国民政府争爱，今北平如弃妇矣，其地价、地租、房租之日近降落，此其厥因”。

“据北平政府内务部统计……（民国元年至九年），官吏最多的年份是民国三年，为33297人；最少年份为民国四年，计17148人。（平）均每年21258人。若将议员、官吏、公吏合计，与有职业人总数比较，元年每千人有官吏65人，二年66人，三年81人，四年48人，五年51人，六年52人，七年58人，八年58人，九年58人，其比例可以想见……现北平市政府职员仅五百余人，其他政府机关职员合计不过两千人，只当前者十分之一，且此辈简任职已属寥寥，大多数皆穷官、尖官，所得薪金只足维持其家人最低生活耳……故虽人口增多，而空房亦多，房租趋低，地价亦又不及时之昂贵矣”。

中央政府官员，特别是众多高级官员及其家庭的巨大开支，拉动了首都的消费需求和经济成长。首都地位的丧失，这块消费动力也随之削弱，导致社会总体购买力骤降，兼有消费品功能的可售住宅也呈供大于求，价格停涨甚至下跌在所难免。

失去首都地位，开启了北平房价下滑的进程。战争阴云的临近，也对北平房价影响不小。

1931年九一八事变后，“日本对北平久成包围之势，山西、山东与中央貌合神离，（日本）随时进攻似探囊取物”。北平不仅成为华北抗日的前线，而且成为东北难民和河北近郊农村居民躲避日寇蹂躏的主要目的地。

政治形势的变动，赋予北平新的城市角色，也对北平的经济乃至住宅价格产生影响。“倘若东北不能收回，四境不能安居乐业，北平人口将与日俱增，但均属贫民，不仅地价、地租、房租不能涨高，因难民拥集，治安堪虞，富者更将迁离，人愈多而贫愈甚。如四乡安定，乡民陆续归还，一部房屋空闲亦足引起房租跌落，地价下降。北平现在黄包车比坐车人多，车夫比车多，近有女子为环境所迫，亦以拉车谋生。平市穷苦难以想象”。

2. 城市经济

当时，“北平是消费的都市，不是生产的都市，所以没有大规模的机器工厂”。20世纪30年代的北平，平均每家工厂雇工120人左右，雇工最多的工厂也仅250人。“北平工业近些年来不但没有进步，而且有衰颓现象……据河北省工商厅视察员调查报告，北平地毯业工人从前在三千人以上，（民国）十八年只有八百人……织布工厂也因为工料昂贵，不是倒闭停办，就是减少工人”。这些地毯厂和织布厂的原料主要来自西北地区，20年代末蒋冯战争、中原大战以及西北地区的军阀混战，导致原料供应困难；加之产品质地低劣，北平本地地毯出口税较重，因而难与洋货竞争。一些织布厂和地毯厂纷纷迁往天津。

不仅工业日趋衰颓，商业也逐渐萧条。1928年9～10月，纳捐商铺月均31252家，1929年全年月均降至30880家，1930年更降至30109家，1931年1～6月又降至29413家，商铺数量逐年递减。即以1931年6月纳捐的28401家商铺论，平均每家月营业流水仅191元。其中，该月营业流水超过20万元的仅1家，80～150元的7398家。1928年6月～1929年6月，在全市各商号91476名职员中，失业29902人，失业率32.69%。“各业中以饮食衣服两业为最多，北平市民购买力减少，与市面凋敝可想而知”。

北平城市经济的滑坡，与20世纪30年代国民政府“经济建设运动”中工农业的高增长形成了鲜明反差。这也构成了北平城区住宅价格走低的重要背景因素。

3. 人口结构

魏树东还关注了人口的社会阶层状况。他认为，“平市居民多隶满籍，清代时王族则赐府第，立有军功者可世袭爵禄。至于各旗平民亦月有粮、年有俸，不务生产技术。清室覆亡，粮俸停止，属于贵族阶级拥有丰富资产者固不措意；中之上族亦认为无足轻重。迨十年后，食稻衣锦乃感不支，始则借债以维持，继则典卖珍玩以糊口。中之下族亦莫不投罗所有以衣易食。此贫民来源之一。国府南迁，顿有多数失业者，其职位虽高，奥援亦多，或不难再登官途，惟职卑薪少，昔日已感勉强，一旦经济来源断绝，骤逢穷途，此贫民来源之二。市内施粥厂之比年增加，亦足证实北平贫民之日多”。1927年全市共有65家粥厂，1928年90家，1929年110家，1930年100家，1931年140家，1932年150家。

北平市公安局调查数据显示，全市贫民168442人，占总人口12%强。“其衣不暖，食不饱，居住问题更无法解决，乃群集于城根及城墙四角以度其非人之生活”。

事实上，20世纪30年代北平的城市贫民主要由三部分人组成。一是没落的旗人及其后代，二是因迁都而失业的升斗小民，三是九一八事变后来此避祸的东北难民。这三部分人经济条件很差，无力购置和租赁成套住宅。而由于迁都的原因，许多购买力强的高官、富商纷纷南下。东北和京郊难民涌入北平城区内外，只是增加了城市人口基数，并未增强社会整体购买力。

因而，魏树东发出这样的感叹：“此所以人口日增，空房亦加，地租、房租日减，致北平社会逾近没落也。”1928～1937年，北平人口确实在稳步递增，但并未扭转房价低迷的态势。

4. 城市交通

无论是古代还是现代，城市交通状况的好坏，特别是与外界联络能力的高下，是衡量城市发展水平的重要标志。

至今犹存的正阳门火车站（已辟为中国铁道博物馆），清末民国时期曾是北京的铁路枢纽。

20世纪30年代的北平，由于长期作为首都，陆运、水运条件都比较好。平汉、北宁、平绥三条铁路分别沟通华中、东北和西北，还可利用津浦线加强与华东的联系。在北平城郊，平津、平南、平喜、平热、平汤等公路干线分别以朝阳门、永定门、安定门、阜成门等为起点，通过汽车联络通县、天津、南苑、三河、喜峰口、北苑、顺义、密云、承德、沙河、汤山等处。欧亚航空公司开通了北平前往上海、广州的班机线路。

铁路对于北平城市经济尤其具有重要意义。“北平自民国元年迄十三年之繁荣，北宁、平绥、平汉铁路贡献甚大，缘三路完成甚早，东北、西北、中原人士因旅途安适及节省，东北、西北、中原物产因运输之经济，致来往频繁，运输亟增……后外蒙独立，与平津经济关系断绝，平绥路乃失其一部价值，但仍能吸收西北若干原料及粮食，以沾润北平。迄今东四省沦亡，北宁路亦失却重要意义，不过作为联络平津以沟通南京、上海之工具。北平地价、地租、房租之降落，除政府迁移外，交通之阻隔亦其征因。然北平今日之地位，仍仰恃三条铁路以吸收中外游客、内地学生及乡村中产阶级之避难者，而维持其地价、房租不致一落千丈”。首都时期打下的交通基础，成为减缓北平住宅价格跌幅的重要因素。

更重要的因素

魏树东对于北京（北平）住房价格的分析，建立在对财政局、土地局相关资料充分调研的基础上。虽然力求考虑周到，但仍有疏漏。这些漏掉的要素，对于房价的影响同样重要。

1. 城市内各区域发展不平衡

清朝实施的“满汉分城居住”政策，客观上对近代北京城内各区域进行了定位，正所谓“东富西贵，南贫北贱”。外城人口多，密度大，产生了一批贫民窟；城墙根则居住着不少外地移民和城市贫民，形成了典型的棚户区。虽然民国以降，满汉不再隔离，但历史和风水（外城地势低洼，下风下水）等原因造成的城市区域发展不平衡的布局，很难迅速改变。

1931年1月国民政府颁布《修正北平市土地房屋评价规则》，明确了城市宅地的十个等级。其中，特等宅地包括西交民巷、正阳门大街到珠市口、王府井大街、西河沿东部、大栅栏、廊房头条、珠宝市。甲等宅地包括西长

特等宅地的代表——民国时代的正阳门、王府井区域。

安街以南东至西皮市、西至宣内大街、南至城墙根；户部街南夹道以东东安门大街、金鱼胡同、干面胡同，以南至城墙根，南小街、方巾巷、闹市口沟沿头以西；崇内大街至北新桥大街全部；宣武门大街至新街口大街全部；崇外大街全部至蒜市口；东柳树井大街向西至菜市口大街全部；自高挑胡同、大蓆胡同南北深沟向西，至南新华街以东；正阳门大街南段以西，虎坊路以东，西珠市口虎坊桥大街以南，天桥西大街，永安路以北。

显然，绝大部分特等和甲等宅地位于内城。外城仅有珠市口、天桥、虎坊桥、永安路、崇文门外大街等少量区域。这说明，尽管民国前期外城经济有所发展，但这种发展主要局限在外一区、外二区，且整个外城远远落后于内城。这种不平衡的发展格局，必然会在宅地价格和住房租售价格上有所体现。

魏树东根据1931年7、8、12月以及1932年10、11、12月等六个月的1376个房产买卖案，以区为单位做成11个表，推算出各区的地价平均值。

我们看到，外一区、外二区亩均地价高于内城各区。内二区和内一区的

魏树东推算的1931～1932年北平各区的地价状况

区域名称	每亩最高、最低价（元）	每亩平均价（元）
内一区	2000～250	939
内二区	2000～250	1108
内三区	1250～75	687
内四区	1250～75	776
内五区	1250～450	742
内六区	1250～450	880
外一区	2000～600	1194
外二区	2000～750	1114
外三区	1250～900	897
外四区	1000～250	346
外五区	1250～150	736
四郊	150～30	98

亩均地价为内城最高。总体来说，内城的地价水平高于外城。

一般来说，“一个地方地价的贵贱，可以由楼房密度、人口密度、道路密度来作证明”。外一区人口密度全市第一，楼房密度全市第二，道路密度全市第一；外二区人口密度全市第二，楼房密度全市第一，道路密度全市第三；内二区人口密度全市第五，楼房密度全市第四，道路密度全市第二；内一区人口密度全市第七，楼房密度全市第三，道路密度全市第四。因而，这四个区的地价依次排在全市前四名，也就顺理成章了。

外一区，特别是前门大街和天桥的商业繁荣，带动了该区域地价的上升，而王府井大街、西单西四大街，作为20世纪30年代北平的另两个商业中心，支撑了内一区、内二区的高地价。西交民巷银行区的存在，不仅对上述三个区有带动作用，而且对毗连的外二区也有辐射作用。然而，其他各区仍然相对低迷。特别是人口密度较大的内四区、内五区，其地价甚至低于外三区，而与外五区接近。

“至于房租高低、区域，则和地价区域略同。西交民巷、前门外及东城房租均高，西城、北城则均低。以普通瓦房论，西交民巷每间约五元，而西城、北城者则仅一元左右。若以院落为单位而租赁则租价低，单赁一二间则租费昂”。

城市地价、房租的发展不平衡问题，不仅给城市地价统计带来了一定的困难，而且不利于城市功能的均衡划分，反而只能导致更多的经济资源向地价高的区域集中。

2. 城市住宅有效供应不足

国民政府很注意统计“空房率”，就是希望现有住宅都能投入使用，而非闲置，最大限度地满足居住需要。

20世纪30年代初，北平城区（内外城，不含郊区）共有楼房66708间，瓦房573705间，灰房233724间，总计874137间。如果将其全部视为住宅（事实上，其中一部分是公共建筑和商业用房），按当时北平约150万的总人口计，平均每间要住1.7人。

根据1948年统计，全市各类私人住房共约92万间。占有百间以上的大房主，其房产大部分为其祖辈或本人在清代及民国时期购置，其中官僚置产占27.5%，经营商业置产的占60.9%，占有房屋最多的达251.5间。占有百间以下的小房主，多系自行置产，其中继承前辈的占35.8%。考虑到当时全市住房的拥挤程度，此种房屋占有现状确实严重不均。

空闲房屋总计45802间，包括6590间楼房、24816间瓦房、13676间灰房。空闲房屋总数占全部住宅总数的5.2%，其中，空闲楼房、瓦房、灰房分别各占全部楼房、瓦房、灰房的9.9%、4.3%、5.9%。尽管尚未突出今天国际上公认的10%的空置率警戒线，但几万间房屋空置，总是不利于“居者有其屋”理想的实现。

20世纪30年代初，全市（含郊区）共有房屋1190536.5间。1953年经登记入册的房屋共计1192397间。其中，城区（包括关厢）房屋83万余间。而北京市区人口则从150万增至170万以上。房屋没有增加多少，还有不少空闲，人却多了好些，居住拥挤程度进一步恶化。住宅有效供给不足，成为制约北平住宅价格持续下滑的重要原因。

3. 人口性别比失衡和区域犯罪率差异

先说说性别比。

城市人口性别比例失衡，是近代中国城市化进程中困扰社会稳定的重要因素之一，北京也不例外。1912～1946年，北京（北平）城市人口中，男女比例基本保持在140：100以上。如果分区域来看，以1946年11月为例，全市男女性别比为142：100，其中内一区、内二区、内三区、外一区、外二区、外三区、外五区超过这一比例。而这些区域恰恰是工商业繁荣、人口稠密、生活便利、住宅价格较为昂贵的区域。尤其是外一区，达到256：100。

民国初年的朝阳门城楼（上图）及朝阳门内大街（下图）。

性别比失衡，是城市化进程中的必然现象。大批乡村男子进城谋生，其适应能力在当时的条件下较女子更强，且城市中适合女性的职业有限。这就造成了男多女少的客观事实。

畸形的性别比使许多男子难以组建家庭，从而消减或延后了其购买住房或租赁大面积住房的需求，在某种程度上对住房价格的上涨有抑制作用。

再说说犯罪率。

20世纪30年代，北平犯罪最多的地方是在“污浊不堪的朝阳门外”。根据当时对100名罪犯的调查，其中16%住在东郊。巧合的是，北平市公安局统计全市贫民有14%住在东郊。罪犯和贫民在东郊的比例如此接近。

外五区、内四区、内三区的犯罪率也很高。东郊、内四区、内三区的贫民数量与犯罪人数，在全市贫民总数和罪犯总数中的比例大体相同。这可以说明，犯罪率高发区，往往是这个城市最贫困的区域。治安恶劣，加之购买力低下，抑制了这类区域住宅价格的攀升。

20世纪20年代及其以前北京（北平）城市住宅价格的上升趋势，在30年代减缓或停止，进入震荡整理的状态。迁都南京、九一八事变等大事，成为重要的推动因素。不过，北京（北平）毕竟当过那么多年的首都，所积累的文化、交通等资源优势，使其住房价格并未暴跌，而是在城市经济日渐萧条的背景下保持大体平稳。与上海、南京等大城市相比，30年代北平的住宅价格较低。另外，城市内区域发展不平衡、住宅有效供给不足、人口性别比例失衡等因素，对住宅价格的影响不可忽视。

房价与平民的日常生活

这是一个贫富悬殊的城市。有豪宅，也有贫民窟。

豪宅如那家花园。无论是地段，还是面积，无论是格局，还是装饰，皆为京城一流。西大院、两座四进大宅院、“怡园”等多个宅院，“澄清榭”、“水涯香界”等亭廊，以及东大院内的“乐真堂”，典雅高贵，颇能体现宅院主人的贵族身份。“宅院中房廊外装修，都是苏（州）式油漆彩绘。室内装修隔扇，天然落地罩、几腿罩、栏杆罩等也相当考究”。

贫民窟如大杂院。1919年美国社会学家甘博对北京灯市口、北堂、朝阳门等三个教区内教徒的居住条件作了调查，结果显示，只有22%的教会家庭住在自家房屋里，低于美国城市26%～30%的家庭住房自有率。那么，多数居民

美国社会学家甘博（田野考察的间隙他也坐坐轿子）。

怎么住呢？答案不言而喻——租房。清朝灭亡后，人口迁徙的地域限制进一步放松，北方大量农村人口涌入当时的首都北京谋生，住房需求激增，远远超过当时的住房供应；普通民众的收入不足以一次性付清房款，贷款买房又缺乏简便、易行、低成本、高信用的途径，导致多数居民无力购房，只能租房。

对于多数人来说，那家花园那样的豪宅是不可奢望的，有地方住、住得下、住得起才是更现实的追求。具体而言，第一位的是价格，或者说是性价比，其次才是居住品质、户型、质量、配套等方面，也就是用自己花得起的钱，获得能接受的居住条件。

那么，我们很想知道，对于不同收入水平的社会阶层来说，能住得起什么样的房？购房、租房的开销在他们的日常开支里占多大比重？近代北京（北平）的房价对他们的生活产生了怎样的影响呢？

考虑到20世纪20～30年代北京（北平）的住宅租售价格，较之民国的其他时期相对稳定，文献资料也比较多，我们就以此为参照。

住得足够宽敞：大学教员的悠然岁月

北洋政府与国民政府都视大学教员为社会精英，对高等教育投入较多。庚款退赔等海外教育资助，也为民国前期高等教育的发展注入了活力。因而，抗战前的大学教员，其经济收入和生活水平处在社会中上水平，衣食无忧，这为他们专心治学并做出至今仍被人津津乐道的重大科研成果，解除了后顾之忧。

南京成为国民政府首都后，教育资源随之南移，政府斥巨资建设中央研究院、中央大学等。不过，北平仍然凭长期积累的雄厚教育实力，维持了燕京大学、北京大学、清华大学等著名学府教师的高薪酬。这些人成为支撑20世纪30年代北平住宅消费的重要购买力量。

在北大，不同职称的教员，经济收入和职位稳定性差异很大。教授、

1931～1934年北京大学教员月薪水平一览表

月薪单位：元

时间	类别	教授	副教授	专任讲师	讲师	助教	总计
1931年10月	人数	68人	6人	3人	129人	50人	256人
	最高档月薪		300	280	180	130	
	最低档月薪		280	200	40	40	
	人均月薪	446.72	285	250	78.65	85	
1932年10月	人数	64人	11人	2人	110人	51人	237人
	最高档月薪	500	360	280	250	130	
	最低档月薪	360	280	200	40	40	
	人均月薪	425.16	302	240	79.5	78.38	
1933年10月	人数	61人	16人	0	83人	49人	209人
	最高档月薪	500	360		296	192	
	最低档月薪	360	240		40	80	
	人均月薪	421.11	290		76.14	92	
1934年10月	人数	60人	12人	3人	74人	30人	179人
	最高档月薪	700	320	200	168	160	
	最低档月薪	250	280	100	40	40	
	人均月薪	429.83	300	160	71.13	87.04	

副教授队伍比较稳定，薪酬固定且较高。讲师队伍流动性强，部分讲师隔年便不再受聘；按课时计酬，薪酬数额少且不固定，不同讲师的薪酬会有较多差距。

考虑到很多教员是家庭唯一的就业人口，按照当时普通民众一般的房租收入比，可将大学教员的月租房支出暂定为不超过月均薪酬的10%[1]。

[1] 据1914年英国劳工部所编制的工人生活费指数，食品费占60%，房租费占16%。据1918～1924年狄脱莫尔（Dittmer）、陈达和毛鲁（Morrow）等博士所做的北京生活费调查，清华学校校役、北京近郊汉人家庭和旗人家庭、工厂工人等的房租开支占家庭收入的4.44%～13%之间。据陶孟和对北平48个工人家庭的调查，其房租支出占家庭收入的6.8%～8%。因此，北大教员的租房支出不超过其月薪10%的暂定标准，是有一定参考依据的。

1931～1934年北大哲学系部分教员薪资收入一览表

单位：元

姓名	1931.10职称/月薪	1932.10职称/月薪	1933.10职称/月薪	1934.10职称/月薪
张颐	教授/400	教授/500	教授/500	教授/500
汤用彤	教授/500	教授/500	教授/500	教授/500
马叙伦	教授/400	教授/400	教授/400	教授/400
贺麟	讲师/120	副教授/300	副教授/300	副教授/320
程衡	讲师/80			
许地山	讲师/50	讲师/40		
周叔迦	讲师/60	讲师/60	讲师/40	
张心沛	讲师/40			
温寿链	助教/80	助教/80	助教/80	助教/80
张崧年		讲师/50	讲师/50	讲师/50
嵇文甫		讲师/40		
郑昕			讲师/180	专任讲师/200
金岳霖				讲师/50

那么，每个月花在租房上的钱，教授可以拿出40～50元，副教授可以拿出30元，专任讲师可以拿出12～20元，讲师和助教4～8元。

如果综合1931～1937年报刊广告上发布的住宅招租价格（挂牌价），即平均每间2.40元计，那么教授可租20间，副教授可租12间，专任讲师5～8间，讲师和助教2～3间。考虑到成交价要比招租价略低，拿出这些钱租到的房子面积可能会更大一些。

如此说来，北大教员的整体居住条件要优于人均居住面积不足1间的全市平均水平。特别是教授和副教授，他们的薪资足以支付满足较高居住需求的房租。事实上，当时的大学教员基本可以做到“普通每家独住一院，然亦有二三家同住一院者”。四合院或三合院内庭院广阔，房屋砖墙瓦顶，相对坚固。一些著名学者在回忆录中，还记述他们租住大宅，出门坐黄包车，每周都到饭馆喝酒的闲适生活。他们的家眷大多既不找工作，也不从事家庭琐

民国时期部分知名的北大学者。

上（自左至右）：哲学家汤用彤（1893—1964）、张颐（1887—1969）、金岳霖（1895—1984）；下（自左至右）：新中国首任教育部长马叙伦（1885—1970）、作家许地山（1894—1941）、郑州大学首任校长嵇文甫（1895—1963）。

汤用彤1931年在北平任教期间，就住在父亲汤霖置办的缎库胡同3号的大宅院里。这是一座南北向的院子，院门里有个大影壁。影壁右边有间小房子，是家里车夫的值班房。影壁右边有个月亮门，门里是南院，有3间房子，钱穆就曾住过那里。从南院有道门通向正房。正房北面有7间，东面有3间，西面有3间，四周还有游廊，后面还有一座二层小楼。小楼后面就是后院，有一些平房，后院门的门牌是缎库胡同6号。抗战爆发后，北京大学南迁，汤用彤离开了这里。后来，其兄汤用彬卖掉了这座宅子。

2012年，在梁思成、林徽因夫妇故居——北京东城区北总布胡同24号院被拆的同时，一墙之隔的金岳霖故居——北总布胡同12号院也被拆得面目全非。两个院落其实是一个典型的三进四合院，梁林故居占两进，金岳霖故居占一进。

20世纪30年代，北京的学术界盛行举办家庭沙龙，影响很大。较著名的有胡适的沙龙和梁思成、金岳霖的沙龙。梁思成长于建筑学，金岳霖长于哲学，但两人召集的沙龙里，人员多有交叉，话题也多种多样。金岳霖家的沙龙是每周六下午举办，参与者包括梁思成夫妇、周培源夫妇、张奚若夫妇、费正清夫妇等人，他们后来都成了学术大师。

事，而是为“闲暇阶级”，雇佣仆役操持家务。这样优渥的生活状态，当然是建立在经济收入高、房租开支相对较少的基础之上。

住得紧紧张张：手工业者和小学教员的拮据生活

有个叫陶孟和的学者，对20世纪20年代的工人和小学教员的生活状况进行了详细调查。他的样本包括48个工人家庭和12个小学教员家庭。相对于收入较高的大学教授，这些人就属于劳工群体。

1. 窘迫无奈的工人家庭

先说收入。

这些工人家庭的收入，大体分为工资、亲友馈赠、慈善机构赈济、土地或物品之租金、利息等五类，最主要的是工资。其6个月的家庭总收入自59元至183元不等。一般来说，丈夫的收入占家庭总收入的50%以上。

相比于月薪40～80元的讲师，工人家庭的月收入确实低得多。

再说支出。

这些工人家庭的支出，6个月间户均101.45元，其中食品费占71.2%，燃料及水费占11.3%，房租占7.5%，衣服费占6.8%，杂费占3.1%。

由此可以发现：

饮食开支排在首位，恩格尔系数较高，工人家庭的生活状况比较紧张。

房租支出大体在6.8～8元之间，可租2～3间住宅。无法独住一院，只能在人口密度较大、房租较低的区域，与多个家庭共住一院。不过，在这样的“合住住宅”里，居住者只是经年累月的长期租住，对房屋和土地没有所有权。

我们再具体说说房租的问题。

按照甘博的统计，1919年北京城区住房实际租金为每月0.25～2元/间，平均租金为1.25元，中等租金为1元。在位于城厢，相对贫穷的朝阳门地区，房租约为0.55元/间；在市中心较繁华的灯市口地区，房租约为1.5元/间。他调查了142个家庭，每月支付租金1元以下的占20%，2元以下的占54%，10元以上的仅占10%。在对1918～1923年北京797个工人家庭的调查中发现，房租开支占生活费总支出的8%，其中最高占13%，最低占6.7%。

陶孟和对1926年48户工人家庭6个月内的住房和房租情况做了更详细的调查：

48户工人家庭住房及房租调查表

收入组	家庭数	在家住宿者平均数		每家平均	每间住宿者平均数		六个月房租平均数（单位：元）		
		人数	等成年数	间数	人数	等成年数	每家	每人	每等成年
70元以下	3	3.67	2.60	1	3.67	2.60	8.00	2.18	3.08
70～100元	28	4.04	2.86	1	3.67	2.60	7.59	1.88	2.65
110～150元*	14	4.93	3.70	1.14	4.31	3.23	7.81	1.59	2.11
150～190元	3	5.00	3.90	1	5.00	3.90	6.80	1.36	1.74
各组平均	48	4.33	3.16	1.04	4.16	3.04	7.63	1.76	2.43

* 该组有两家各住两间房。

无论家庭收入多少，这些家庭都把房租支出控制在月均1.1～1.3元，确保房租支出占日常生活支出的比重大体不多于10%。这说明，房租支出没有对这些家庭造成过多负担。

大多数工人家庭居住面积狭小，每个家庭只拥有一间住宅。这说明，房租负担不重的前提，是住房条件拥挤。这些家庭出于经济收入微薄，只能保证凑合住得下，无法保证住得好。

他们所居住的房间，一般长2.6～3.7米，宽2.2～2.9米，高2.2～2.9米，折合面积为5.7～10.7平方米，约有四分之一的家庭居住在8平方米左右的房间里。在房屋内部的陈设中，炕占据了一半的面积，待客、烹调、吃饭、睡觉、工作都在这一间屋里进行；房屋的装修和质量较差，屋顶漏雨已经司空见惯，玻璃窗更是难得的奢侈品（一般都用纸糊窗户）。

可以说，近代北京城区劳工群体的居住条件不仅拥挤，而且简陋。

即便与当时西方社会和国内其他城市比较，近代北京城区劳工群体的居住条件也是很拥挤的。仅以每间居住人口而言，当时英国政府规定“每间房屋只许居住1人”的标准，北京根本达不到；与同期上海、天津、塘沽的工人以及北平城郊的农民相比，北京的劳工也自愧不如。

北京、塘沽、上海工农居住状况调查表

各地工人	平均每家间数	平均每间住人数	平均每间住等成年人数
上海工人	1.42	3.29	2.59
北平手艺工人及苦力	1.04	4.16	3.04
塘沽有技能工人	1.56	2.49	1.96
塘沽工人	1.72	2.67	2.03
北平农家	6.38	0.85	0.64

陶孟和对此现象很有感慨：“大体而言，北平住房情形，在中国现状下，尚不能认为太坏，至上海、天津[1]各大城市，住居情形尤为恶劣。盖工商业发达之后，地价、房租随而增高，市政当局若不设备工人住所或谋交通之便利，则住宅之拥挤生活，乃当然之结果也。”

2. 比下有余的小学教员家庭

民国时期北京小学教师的生活境况如何呢?

“北平小学教员之聘请，通常以一年为期，每月薪俸40元。如管理学校

[1] 因上海、天津有大量楼房，其居住密度较之北京的四合院更大。

行政事务，薪俸稍多。但每星期授课时数不足24小时者，酌量减薪。除星期日及普通假日外，每年暑假与年假，约有70日之休息”。

这样来看，小学教员的收入与大学讲师接近，且享受较长时间的假期，本该生活闲适，衣食无忧。然而，20世纪20年代动荡不宁的政局和捉襟见肘的财政，使许多小学的经费被拖欠，有的甚至长达半年。如此，小学教员的薪酬，徒有每月40元之规定，难以按期足额兑现。

陶孟和调查的1926～1927年的12户小学教员家庭，倘若40元月薪足额按时发放，则户均月收入为56.39元。不过，由于该年北京小学教员的薪酬只能开出50%，所以一些教员苦于经济窘迫，不得不靠动用积蓄、兼授私馆等途径维持生计，生活状况比较糟糕。

这些小学教员家庭没有仆役，教员的妻子既要承担相夫教子、处理家务的重任，也要在社会上谋职，从事教员、看护、医生等工作，挣来微薄的收入供给家庭开销。

陶孟和将12户教员家庭分为两组。第一组7户，每户人口少于或等于4

社会学家陶孟和（1887—1960），新中国成立后曾任中科院副院长。

人；第二组5户，每户人口多于4人。以1926年11月为例，食品开销分别为13.74元和24.60元，占家庭总开销的37.2%和39.2%；房租开销分别为5.21元和7.15元，占14.1%和11.4%；衣服开销分别为5.85元和7.43元，占15.8%和11.9%；燃料开销分别为3.54元和5.91元，占9.6%和9.4%；杂费开销分别为8.61元和17.92元，占23.3%和28.1%。平均每户总支出分别为36.97元和62.72元。

显然，比起工人家庭占七成的食品开销，小学教员家庭只占不到四成，恩格尔系数要低得多。食品开销占比的减少，客观上可以腾出更多资金来改善居住条件，因此小学教员用在租房方面的开支比工人家庭要多。

在这12户小学教员家庭中，仅有10户的住房资料较全。其中，有5户是租住3间房，另5户租住5间房。平均每户有5.2人，每间[1]房平均住1.3人，每户月均房租为6元。相对于工人家庭，小学教员的居住条件要宽松一些。可说是比上不足，比下有余。

无论是工人还是小学教员，都租不起独院或独栋楼房，只能群居分租，合住一院。格局鲜明、对称严谨的四合院，因住户日增而面目全非，有些住户私搭乱建，擅自改变院落房屋结构，使四合院渐渐变成大杂院。

据统计，中低收入者居多的灯市口地区，平均每户有4.6间房，每间房平均居住1.8人。房屋质量尚好。而贫民居多的朝阳门一带，每间房平均居住2.5人，甚至有6～7人住一间房的情况，这些家庭年收入都在100银圆（或法币）以下。

陶孟和在对48户工人家庭的调查中发现，只有两户是户均2间房，其余各户都是全家挤在一间房里，平均每间房住3个成年人。也就是说，不少家庭是祖孙三代同居一室。原有的长幼尊卑观念，在现实的经济负担面前软弱无力。

大杂院是典型的合住住宅，它是低收入阶层生活在这座城市的避风

[1] 这种统计方法将厕所、卧室、厨房都各作为1间来计量。

港。然而，它只能满足遮风避雨、吃饭睡觉的基本功能，至于卫生、舒适、便利，甚至男女的避讳，都没法讲究。选择合住，使每个家庭承担的房租负担相对减轻，但由于住得太挤，卫生消防、邻里关系、房东房客关系以及男女伦理关系方面，都存在隐患。这样的大杂院，性质与同时期香港的唐楼、上海的石库门接近，都是在用牺牲安全和舒适为代价，换取居住成本的相对低廉。

住在贫民窟里：各行各业的辛酸穷人

城墙边上，居住着这样一些人。他们被视为“棚户”，所居住的房屋大多为灰棚，而且连成片。放眼望去，东直门、西直门、朝阳门、广安门等处，满是这样的贫民窟。这些人里，有失业工人，有孤寡老人，有疯癫病人，有守寡妇女，他们境况很差，每个人的经历都是一把辛酸泪。

先说内四区十五和十九两段[1]。十五段共有1800多户居民，贫民占三分之一，而赤贫者400多户；十九段有1000多户居民，贫民占了一半，赤贫300多户。

再说内三区十八段[2]。这个辖区的赤贫居民，大多聚集在单管胡同、马杓胡同、万福里、针线胡同、五岳观等处，共1600多户，占全部户数的四分之一。与内四区十五、十九段不同，内三区十八段的贫民，“平常大半是流动的，可是迁来迁去，只跳不出穷苦的圈子。冬季搬到这里来住的，比其他时候为多。一部分的男子，只有拉车，是他们唯一的出路，但是最好的时候，能够挣到二十吊钱，除去车份，一家五六口，仍旧不够吃杂合面。此外多半是年老残废，家里连炕席都是没有的”。

当时《北平晨报》记者对这两个区域的贫民窟，做了如下的记述：

---

[1] 位于新街口北大街及其以西地区。

[2] 位于东直门一带。

（从新街口北大街）往北走到城角，荒草中支持着一垛土墙，快要坍下的矮屋的门前，站着一个没有胡须的老头儿……（原是）前清内务府下，一向做着看街的工作，一天向里中商民打钱四五吊，已很够嚼谷了。现在只偶尔做一些扛死人的事。屋内萧然四壁，汽竈无烟，简陋的炕桌上放了一个冷冰冰、黄澄澄的窝头，据说那是赊得来的。

西直门内后坑六号。这是一户极贫的住户，爬过一堆乱砖，北面六间屋

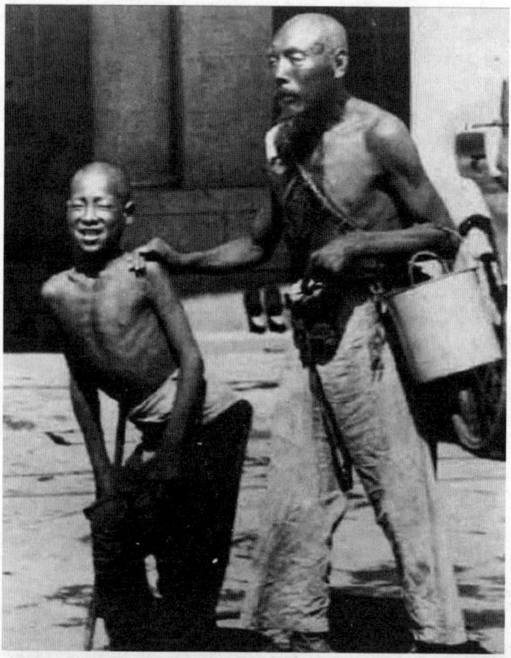

北京（北平）的普通市民。

子，它的大门，为了墙壁倒塌了好久，已寻不到一点儿痕迹了。檐下一棵枝叶半枯的小树，落叶被风吹散了，沙沙地响。一个半老的妇人，羞惭地撩起她的疮痍满目的单衫，说："先生，不怕寒碜，您瞧这个天，还穿着单裤。"西屋出来一个老太婆，已六十三岁啦，她有着三个孀居的儿媳，一个孙子，一个孙女，自己偌大的年纪，还得捡烂纸……那边的街坊也掀开了污旧的竹帘，一迭连声地嚷着："您再瞧瞧我们屋子，什么都没有了。唉！天天挨饿受冻，您得发发慈心，救一救啊！"再看偏东一间更小更破的北房，木扉深掩，一把锁系在门环上，据说屋主人也是个老妇，从早晨出去乞讨，一直还没有返回哩。

走进菜园六条二十一号的门里，西屋两个年老的女人，盘坐在近门的炕上，正在吃着晚饭。那个七十七岁的老妪，是五十七岁老妇的婆婆。在家里，只有他们两个过着苦日子。邻居郭姓老叟，已经七十二岁，颤巍巍地出来。别人说他是个聋子。他的老伴，七十岁，在附近为人家帮佣，每月只挣得工资二元，藉以维持一家生活。与他同住在一块的，还有他的妻妹，也是六十多岁的人了。

马杓胡同十三号，一家住户，前后房的墙壁都没有了，只剩下一个破烂的屋顶，光线敞亮地射到屋里。三个孩子在屋外纺棉纱，一个口里学着街头报贩的声调，断续的呼声，打破冷静的空气。她的对门三十四号，也是一家贫民住宅，墙角下还放着几块褪了漆的官衔牌，在没落的大家庭里，这些光荣的遗留，徒是使人兴起今昔之感。

即便交了房租，也只保证有资格住，不保证安全。老舍先生就是在"破房子"里长大的。"这是所敞亮而没有样子的房子，院子东西长，南北窄，地势很洼，每逢下了大雨，院中便积满了水，很像一条运河。北屋三间，有两个门，我们住两间，姑母住一间，各走各的门。东屋两间，租给关二大妈和她的学油漆匠的儿子住着……东屋的背后是小小的厕所，空气还不算十分坏，因为是露天的；夜晚一边出恭，一边就可以数天上的星星，也还不怎样寂寞。因为院子南北里窄，所以两间南房是在西尽头，北房的西垛子对着南房的东垛子，于是两间的垛子形成了一座关口似的，下雨的时候，这里的积水最深，非放上板凳不能来往”。

破房子最怕下雨，不仅漏个一塌糊涂，而且随时可能被雨水冲垮，砸死屋里躲雨的穷人。雨后的破房子，“院墙塌了好几处，大家没工夫去管，只顾了收拾自己的屋里：有的台阶太矮，水已灌到屋中，大家七手八脚地拿着簸箕破碗往外淘水。有的倒了山墙，设法去填堵。有的屋顶漏得像个喷壶，把东西全淋湿，忙着往出搬运，放在炉边去烤，或搁在窗台上去晒。在正下雨的时候，大家躲在那随时可以塌倒而把他们活埋了的屋中，把命交给了老天；雨后，他们算计着，收拾着，那些损失；虽然大雨过后，一斤粮食也许落一半个铜子，可是他们的损失不是这个所能偿补的”。这样的房屋，多半是穷人租赁来的。他们缺少大洋，自然无力修房；房东只管收租，哪管养护。“他们花着房钱，可是永远没人来修补房子；除非塌得无法再住人，才来一两个泥水匠，用些素泥碎砖稀松地堵砌上——预备着再塌”。

1946年8月23日夜，阜成门内东四条七贤巷3号的房子突然倒塌。熟睡中的住户李玉成（男，59岁，北平人，拉车为生）腿骨被砸断，肺部也受重伤，从此无法拉车，生计断绝。夫妻两口子“相对哭泣，情形极惨，昨日（24日）欲行自杀，经邻人解劝作罢”。漏雨与这相比，简直算不得什么。

穷苦的房客不仅要跟老天爷抗争，还要跟房东较劲。“这些贫民，他们每日所应该担负的房捐，却是早已免去了的；房东收去房钱，一天只得六大枚，有时还不能按日缴齐。”如果“房钱交不上，全家便被撵出去，而且扣了东西”。不仅无家可归，而且损失惨重。也许房东也不是富人，可在这个住房供应短缺的时代，房客居于弱势。“他们那点钱，只能租这样的屋子：破，危险，都活该！”

住得无家可归：落单的学生、单身人力车夫和城市贫民

虽说劳工群体住得挤，棚户穷人生活惨，可毕竟有家可回，比起没房的人还要好得多。

当时的无房群体大体分为两类：一是尚未就业的大中学生，衣食供养主要指望父母，大多住在集体宿舍；一类是贫民，如单身人力车夫，由于收入低，暂未成家，故而仅求有容身之地睡觉，大多住在公寓或车厂。

公寓是针对无房群体的新兴居住方式，属于合住住宅的一种。

公寓分为两类。

一类是官方、企业公寓和慈善组织公寓。这是由官方或企业经营，保本微利的合住住宅，以学生公寓（学生宿舍）为主，供在读学生临时集中住宿。一般实行集中管理，住宿费用低廉，但居住拥挤，条件较差。因而富裕学生常选择出外租住大杂院或者公寓。

一些慈善组织也建了供学生租住的宿舍。20世纪30年代，北平女青年会在西四牌楼礼路胡同建的女学生寄宿舍，共有100间客房，分为单人间、多人间等几个类型，可容纳120人，寄宿民国大学、师大女附中的女生。这是一幢西式建筑，窗户玻璃、取暖汽炉、电灯电话、被褥床单等一应俱全。宿舍还附有自习室、游艺室、会客室、厨房和饭厅各一，以及三四个盥洗室、浴室，配备专门的办事人员和女仆。因属慈善事业，故收费低，管理严，“舍内规则亦仿学校，起息饮膳会客均有定时，惟不似学校中之拘束太甚……男家接见限于接待室……寄宿者得有二人之介绍，长期短期随意……吸烟饮酒一概禁止，十时以后不准出入”。

30年代的报刊上曾有创建“女职员宿舍”的提议。在妇女解放思潮的影响下，走出闺阁的职业女性越来越多。除了女教员、女公务员有学校或机关宿舍外，从事其他职业的单身女性必须单找住处。20世纪30年代的北平，虽然不再是首都，但仍是华北地区的政治、文化中心，对外地女性前来就业仍

清末的旗装女子与民国时期的女大学生。

有吸引力。那些不愿接受封建家庭束缚而出来工作的独立女性，为人身财产安全和个人志趣考虑，更愿意住在专供女职员居住的合住住宅。这类住宅在北平零星出现过，但为数较少。

另一类是营利性公寓。这是由小型旅馆派生出来的新型居住场所。经营方式与小型旅馆无异，但可提供多元化服务，如长期包租单间，多人合租单间或大通铺，有偿提供食物和饮水。一些无力兴建学生宿舍的院校，也鼓励学生外出租住公寓。在北京的街巷胡同里，大大小小的公寓成千上万。很多房主把四合院稍事改造，便挂牌开业，作为公寓，将其中的房屋分成多种类型。有些房主在四合院内搭建二层小楼，楼上楼下档次不一。每间每月房费高于一般房租和学生公寓，但低于旅店。

《北平晨报》登载，1928~1933年间，北平的旅馆业受“市面萧条影响，营业概属不佳，尤以西河沿一代之旅店为甚，虽减落房金，仍旧门前冷落，旅客寥寥”；而公寓业恰相反，“年来不但未受市面萧条影响，反有日趋发达之势。向系民房招租住户者，应寓客之需求，多改为公寓”。其原因之一，在于“公寓之性质既与旅店相同，而房金之低廉，庭院之寂静，实优于旅店也远甚。是以凡留平较久之旅客，莫不寄居公寓”。此外，“平市学校林立，各地远道之负笈来平求学者数达几万以上。学校虽多有宿舍之建筑，但室少人多，需过于供。尤以学生小资产阶级之浪漫生活，每感学校宿舍拘束之苦，遂不得不寄居于公寓”。

从北平各公寓的分布情况看，西单、西四一带集中，沙滩、银闸一带次之；东城海运仓、慧照寺、朝内南小街一带的公寓，以朝阳大学学生为主要客源；南城厂甸、琉璃厂一带的公寓，以北平大学、师范大学学生为主要客源；东四、安定门内、交道口一带的公寓，居住人群较复杂，包括学生、自由职业者或外地旅客。这样看来，“学校林立之区，亦即公寓发达之地”。

公寓的房费价格，与所处区域的繁华程度有关。各个公寓的档次、服务和计费标准并不统一。有的挂牌营业，在社会局登记备案，具有名号，有的并无名号和牌匾，只有门牌号；有的兼供伙食，有的只供住宿；大多数公寓按月结算房费，也有按日结算。一般情况下，按月结算且包伙食的公寓，月

号召抵制日货的北大学生。

房费（含伙食费）12～15元为多；不包伙食者，月房费在4～20元不等（西单、西四、南城一般为7元，沙滩、海运仓等处一般为4～5元）。

档次、标准的各异，实际反映了公寓业的管理不善。

一些大学生“不愿居于宿舍里，因为种种都不方便，便有一些公寓开设在学校的大门左右，里面热闹非常，打麻将只给公寓里的活计抽一些‘头儿’，他们便可殷勤的伺候着。茶叶和烟都由他们来预备，好像是很周到。如果还觉得寂寞，街上有游行的鼓姬，唤进来唱一支曲子，‘蘑菇’半天，花一块钱便可了账”。更有甚者，“一些土著把成所的房子租过来，改成一个个单间，裱糊干净，便可做起‘二房东’，转租给学生。普通有电灯、管热水，每间租金四元，曰‘民房’，而不曰‘公寓’。其他的打牌、宿娼，也办得到。虽有明文禁止，但因为开公寓的老板，差不多在‘地面上’都有小小的‘字号’，如果每个军警都是‘包老爷在世’，或者还可以谈到‘治’的问题”。

一个外地考来的北大新生，因校内公寓客满，不得不住校外公寓，受了不少窝囊气。“房费每人每月要大洋三四块，饭钱每人每月要大洋七块。出了七块钱，仍然要吃素，开饭的菜就是一小碟子，一碗水，没有盐，又没油……公寓里头的伙计，又像做官样的，架子十分大。我们叫他十声，他只应一二声；叫他买东西，若是买一二吊钱的，它就不愿意去，不说不闲，就说时候晚了不能买。假使多拿几吊钱与他，即使他十分不闲，他都说先生我就去，你等一会罢。推求这个缘故，即是他自己赚钱赚得多他就去，若赚得少他就不愿意去。今冬我们自己在外面街上买了一个铁架子的泥炉，去价铜圆四十五枚，用了未到一月，那伙计因为买炉他没有赚到钱，就故意把泥炉弄破了。后来他就同我说，先生啊，你的炉怎么破了，用不得啊。我没有法子，只得叫他去买一个。于是他很欢喜，即刻就买来一个。他说现在炉买来了，你看好不好呢，价钱去了八十五个子。我就如数拿给了他。且无论我们在寓门口买东西、洗衣、做衫等等，他都有折扣”。这位学生最后感慨道：

清末民国北京的黄包车夫。

"这样的公寓，真是令我们难受。我今年才来住大学，大学又要六年才毕业，若是都在公寓过这种日子，怎么过得了啊！"

最低档的公寓，时称"贫民宿舍"。其常住客多为洋车夫。提供晚餐、房租低廉、作息规律是主要特征。1936年，《北平晨报》记者采访了救世军于1932年12月创办的位于西四的一处"贫民寄宿舍"：

楼上下两间宽敞的屋子，各设了简单的床位，虽然天气并不怎么的冷，可是里面暖洋洋地。火炉上放着一把开水壶，正在骨都都的响着。热气从壶嘴里喷出来，格外显得春意盎然，寒气全消……（运营寄宿舍的）每月经费在冬天大约需六十元，其他各季只须四十元。楼下一律是通统铺。每天晚上来这里寄宿的，大部分都是洋车夫、报贩一类的劳动者，每宿只收煤火费三大枚。可以容纳三十五人。楼上则系单铺，住客之中，一大半是落魄的文人与失学的学生，这里每晚的宿资是五大枚，可以容纳十八人。舍中所定规则，晚间九时三十分熄灯就寝，寝后不准谈话，违者逐出。入舍时间，约在晚间七时半至九时之间，次（日）早七时半后，一律退出。全舍每月房租，为三十二元。大门在西四牌楼北大街永路胡同的口外，因为已从里面闭塞了，所以进出都走后门。账房的墙上，悬着住客的姓名牌，并且还注明了各人的年岁、籍贯。管理

拉骆驼的脚夫（上图），以及底层民众赖以歇脚的客栈（中图及下图）。

员的家眷也住在这里。临近楼下宿舍的厨房，是每个住客的必经之路。这时，灶上恰好蒸着一笼热气腾腾的窝窝头。

（楼上）屋子等温度颇高，和在学校时热烘烘的课室差不多。在屋子的四周，安放着十八个床铺。床铺是木板的，下边是很精致的铁架支持着。木板上铺着编好的芦席，和农村里中产人家的屋舍一般模样。床上有的搁着卷捆好的铺盖卷，有的还空无一物……（楼下）床铺是大的，几个人合用，没有被子，仅有枕头。然而屋子十分和暖，比车厂要强过十倍，每晚只纳三大枚房钱。他们屋里有电灯，有开水，可以喝，可以洗脸。屋里不许吵，不许抽烟饮酒，所以楼上简直可以用功看书……来这里的人须真“贫”，但也得“善”，好生事、有嗜好的人，是不收留的。

公寓是一种群居的居住形式。其最大缺陷就是无法保障私密和安全。为此，北平市政府曾多次整顿，并于1932年7月出台《公寓寄宿取缔办法》，禁止男女混居一院，所有混居公寓必须单独划出另一院落，“专为招待女子寄宿之所”，如果公寓面积狭小不能划分院落者，也应指定一定处所，作为女子宿舍。公寓寄宿旅客，除确系本人眷属外，男女不得同居一室。学生或旅客不得从事一切违禁行为[1]。规定有了，但不少公寓仍有吸毒、贩毒、卖淫、聚众赌博等活动，公安局虽取缔了一批，但治理效果不佳。

那些无家可归、不能自食其力的贫民，只好蜗居在市政当局开设的“暖厂”。1934年底，市政府在早已衰落、破旧的新世界大楼里开办暖厂，收容 200多名无家可归的男子。每天下午4~6点开门收容，6点以后提供一次粥作为晚餐，让住进来的穷人不至于挨饿过夜。次日早上7点再开门让他们离开。《北平晨报》记者看到的，只是“草铺、稀粥、草铺上瑟缩的身影、稀粥、边吮啜的紫唇、破旧的大屋、一群蓬头垢面褴褛不堪的人”[2]。这些没房子的穷人，才是民国社会最悲惨的群体。

---

[1] 北京市档案馆藏：《公寓寄宿取缔办法》（1932年7月5日），档案号：J181-016-00041。

[2] 《北平晨报》，1935年1月15日。

看国民政府怎样调控房价

“房荒”，顾名思义，就是市场上缺房子。众所周知，住房是大城市在城市化进程中的稀缺资源，地理位置、居住环境、户型结构俱佳的住房，更是稀缺中的稀缺，是消费者追捧的对象。如果住宅供应略显不足，既可有效消化存量住宅，也可促进住宅资产保值增值；然而，如果市面上住房供应特别少，或者公众买得起、租得起的房特别少，即有效供给严重滞后于需求，就会引起“房荒”。住房问题关乎百姓生活，兹事体大，一旦“房荒”蔓延，就有可能引发社会危机和经济危机，甚至导致政治危机。

20世纪40年代，中国就经历了一场令人惊愕不已的“房荒”危机。

危机骤起

北京的老城区，大致相当于今天二环路以内的区域，早在清代就基本成型。民国时期，北洋政府和国民政府都曾展拓北京（北平）市区，设想是美好的，可惜都只停留在图纸上。南苑、北苑、东坝、石景山等边缘组团，都曾被考虑过，但始终没得到有效开发。倒是日伪当局从保护日侨利益考虑，开辟了西郊“新市街”，拓展了城市空间。遗憾的是，抗战胜利后，本打算进一步拓展西郊“新市街”的国民政府，却忙于打内战，这一构想再次化为泡影。直到1949年和平解放，北京（北平）的城区依旧局限在城墙以内。

不仅如此，20世纪30～40年代，全市新增住房极少，总量不到120万间。

城区面积没怎么变，人口却从1912年的13.9万户，72.5万人，增长到1946年的31.9万户，168.2万人，增长了两倍多。

人口多了，当然需要更多的房子。可残酷的现实是，房子没怎么增加。到20世纪40年代后期，全市住房总量不到120万间，人均不到1间。人多房少的矛盾，越来越突出。

如果仅仅是人多房少，或许还能将就。毕竟20世纪30～40年代的中国大城市，老百姓住得总体都不宽裕。可如果这么差的条件，还天天涨价，直至涨到天价，那就糟糕了。然而，现实总是这么不尽如人意。

1. 涨价引发的烦心事

1927～1937年，是近代中国经济难得的黄金时期。然而，日本发动全面侵华战争，打断了中国经济的上升周期。国家进入战时体制，所有资源投入战争，造成物资紧缺，物价大涨。

进入20世纪40年代，日伪当局的肆意掠夺、四大家族的巧取豪夺、国际交通线的中断，这些因素都推动了中国各大城市——无论是大后方，还是沦

抗战期间国统区货币发行指数、物价指数与购买力指数对比表

时间	发行指数	物价指数	购买力指数
1937.6	100	98.8	101.21
1938.12	164	164	60.97
1939.12	305	355.4	28.13
1940.12	560	1 276	7.85
1941.12	1 076	2 736	3.65
1942.12	2 422	7 766	1.28
1943.12	5 357	20 930	0.47
1944.12	13 464	58 744	0.17
1945.12	28 289	213 320	0.04

陷区，物价的飞涨。重庆国民政府和南京日伪当局，为了将战争支撑下去，不约而同地采取滥发钞票的方式来集中全部经济资源投入战争，从而加剧了通货膨胀的程度。

1945年，抗战结束了。老百姓白天庆祝胜利，晚上还要算计今天发的薪水明天会不会就变得一钱不值。过去的八年间，重庆国民政府的法币发行量，从20.06亿元猛增至5569.1亿元；沦陷区民众使用的日伪钞票，不仅金融信誉低，而且光复后有可能被低估甚至作废。薪水涨幅赶不上通胀速度，留给老百姓的只能是越发痛苦的生活。

随后几年，国统区的经济秩序并未改观，通货膨胀继续恶化。到1948年8月，全国法币流通量已达1937年的428 824倍，1945年的1 085倍。

发行量的猛增，意味着购买力的暴贬。1936年，1元法币折合0.2975美元。到1945年3月，美元兑法币的战时汇率由1：20升至1：2020；8月变成1：3350；1946年2月升至1：12000。1947年7月24日，美联社发自上海的电讯记述了十年来上海地区通货膨胀的骇人状况：100元法币在1938年可以买一大一小两头牛，1939年可买一头牛，1940年可买一头小牛，1941年可买一头猪，1942年可买一只鸡，1943年可买一只小鸡，1944年可买一斗米，1945年可买

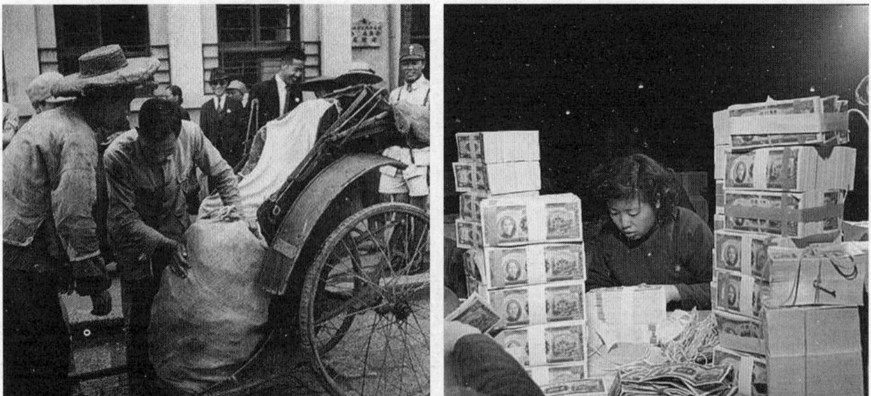

货币严重贬值，只能用麻袋装载去购物。

一条鱼，1946年可买一个鸡蛋，1947年只能买1/3盒火柴。

全国都是这样，北平也不例外。

2. 纠纷比比皆是

——经济迅速恶化，意味着就业机会减少；物价暴涨，意味着实际工资下降。为了维持生计，有房的市民不得不靠出租房屋贴补家用，对抗通胀，甚至以此为生。

——法币迅速贬值，意味着手里的钱越来越毛。于是，不少房东要么频繁提高租价，要么改收实物（如面粉），想方设法让自己少“吃亏”。

面对房东的抬价和催逼，普遍“钱紧”的房客当然难以承受，要么拖延或拒绝更改租约，要么干脆拖欠房租。而房东呢？为了确保自己的经济利益，不惜中途违约，赶走旧房客，再对新房客报以更高的租价。

面对房东的无情，旧房客要么不愿腾房，要么腾房后因租不起新居而无处可去；签了约、交了钱的新房客，因为旧房客不腾房，久久搬不进去。新房客、旧房客与房东三方的租赁纠纷由是而生。这样的例子，在北平市警察局和各区分局1945～1948年的档案卷宗中比比皆是。

——1946年5月，房客韩书林租住新街口南大街口袋胡同4号住房两间，与房主袁锦谈妥月租2万元，一直按时缴纳。翌年5月，袁锦突然停止上门收租。韩书林只好将应缴租金提存，并请原中保人出面调处。几经讨价还价，总算跟袁锦达成共识，续租一年，月租增至6万元。

然而，这年9月，韩书林突然接到一纸调解书。原来，袁锦跑到北平市房产纠纷调解会，状告韩书林“居心侵占，阻碍营业”。此外，袁锦还用通条掀翻韩书林所住房屋的房顶，剪断用于电灯照明的屋外电线。袁锦这么做，只有一个目的——继续涨租价。

——1948年1月，内四区东新开路32号房主顾德福（54岁，赋闲），状告房客赵恩来“承租该址北房三间，现时月租五万元。因物价日渐高涨，

（房主）依此房维持生活，曾要求增租，仅允增租为十二万元，迄今已五个月未付。兹因近月物价波动甚烈，实难维持，请求予以合理增租……该承租人赵恩来狡赖不肯增租”。

——1947年12月9日，房客张英杰与房主张绮芳达成契约，租得西四南兵马司甲27号，租价为白面4袋。其后不久，张英杰“返乡接眷属，并命友人田式田先行迁入。不料房主张绮芳百般阻挠，将田某赶走，不准居住。昨（1948年2月2日）英杰到（北）平，欲迁入该房，未料房东将该房另行租给第三者，新租户已迁入。想（张）英杰出租金近二千万元，竟致无房可住，几乎露宿街头。房东张绮芳如此欺人，过甚殊堪”。

——1946年8月，（商人）李士荣租住房主李印禄的西四北报子胡同7号南院房屋一间，月租1.5万元。后来陆续增租，至1948年涨到月租10万元。1948年3月以来，“又每月索要面粉半袋”。李士荣认为自己收入微薄，难以担负，仍愿涨租金，不愿给面粉，可李印禄不同意。5月8日，房东率众拆去山墙，导致房体损毁。李士荣成了“露宿”状态，被迫向北平市警察局内四分局申请调解。最后的结果，是月租涨到了50万元。

——1941年，郊七警察分局警员周恩寿开始租住内五区大新开路2号的房子，房东姓李。六年后，房东打算卖掉这套房。周恩寿担心日后租不到房，决定将其买下。但由于钱款尚未凑齐，就请房东暂等几天，容他凑钱。不料，半路里杀出个名叫王素卿的人，“乘此时机先行买去”。周恩寿见购买不成，只得向新房东王素卿请求承认旧有租约，允许其继续租住。“虽用尽礼貌百般哀求，伊（王素卿）乃忽许忽拒，迄无效果，且反唆使李氏各处告诉，并以流言威胁”。无奈之下，周恩寿只得答应搬家。作为警员，仅靠微薄的薪水养活全家，财力上捉襟见肘。面对租价节节高涨的行市，他苦苦寻觅多日，仍找不到能租得起的房子。新住处尚无着落，王素卿率其老母等众人“来家拼命，并施种种威胁，谓有人情势力，日内如不移出，将有厉害对待。经全家环跪哀求，始得幸免……老幼十二口有家不能回，有产被清算，资源早断，除朝薪已一文不名，且逃来北平之亲友俱被斗争，穷无聊赖，在平无立锥之地……实在无处可搬，即求支搭窝棚亦无相当之闲地”。

——1948年7月，胡铁山（男，53岁，赋闲）的女儿胡素芝，在中人孙毓井（男，42岁，永盛木厂铺掌）的介绍下，购得笔管胡同4号住房14间，价格32两金子，原房主名叫吴振镕（男，50岁，西河沿开泰米店做工）。双方立下字据，规定首付27.5两，余款在房契交付、期满交房后再偿清。首付完毕、房屋交接时，却出了问题：孙毓井事先没有告知这房子一直有人租住，租期尚有两年，故而无法交付胡素芝使用。胡一怒之下，要求中人孙毓井退还首付金子，遭到拒绝。而原房主吴振镕则同意废除合同，退还首付金。这桩官司打到警察署，从口供来看，问题就出在孙毓井身上。这显然是他一手策划的骗局。

——1947年3月7日，崇文门外天和大院小兴隆街丙字5号二房东杨崑（以拉车为生），在院内宣布涨房租。房客王凤鸣（29岁）与其母王张氏（63岁）不同意。杨崑一怒之下，从屋里掏出手枪，射向王凤鸣，幸好子弹卡壳未响。杨、王二人随即扭打一团，最后双双被警方带走。

——1941年，羊毛胡同10号住户陶靖一（男，71岁，北平人，赋闲），将房产以13万元的价格卖给金鱼胡同达昌电料行的翁茂勤。不过，当时陶妻胡氏（40岁）不同意这桩买卖，还为此跟丈夫争执。陶靖一拗不过媳妇，又惦记着得到那笔房款，就跟翁茂勤商量，房屋成交后陶氏夫妇依旧住在这所房子里。或许一开始，翁茂勤对此并不在意。但时间一长，肯定觉得别扭。1947年5月20日，他干脆招来几名军人朋友，跑到羊毛胡同10号恐吓，打算将陶氏夫妇赶走。陶靖一既觉得窝囊，又觉得一旦被赶出去，无法向妻子儿女交代，只好自寻短见。四天后，在金鱼胡同达昌电料行的门板上自缢而死。

这八个普通的案例，只是20世纪40年代诸多房产纠纷的沧海一粟。通过它们，不难发现20世纪40年代末的这场“房荒”危机，有四个显著特征：

——在经济恶化的背景下，房租收入确实是多数房东的主要生计来源。

由于物价涨速太快，房租上涨的频率和幅度望尘莫及。

——面对纸币的快速贬值，不少房东不得不拒收法币，改收以面粉为主的食物以及金条等硬通货，以确保自身实际收益，至少顾住温饱。

——房东和房客的纠纷焦点，就是增租频率和是否用实物缴纳房租。说得再直接点，就是是否把已经签订的合约执行到底，中途不毁约。房客的底线就是有房住，不至于被赶到大街上；而房东的期待值很高，频繁违约加租，让房客很受伤。

——在传统的房产纠纷中，房东往往很强势，多是侵权者，而房客多是受害者。而在此次"房荒"危机中，房东不仅是侵害者，也是受害者。由于房东的一再违约加租，房客始终处于被动挨宰的境地。双方的矛盾日渐激化，不可调和。

如果说拖欠房租、到期不腾、擅自违约，是任何时期都可能遇到的租赁纠纷，但到了20世纪40年代末，在国民经济面临崩溃的大背景下，愈演愈烈的房产纠纷，已不单单是简单的民事案件，而且开始危及社会稳定。

3. 危机从何而来

众多房产纠纷的根源，其实就是"房荒"。

抗战胜利，大批日本军人和侨民撤离，腾出不少空房。如果用这些房子救济民生，或许能对危机起些缓解作用。

可是，重庆派来的接收大员们，个个心怀鬼胎，对这些空房大肆抢占，视为已物。敌伪产业处理局公开标售了近万套日伪官员的住房，有些有了新买主，有些发还给旧房主。但因占用者拒绝腾房，导致敌伪产业的清理进展迟缓，困难重重。

这些占用者，有政府机关，有军人，有公务人员，还有普通商民。"有的蛮不讲理，根本不承认新业主。他们说：'房子应该卖给我，如何不卖给我，我有房契但是在别处，要打官司依法进行诉讼。'有的只让处理局人员进去交涉，不许买主进门，他们会圆滑的说：‘房子不必看，什么时候找着房子，什么时候一定搬出。’有的专说车臭话，讨价还价，要搬家得给多少搬家费。有的说是根本找不到房子，要向新业主继续租赁，其实房屋买卖与租赁并不发生关系，处理局在开始标售的两个月以前就已经通知占用户停止租赁了。有的采取拖延政策，每天叫妇孺们对付撵搬家的人，他们会说家长不在没有人负责，等他回来再说吧，橡皮钉子，弄得人没奈何，要不就说：‘给我另找一所，否则不搬。’机关占用的就说收入有限，经费请领不下来，找房搬家不大容易。”

“软硬都不行，得随机应变。每一个负责撵搬的人，都必须要认清自己的立场和目的，应付的态度软了不行，硬了也不行。凡事总得随机应变。虽然每次都是会同军警宪三方面一道，仍是困难重重。撵搬家时交代公事，但是又得合乎人情，得想尽办法疏导，解决问题，弄不好就被人号一顿，甚至发生冲突。这种种的现象都是非常普遍的，往往一个买主房子洽购到手，两三年还搬不进去。今年夏天就发生了处理局北平办事处被人砸毁的事件……一位军官向处理局买的房产被另一位军官早先就占用住了，撵不出去，这位军官住不着房子气不过，到办事处去就要砸东西，经处方极力劝说，这是行政院的机构，他回答得很好：他说自己的房子费尽唇舌还是住不到，处理局方面也撵不到，这口气不出非砸不可，砸完情愿赔偿。经处方劝来劝去，才商量好把重要的东西搬出去，随便叫他砸几件东西出出气。砸完了处方开具清单，他果然照赔了。事后，剿总军法处也曾传他讯问过。”

“上次标售开标时，还有一位买主因为他买的东城一所房产被国民学校占用住了，一直收不回来。他情急之下，就预备好了一套讲演词，准备在开标时当场讲演，劝告大家不要买处理局的房产，买了两三年还搬不进去，结果自己吃哑巴亏。他准备当场讲演的事不晓得怎样为处理局知道了，所以开标时他刚选好地位开口嚷叫，就被警察给拦阻住了。所以现在许多想要买房的人都存着观望的态度，只有有权势的人和有钱的人还敢问津。”

此外，日伪官员居住过的房屋，档次较高，价格不菲，普通民众根本买不起。

社会舆论很关注这场“房荒”危机，不少学者将矛头指向居高不下的房屋租售价格。1945年，《华北新报》每天都能收到数十封关于房租问题的来函，其舆论呼声无外乎三方面：

——呼吁房主“从速拿出良心”，切实降低房租价格；

——呼吁政府加强管理，打击囤积居奇，取缔高租价，确保房租价格与物价总水平保持一致，物价下跌，则房租理应随之下跌；

——呼吁有关方面“多修公德”，不要动辄威胁房客，或将交不起房租的房客轻易赶走，使之露宿街头。

然而，这些呼声根本得不到房主和政府的正面回应。

这是一场经济危机、价格危机。它关乎民生，涉及多数市民的利益，正在演变为一场社会危机、政治危机。面对此情此景，国民政府会作何选择呢?

开药方，打房价

长期以来，无论是北京（北平）还是全国，都未曾出台过任何强硬的房地产调控措施。因此，当“房荒”危机来临之时，内外交困的国民政府没有预料，没有准备，没有底牌，只好勉为其难，出手调控。我们来看看北京（北平）是怎么做的。

1. 行政干预

行政干预的手段有很多，限房价、控行为、设机构、找出路、整秩序……国民政府可谓尝了个遍。疗效如何呢?

（1）阶段性限价

限价政策，早在日伪时期即已使用，主要是对租金涨价的行为进行限制。

1938年10月，市警察局发布第5309号训令，强调“房主或包租人不得乘时居奇高涨租价”，“如查有乘机居奇，高涨租价，及无故强令房客迁让者，应即切实取缔”。

1939年6月，市警察局颁行《房租限制暂行办法》，强调“非有正当理由不得藉故增加租金”，允许房屋转租，但“分租增加额不得超过原房租之二成，即一元只准加二角，超过者以不当利得论，将其超过之二成，增加额仍归房主”。

1939年9月，市警察局实施减租办法，规定凡中国人租房给日本人，一律减租10%～20%，而且嗣后订立合同，不得超过减租后的租价。

1942年6月，市公署颁布训令，要求1942年1月以后租出之房，“即以现定租价为准，无论续租、另租，一律不准再行增租”。

1944年8月，市警察局要求该年9月1日以后出租房屋，“甲等不能逾三十元一间（西式楼房，或带廊瓦房，或有卫生设备者为甲等），乙等不得逾二十元一间（普通瓦房，房屋整齐宽大者为乙等），丙等不得逾十元一间（灰房平台为丙等）”，并强调“上述办法为临时权宜对策”。为避免“市民阳奉阴违，仍不免有将空房匿不出租情事”，市警察局还要求各分局“详细查明空房，限期出租，不得勒租高价”。

这些“补苴之术”，有直接限价的，有硬要减租的，有约定涨幅的，过于凌乱，没有章法，效果不彰。几经限制之后，房价仍呈加速上扬态势。

抗战胜利后，国民政府继续实施限价政策，以规定好的价格，作为住宅买卖定价的依据。

1947年，公布标准建筑改良物价，用分类定价的方式，将住宅价格控制在政府限价之内。1948年，又公布各类房屋的造价和折旧率，公开房屋建筑成本，减少掮客从中牟取暴利的可能性。

1947年7月1日起实施的北平市标准建筑改良物价表

单位：元

类别	等次	一级	二级	三级	四级	十九级	二十级
楼房	一等	560万	504万	448万	392万	179万	168万
	二等	504万	448万	392万	364万	168万	157万
	三等	448万	420万	364万	336万	146万	134万
带廊瓦房	一等	402万	364万	336万	325万	112万	123万
	二等	336万	325万	314万	302万	90万	90万
瓦房	一等	308万	297万	291万	280万	101万	67万
	二等	280万	274万	269万	258万	78万	56万
灰房	一等	250万	246万	241万	230万	56万	50万
	二等	220万	218万	202万	196万	53万	45万
	三等	196万	185万	179万	174万	48万	42万
灰瓦房或亭子	一等	185万	168万	157万	146万	42万	36万
	二等	168万	157万	134万	129万	39万	34万
游廊	一等	157万	140万	129万	123万	34万	28万
	二等	140万	129万	112万	106万	28万	22万
灰棚或土房	一等	112万	101万	90万	84万	22万	17万
	二等	84万	78万	76万	73万	17万	11万

1948年北平市政府工务局第四科制订的房屋分类造价表

每间以12平方米计

房屋类型	构造、装修程度	造价（间/元）	每隔五年住房折旧率
特等楼房	全部混凝土建筑/豪装	360万	6%
	局部混凝土建筑/精装	300万	6%
	磨砖对缝，装修油饰	240万	6%
普通楼房	整砖墙，装修，油饰整齐	180万	10%
	旧式楼房，构造坚实	150万	10%
	旧式楼房，构造颇简	120万	10%

房屋类型	构造、装修程度	造价（间/元）	每隔五年住房折旧率
瓦房	磨砖对缝，松木架，设备颇佳	180万	6%
	整砖墙，杂木架，构造坚实	120万	6%
	整碎砖墙，杂木架，设备简单	60万	8%
西式平房	全部混凝土建筑，装修富丽	300万	4%
	局部混凝土建筑，装修坚实	160万	6%
	西式装修、设备构造颇简	80万	8%
灰瓦房	整砖墙，木架坚实，装修讲究	120万	8%
	整碎砖墙，杂木架，装修尚佳	80万	6%
	整碎砖墙，杂木架，装修简陋	50万	8%
起脊灰房	整砖墙，木架坚实，装修讲究	100万	6%
	整碎砖墙，杂木架，装修尚佳	60万	8%
	整碎砖墙，杂木架，装修简陋	40万	10%
平顶灰房	整砖墙，木架坚实，装修讲究	80万	8%
	整碎砖墙，杂木架，装修尚佳	54万	10%
	整碎砖墙，杂木架，装修简陋	36万	10%
灰敞棚	整砖墙，木架坚实者	36万	10%
	碎砖墙，木架较次者	24万	10%
铅铁房棚	房架高大之罩棚，油饰整齐	80万	16%
	普通铅铁房，有简陋之装修	20万	16%
	铅铁敞棚，无装修者	8万	16%
土房	起脊，有简陋之装修	12万	30%
	平顶，有简陋之装修	10万	30%
	无装修者	5万	40%

（2）规范租赁行为和租价

1937～1945年，日伪当局对租赁市场的住房转租现象的管理非常混乱。甚至同一个月先后出台两份自相矛盾的文件，先是允许房客充当“二房东”，把房子转租出去，接着又下文不许充当“二房东”，转租手头的房子。这让老百姓无所适从。如此无序，焉能不乱？

——有些房主出租房屋，一次性收取三份房租，这是陋规，也算违规，但屡禁不止。

——有些“二房东”先是“廉价将房包租，再用大价分租各房客。其不但住房不用出给租金，每月还要从中剩余租金若干。值此各物暴涨时，二房东以为有机可乘，大加房价，从中贪图暴利；如不遂其愿，百般挑拨恫吓，勾心斗角等情。笔难尽述，使房客日无安宁”。

——有些房主“要求增租不遂，迫令阳以收房自住为名，阴行另租得年厚利……纠纷屡见，终年未决，比比皆是”。对此，日伪当局没能出台任何规范租赁市场秩序的法令，更没有对租赁行为和价格进行有效管制。

——有些房主拒收纸币，改收米面、金条等实物作为租金，以应对恶性通胀。战争导致“难民群集，房屋缺乏，有房屋阶级者乘机居奇，违背法令，异想天开，出赁房屋，不以法币为标准，而以米面作租价，每房一间，租面一袋或半袋。初租时必索房租三四份，只因米面价格暴涨，而房客因房租均系米面，无力负担，被房客驱逐，因而投河自缢、服毒自杀者时有所闻”。

国民政府接了这个烂摊子，只得通过行政立法和行政命令来管制。

先说说行政立法。

1946年12月，北平市政府颁布《北平市房屋租赁管理规则》，对20世纪40年代末住宅租赁市场的敏感问题做出明确规定：

第一，“出租人不得预收一个月以上之租金”，杜绝租赁首月预收打扫费等三四份房租的陋规。

第二，“房屋租金概以法币计算”，将实物结算租金视为非法。

第三，全市房屋租金的涨幅由政府统一控制，“民国二十六年以前之租约增租额，不得超过一千倍。二十七年租约增租额，不得超过六百倍。二十八年租约增租额，不得超过五百倍。二十九年租约增租额，不得超过四百倍。三十年租约增租额，不得超过三百倍。三十一年租约增租额，不得超过二百倍。三十二年租约增租额，不得超过一百倍。三十三年租约增租额，不得超过十倍。三十四年租约增租额，不得超过五倍”。

第四，规定新租约的租金计算标准，即“在本规则公布后完工的房屋，其租金最高额，不得超过土地所有权状所载该房地总价额年息百分之十二。旧有之房屋，其租金最高额，不得超过土地所有权状所在该房地价额年息百分之十。形状敝陋之房屋，其租金最高额，不得超过土地所有权状所载该房地价总额年息百分之八”。“旧租约租金，不得超过下列新订租约之租金。三十五年以后订定之租约，概以新租约论”。

第五，明确房东在下列情况之外不能终止租赁：“承租人利用房屋为不法行为者；承租人积欠租金总额除以保证金扣除外，达两月以上者；承租人损害租赁物，不为相当之赔偿者；承租人转移租赁权，或将全部房屋转租与他人，而未得出租人承诺者；承租人分租房屋，其所取租金，超过原租金之比例百分之三十者；收回自住，经委员会证明者；有翻造房屋之必要，并领有建筑许可证”。即便是“定期租赁期满，或出租人因翻造房屋终止租赁时，原承租人有优先继续租赁权”。以此避免部分房东提前赶走房客，造成其无家可归或发生纠纷。

第六，要求收回自用之房屋的房东，既“不得（将房屋）扃闭不用。并不得于翌年全部或一部，改租他人”。

这是国民政府最有系统性和针对性的调控举措。它抓住房价暴涨、纠纷不断的问题，打压处于强势的房东，保护处于弱势的房客。《北平市房屋租赁管理规则》成为国民政府颁行的全国性《房屋租赁条例》的重要组成部分。

再说说作为行政立法之补充的行政命令。

——针对“房主出租房屋不索取金条，即索食米，往往拒绝以法币计算租金”的做法，国民政府行政院专门拟定两项办法：

第一，“请立法院在《房屋租赁条例》第四条文内增加一项，明文规定房屋租金以法币为限，不得以实物或其他物品计算”。

第二，在全国性的《房屋租赁条例》尚未修正以前，由各省市政府仿照南京房屋租金计算办法之例，“依照《房屋租赁条例》之廿二条之规定拟定补充办法，禁止租金索取金条食米以资救济”。

此外，还利用基层保甲力量控制买卖纠纷的蔓延，要求“市民买卖房地产契约必须经所在区保加盖公所及区长、保长名章证明，以防弊端，并拟由买方按照该房地产卖价缴纳百分之二见证费，作为补助区保甲建筑经费”。

为了落实《北平市房屋租赁管理规则》，北平市参议会拟定了《房屋租赁管理实施步骤》，决定由市地政局牵头，会同民政局、警察局、社会局、房屋租赁纠纷调解委员会、北平地方法院、北平市参议会共同组织成立北平房屋租赁委员会，作为全市住宅租赁的管理机构。

这个机构主要承担四项工作：编制全市住宅房间数与居住人数对照簿，以减少住房空置；对闲置房屋强制出租；切实执行《北平市房屋租赁管理规则》关于租金、租期、转租限制、契约终止、租金计算、计算方法、担保金标准等规定；针对相关违法行为提出处置办法。

然而，《北平市房屋租赁管理规则》的实施效果并不理想。市地政局曾组织全市保甲调查空房，但只在城区查出百余间空房，显与实际情况不符。市民孙振民在《为房东违法剥削房客请予制止以安社会案请愿书》中指出，严禁实物支付租金的法令出台后，许多房东改换手法，“均以米面议定租价，刻下白面不数日由二十一二万元涨至四十八九万元，房东则喜笑颜开，房客则被迫无法生活”。上有政策，下有对策。作为《北平市房屋租赁管理规则》的核心精神，禁止实物租金的规定，被民间“智慧”迅速破解，沦为一纸空文。

（3）设立纠纷调解机构

房主频繁增租，房客难以承受，要么拒交，要么拖延，要么起冲突。房主收不来房租，一家老小难以糊口；房客不愿涨租金，动辄被驱赶出门，无房可租，无家可归。这样的租赁纠纷在20世纪40年代中后期的北平屡见不鲜。

市警察局和基层保甲做了大量调解工作，但许多分歧仍难弥合。警察局人手有限，这些纠纷又涉及治安、财税、地政等多个领域，非警察局一家能力所及。因此，设立专门机构，协调相关部门，共同做好房地产纠纷调解，成为当时形势的需要。

1947年7月，北平市房屋租赁调解委员会成立。它由9～15名市政府遴选聘任的委员组成，包括警察局、地政局、财政局等部门的负责人，党政军、司法各界以及民意机关、工商团体等组织的代表。作为议事协调机构，它的主要任务就是评定房屋租金事项、调处房屋租赁纠纷、管理房屋租赁事项等。由于它囊括了部分政府机关的负责人，因而也成为《北平市房屋租赁管理规则》实际意义的执行机关。

北平市房屋租赁调解委员会成立后，制订了《北平市房屋租赁纠纷处理程序》：

第一步，当事人填写申请书，详列原告、被告的基本信息，房屋租赁状况，争执要点以及有关附件等，并签名盖章。

第二步，委员会收到原告申请书后，五日内将申请书副本送达被告，“并为必要之调查。前此调查期间，除有特殊情形外，不得逾七日”；“于必要时，得通知该纠纷事件之关系人或证人到会询问，或令其书面陈述”。

第三步，调查完毕后，通知当事双方到会陈述，予以调解，并将调查结果做成文字材料，由当事双方及调解人签字盖章后，分别送达当事双方。“调解成立后，当事人之一造不履行时，他造当事人得状请北平地方法院予以强制执行”。

调解过程中，委员会有权制止房主“实行封闭房屋，断绝水电，或使用其他方法，妨碍承租人居住或安全者”的行为，以及制止房客“毁损房屋，或其装置设备”的做法。如果当事人拒不到场陈述，委员会将缺席裁定，并将裁定文件送交警察局强制执行。

显然，这个委员会看起来很强力，调解结果具有法律效力。

事实上，成立“北平市房屋租赁调解委员会”之初，北平市政当局仍旧想当然地认为，所有的房地纠纷，“全是房主与房客间的增租问题，房主只知为个人收入计较，对同样感受生活困窘之房客，竟毫无同情，甚至逼迫房客致死，此等房主，自应受到法律及社会之制裁”。因此，在调解过程中，这个委员会更倾向于扶助处于弱势的房客一方，采取了几项措施：

——“限制房东五花八门之额外勒索，除合理房租外，不许巧立名目，增加房客之负担，亦不得随意收回房屋”。

——“限制以实物为计算房租之标准，租金应依率收受法币”。

——“三十六年一月前均为旧租约，依地政局抽查统计，租金调整应为一万倍为限，且不得超过一般新租约之金额；至新租约，须依《土地法》之房地总值年息百分之十为最高标准”。

这些措施都是在租价上对房主加以限制。

或许是倾向性太过明显，连当时的学者也觉得这样做欠妥，反倒撰文呼吁重视房主利益。

——有人认为，“若干旧房东（即数年前出租者）今日所收租金之低，与新房东动辄以实物计算租金者，适成极端，两者均不合理。是则房客不尽系受不合理待遇者，足见平市房屋问题，非单方面，房客、房东均有受苦情形。如仅顾及一方利益，则有失公平”。

——有篇题为《对于北平市府房租管理规则暨纠纷处理程序两草案之商榷》的文章提到，“过去房产曾获致黄金时代，致使社会上迄今遗留一种‘房主压迫房客’之不良印象。历来立法与执法为保护房客正当权益起见，遂有若干有利于房客之规定，但法贵平衡，尤贵适应时代与环境之需要。若干年来物价继长与日俱增，无一幸免。房租亦属孳息之一种，其追随百物而增涨，当然不能例外。且迩来地税房捐亦因生活高涨，而均有所增订，较昔倍逾千万，是不得不承认房主之负担，亦属增涨无已。在此情况下，房租数额依其财产应生之孳息以为计算之标准，自不得谓之不合情理。然而人们往往狃于过去房主坐收巨利之成见，每斥加租为非法压迫，甚或藉口妨碍安宁秩序，而予以拒绝。此从事理方面着想，又岂得谓之公平？故今之处理房屋租赁纠纷必须顾及双方利益与困难，而于互谅互助之下，以期安全”。

——也有人认为，“一般而论，房客系经济上之弱者，事实上专靠房租生活者，在今日之租赁情形下，岂是经济上之强者？”

我们来看看北平市房屋租赁调解委员会成立后，到底做得怎么样吧。

1947年7～12月，共受理租赁纠纷268件，调解122件。看起来数量不少，但调解效果不佳，当事双方满意率很低。就在这半年，更多的房主和房客在是否增租的问题上达不成一致意见。房主抬价，房客拒交房租，物价飙升，租金来不及调整，故房主多拒收租金，促令房客搬家。房客则房租提存法院或银行、邮局，不负欠租责任，租赁纠纷此起彼伏。房客声明提存租金，不负欠租责任的声明经常见诸报端。

（4）鼓励机关团体自行解决职工住房

1948年，北平市共有私房约92万间，其中出租房约35万间，出租户5.5万户，承租户33万户。也就是说，绝大多数市民靠租房居住。

当时的学者认为，“解决房屋之根本问题，一为奖励私人建筑或政府大量建屋，一为限制居住房间，并强制房东以空房出租”。无论是鼓励新建还是减少空置，目的都是扩大供应。然而，正如时任北平市地政局长的张道纯所言，“以上两项，实行均有困难”。租赁纠纷的难以调解，强迫房主廉价出租空房也不现实；国民政府忙于打内战，内外交困，无暇兴建更多的廉价房屋。

政府自身力有不逮，于是鼓励各个机关团体，自行解决本部门职工的住房困难，让他们不要给市场添麻烦，卷进租赁纠纷的旋涡。这或许是一种增加住房供给，缓解“房荒”危机的有效途径。一些有地皮、有财力的机关团体，便着手筹建职员住宅。

1946年9月，北京大学开始筹建教授住宅。“因教授人数在二百人左右，如平均每人三间，则需六百间”。由于僧多粥少，北大成立宿舍分配委员会，拿出两套分配方案。

一是由校方置备宿舍，以“房间多少与人口为分配比例，人口相等时，应以年资为先后，如遇人口、年资相同时，应以抽签决定，学校得酌收房租”。二是由“教授自租住宅，学校得根据人口比例酌量予以津贴”。

从云南的西南联大迁回北平的北大文、法、理等学院的部分教授及家眷，陆续搬进北大在东四十条及中老胡同的宿舍。

相比于20世纪30年代的“美好时光”，此时此刻的北大教授，住房条件已显著降低。副教授、讲师、助教等，则连享受住房分配的机会都没有。

（5）整治交易秩序，关停违规中介

20世纪40年代后期，不守规矩的广告社越来越多。它们兼营房地产交易业务，却在发布信息和介绍买卖的过程中不守承诺，酿成纠纷，招致政府干预。

1948年3月，北平市社会局发布训令，“除公司组织外，普通合伙营业部的经营房产买卖等业务，惟本市广告社仍有非法经营者，虽经传饬取消报章广告，停止非法业务，迄今仍有未遵办。兹拟函警察局请对非法广告商依法视情节轻重予以有期间停业或勒令歇业，并分令各警察分局对不法广告商随时注意。令广告业公会劝导各会员不得从事本业以外之非法业务”。社会局公开取缔了四家比较有名的广告社。

1948年被社会局取缔的广告社

商号名称	合法营业种类	经理人	地址
群贤广告社	报纸、美术、电影、灯片、广告	蒋康田	内四兵马司能仁寺29号
普安广告社	各项广告	刘铭芳	内四大红罗厂甲7号
新亚广告服务社	广告业	李庆余	内七双栅栏10号
中信社	广告业	郭景安	内四丰盛胡同1号旁门

然而，市政当局只清理广告社，没顾上整顿掮客。这些靠拉纤赚钱的掮客们继续着先前的生活，买空卖空，在房主与房客之间敲诈勒索，收取高额佣金，赚得巨额差价，客观上助长了房价的抬升。

2. 财政政策

如果从性质上看，国民政府采取的财政政策是扩张性的，无论是扩建住房以增加供给，还是涨工资以提高购买力，抑或直接拨款或贷款建房，都有这样的特点。当然，这也与当时恶性通货膨胀的大形势分不开。

（1）奖励私人建房，增加房屋供给

1948年，国民政府发布《北平行辕电发奖助民营住宅建筑条例草案》，通过减免税收、协助取得建筑用地、协助向银行贷款、配套市政设施等积极举措，对包括企业团体和个人在内的民间力量进行的住宅营建活动给予奖励。

什么样的情况能拿到奖励呢?

第一，用私有土地营建住宅20幢以上，“专以廉价租与平民居住者”，豁免部分或全部地价税3～5年。

第二，“在地方政府指定区域建筑住宅或改造接连五幢以上残毁不能居住之房屋，经在修建前申请查明属实者”，豁免土地改良物税或房捐1～3年。

第三，业已筹齐建筑资金，但无法取得建筑用地者，政府将协助进行土地划拨。

第四，业已筹集50%的建筑资金，并获得建筑用地者，政府将协助其申办银行贷款，凑齐建筑资金。

第五，“在市郊建筑房屋满二十幢以上者”，将减征公共工程受益费，并配套市政设施和修建道路。

第六，“合于前条两款以上者，得给予两种以上之奖助”。

民国时期的燕京大学校舍。

1948年6月28日，北平市地政局长张道纯在公开讲话中还特意强调，“奖励办法将使建筑新房较买房要便宜的原则下进行办理”。

条例还对市政用地做出新规，要求提高土地利用率，避免长期闲置。“未完成营建计划之市县，应就宜建住宅之公地尽先出租或放领”；“空余宅地无论曾否遭受战争破坏，市县政府得规定其建筑期限，逾期而不建筑者，得准需用土地人请求协议购买全部或一部”。

1948年6月29日，北平市参议会通过了《房屋租赁管理实施步骤》，其中对鼓励营建房屋提出了更详细的财政照顾计划：由市地政局“将不妨碍整个市政建设之公有土地，公告由市民承租建筑；除予以奖励外，并准其取得地上权”；地政局在必要时“发行房屋奖券，以其价款建筑房屋”；“遇有大量救济款项，应尽先拨给地政局建筑市民住宅”等。

事实上，由于当时物价飙升，住宅建筑成本随之快速上涨，“新建筑几乎停顿，营造厂多关门”。仅靠税收减免和在土地出让、银行贷款的优惠，无法吸引更多的社会闲散资金进入住宅开发市场。加之北平具有房地产建筑、开发、销售能力的企业不多，市民普遍贫困，自建住宅能力有限，因此，鼓励私人兴建住宅，应者寥寥，效果不彰。

（2）给公教人员涨工资

房客不可承受增租的原因之一，便是薪酬增长赶不上房租增长，更赶不上通货膨胀速度，购买力严重缩水。谁都知道，实现居民增收的根本途径，就是结束内战、整顿市场、发展经济，但在1948年国共即将战略决战的当口，这条路显然走不通。因此，国民政府只能采取小修小补的办法，做些力所能及的工作，比如对由财政全额支付薪酬的公务员、教师群体提高工资水平。

先说说教师。

1946年12月29日，国民政府教育部学术审议委员会议通过了专科以上学校专任教员薪俸调整案，助教月薪自80元调至200元，讲师月薪自140元调至

300元，副教授月薪自240元调至400元，教授月薪自320元调至600元。

教师们的薪酬看起来多了不少，但调涨之后的月薪，依旧无法租得起北平城区任何一间哪怕是劣等住房。于是，不少教师开始在报刊上登出广告，寻求家教等第二职业，以求糊口。

再说说公务员。

比起北平，20世纪40年代后期南京、上海的房价涨幅更大。公务员的薪酬也几度调高，但面对节节上涨的租金，依旧苍白无力、捉襟见肘。万般无奈之下，不少公务员只好“上访”。

1946年6月19日，南京市各机关公务员联名上书蒋介石及国防委员会，就立法院确定的薪资上调标准，提出四点意见：

第一，经过调整之后，南京、上海的公务员薪资仍不足以维持最低生活，“京沪房租一项，动辄数百万，数口家住屋三间，月需二三十万，特任官正俸仅足付房租”。

第二，公务员四月份调整待遇后，实际购买力低于三月，新待遇自六月起已不合理。

第三，国民政府虽然采取待遇分区制，但各区标准并未与当地物价指数配合。

第四，“国营事业机关公务员待遇，较一般公务员为高，不平等”。

不管是加薪还是上访，现实总是残酷的，加薪幅度赶不上物价房价涨幅，加薪政策又屡屡滞后，公教人员薪酬的实际购买力不增反降，房子更租不起，生活更加艰难。

（3）政府直接拨款或贷款

1946年以后，国民政府的财力主要投放到内战当中，对直接拨款建房的投入很少。拨款较多的一次，是1948年1月16日北平市参议会的一次决议，要求将中央接收大员占用的敌伪房屋划归北平市政府管理，并拨贷款500亿元，“以济房荒”。其实，如果根据1947年7月公布的建筑改良物成本价，这笔款项可以兴建上万间灰房、瓦房，在一定程度上缓解“房荒”。但由于半年来法币急剧贬值，500亿元的实际购买力大幅缩水。

3. 货币政策

说白了，就是取缔一文不值的旧钞票，换成貌似购买力很强的新钞票。

废止法币(上图)、发行金圆券(中图)，依然无法遏制金融机构挤兑风潮。
金圆券和法币一样不值钱，还不如拿来点烟。

1948年8月，国民政府宣布废除法币，改以金圆券取而代之。规定300万元法币兑1元金圆券。同时，蒋经国等人在上海“打老虎”，整顿金融秩序，配合金圆券的发行。

这是在法币全面失信，米面、黄金取代法币成为市场普遍认可的交易支付工具的背景下，为挽回国家金融信用，支撑“戡乱”内战而采取的救时之举。

金圆券问世的最初一两个月，币值相对稳定，通货膨胀稍有缓解，房价也趋于稳定。

然而，一种法定准备金严重不足的钞票，币值当然很难稳定。金圆券就是这样。进入1949年，金圆券发行量骤增，通货膨胀再度提速，房价重拾升势。金圆券很快就与法币一样变成废纸。国民政府的金圆券政策彻底失败。

在靠货币政策挽回“房荒”危机的尝试中，国民政府输得体无完肤。

这时的北平，业已和平解放，回到了人民的怀抱，再也用不着金圆券了。

4. 调控的“疗效”如何

这是一次不得已的调控。“房荒”危机引发的尖锐社会矛盾，直接危及国民政府的统治，它必须采取应急措施加以应对。然而，这场“房荒”危机的根源之一，便是恶性通胀的加速发展。因此，针对“房荒”的调控，是国民政府应对恶性通胀诸多举措的一部分。然而，节节败退的内战形势、积重难返的恶性通胀，都使此次调控的效果大打折扣。

如果只从政策上分析，此次调控毕竟是国民政府综合运用行政、财政、货币等多种经济手段进行房地产调控的典型案例。它的可贵之处，在于跳出20世纪30～40年代初政府单纯依赖行政手段，靠限价来缓和纠纷的传统思维，从而引入了公开造价成本，鼓励多渠道建房，为企业提供减税和批地、贷款优惠，增加公教人员薪资以及直接拨款、贷款等经济手段，既扩大供应，又分流需求，增加居民购买力，这是“房荒”问题治理思路的进步。

更可贵的是，它并不回避社会舆论反映突出的租赁纠纷问题，组织相关

“房荒”危机期间唯一值得信赖的货币——袁大头。

部门成立具有协调功能的租赁管理委员会和租赁纠纷调解委员会，有助于落实租赁法规，调解租赁纠纷。

对于20世纪40年代后期国民政府的调控措施，社会舆论褒贬不一。

当时的报评人苏石认为，强迫房主出租空房、干预房价和租赁纠纷，有悖于“契约自由”原则。在房租限价措施中“专就年份上着想，既无确切（地段）标准，自难得到公平合理之价格”；以“间”作为房价计算单位，概念模糊，“以走廊门洞、小厕所各为一间”，无法满足“目前出一间钱抵一间用，自应使其使用之价值，足与其租金之价值相抵为标准”。

他建议，就限价而言，“应一方参照财地两局估价计算，一方从建筑商随年份及坐落地点、房屋大小为比例计算。事虽烦剧，庶得其平”；就间数而言，要站在“住房自以合乎居住使用唯一要义”的角度，“凡不合比值者，概不得作一间计算”。

另一报评人李朋认为，这些调控措施“有很多地方都可说是进步的立法”，“不过许多都是理论”。比如“奖励人民建筑住宅，在现行法对于承租人尽量享受法律保障之下，出租人很少愿建房出租的，而且物价高涨得一日数价，人民不敢大兴土木。有钱投资房地产的人，都把游资转向金钞、粮食、纱布等实物，囤积倒把，兴风作浪，影响物价不小。限制实际需要房屋超过者令其出租，事实上绝对办不到，徒滋纷扰而已”。

其实，早在20世纪30年代，到财政局实习的李鸿毅就认为，由于住房供不应求，房主可能“故意居奇”，演化为垄断市场的“房阀”，“一般住户惟有俯首忍受。因不能犯国法，市府虽三申五令，禁止提高房价，任意居奇，结果亦属无效”。

他认为，北平的“房阀”分为两类：一是“官二代”。斥巨资收购房屋，稍加修葺后出租赚钱。这类人自己并不打理，而是雇“管事人专司立约、立折、立账及管理出入银钱等项，并有聘请律师为常年法律顾问保障产权者”。二是“专营瓦片生活者”。自有财产不多，故而寻觅机会，低价收购破旧房屋或空地，稍加修葺后出租。这类人炒房经验丰富，交易行为颇多欺诈。有房阀“仅（北）平市一地共有大小房屋六百余所，四郊庄田一千余顷”。

“房阀”除了从房地产赚钱外，还兼营放贷生意。所以，李鸿毅认为“（北）平市房阀重利剥削贫人，叫（典）当业为尤甚，而房租低昂受其一手操纵尤为显明”。“房阀”已经形成利益集团，其中不乏调控措施的政策制定者，想让他们“壮士断腕”，何其难也！国民政府调控举措，从一开始就注定了失败的结局。

1949年1月31日，北平和平解放。几个月后，更名北京，成为新中国的首都。面对同样难以克服的“房荒”顽疾，新政权采取治本之策，一方面有效控制恶性通胀，一方面大刀阔斧地改革旧制度，实施住宅国有化和福利分房政策，终于结束了困扰北京多年的房价暴涨局面。当然，那些在民国时期反复见诸报端的房地产词汇，也跟着旧制度一道，逐渐淡出了人们的视线，退出了历史舞台。

平民住宅：民国也有保障房

1948年岁末，北京天桥的一处平房。

房子是公家的，租户是一位老太太，名叫耿高氏，卧床不起，病入膏肓。她年逾七旬，住在这里十年了，既无兄弟又无子女，身边只有自称是其表妹的中年妇女张张氏服侍汤药。

圣诞那天，耿高氏死了。房子里只剩下张张氏一人。几天后，她收到了一份通知，关键词只有六个字：即刻迁出腾房。

这份出自平房管理员蒋耀南的通知，令张张氏很不爽：我伺候老太太一辈子，没有功劳也有苦劳，凭什么不能让我在这间房接着住？即便我愿意腾房，大冷天的，那我住哪儿？这年头物价房价这么高，哪儿的房子我能租得起？

接下来，蒋耀南“屡经驱逐”，张张氏“一味抗拒”，甚至惊动了警察。

蒋耀南为什么要执意赶走张张氏呢？房子腾出来后打算怎么处置呢？这究竟是一处什么性质的房子呢？

“城市病”催生平民住宅

1. 拥挤与昂贵：病态城市的病态生活

（1）住得千差万别

北洋时期，中法实业银行的华人职员，月薪从几十元到百多元不等。每年有三个月带薪事假，年终多发一个月薪水作奖金，另有相当于年薪10%的生活津贴。他们是那个年代的外企白领。

20世纪30年代，《罗曼·罗兰传》的译者鲍文蔚留学归国，既在北平中法大学任教，又到孔德学校兼课，月收入300元左右。与他同时代的大牌教授，如果有空四处兼职，月入可达千元。

而同期的北平，买一间房，大约需要100～200元，租一间房，只要不是在高档商业区，一个月只要1～2元。无论是白领，还是教授，租到一个体面的宅院不是难事。鲍文蔚的宅院有两个小院，八间北房，两间东房，两间西房，客厅、书房、盥洗室、浴缸、厨师、女佣、包月的洋车一应俱全。

那个年代的北平，成为小康之家的标准，就是天棚、鱼缸、石榴树、先生、肥狗、胖丫头。而要承载这一切，得有一处舒适的宅院。优厚的薪资待遇，是住得起这类宅院的前提。在20世纪30年代，外企白领、公教人员，多数情况下地位高、收入多，吃得好、住得好。

当然，并非所有市民都能生活惬意。许多民众不堪战乱之苦和乡村之穷，纷纷进城谋生。他们渴望面包，更渴望住房。可是，他们住不起摩天大楼、深宅大院，只能群租，全家老少挤在一间房里，聊以度日。数以万计的产业工人、手工业者、小商小贩，莫不如此。

比他们更惨的，是占全市总人口约10%的赤贫者，以及占全市从业人口约30%的失业工人。他们住在城市的角落，自建的简陋灰棚一片接着一片。房屋狭小，质量糟糕，人口拥挤，隐患不断，可谓“有碍观瞻，有碍卫生，有碍消防，有碍治安”。这就是传说中的贫民窟，这就是中国近代城市化进程中“城市病”的典型写照。

民国时期，中国主要城市的新增住房供应，根本赶不上人口增长的步伐，于是出现了“房荒”。南京、上海如此，北京（北平）亦然。不少有识之士在报刊上连篇累牍地指出，“现代住宅问题，是都市发达的直接结果。都市的发达，无论是基于经济的发展，或政治的原因，其结果均足以引起大量人口之不断的集中，使住宅问题特殊地在都市中显现其严重性”。

清末民初的市井生活：逛街（左上图）、合影（右上图）、骆驼卧槽（左中图），小吃摊（右中图）、照相馆（左下图）、逛大集市（右下图）。

民国时期底层社会的写照：难民（上图）、茅草屋学堂（中图）、妓院（左下图）和接受教会救济的孩子们（右下图）。

他们的担心不是没有道理的。

就拿1930～1935年来说，全国主要城市的人口都有增长。然而，这些城市的城区面积并没扩张多少，使得居住用地紧张，住房供应不足。于是，地价总水平呈现上升势头，带动住房租售价格的上扬。

1930～1935年中国主要大城市人口变化表

城市	1930年人口	1935年人口	人口增量
上海	1 730 930	2 035 313	+304 383
北平	1 378 916	1 564 896	+185 980
广州	874 859	1 156 786	+281 987
天津	1 336 633	1 067 920	−268 713
南京	577 093	1 013 320	+436 220
汉口	731 570	781 508	+49 938
杭州	506 930	576 048	+69 118
青岛	379 082	527 150	+148 068

以南京为例。1928年以后，数以万计的达官贵人、外国使节、军阀富商来到这座新首都工作和生活，置产赁宅，推动当地地价大幅上涨，促进了商业区的土地投机。以新街口为例，1922年每方丈地价20元，1926年为85元，1930年涨到400元，1931年达620元。国民政府机关办公和官员居住的聚集区，诸如大方巷、山西路、付厚岗等，地价也成倍提升。

1928～1934年南京市区地价变动表

单位：元/平方丈

年份	最高	最低	平均	合每亩价
1928	220	2	24	1 440
1930	400	3	28	1 687
1931	714	3	61	3 660
1932	600	3	59	3 540
1934	300	3	40	2 400

上海现存的石库门建筑。

面粉贵了，面包没有理由继续便宜。地价与房屋租售价格的关系亦然。地价、房价轮番上涨，超出多数人的承受能力，直至酿成房客与房东的直接冲突，以及游行示威，成为近代中国“城市病”的又一典型写照。

在“城市病”面前，北洋政府、国民政府和日伪当局都曾设法治理，用得最多的就是限价政策。可是，大多数住房租售交易都是自发完成的，限价政策根本不起作用；真要是把价格强制限定下来，那就意味着作为政府重要财源的契税收入将裹步不前。直接限价面临两难。

限价行不通，有人就建议扩大供给，盖更多的新房。

盖什么样的新房？谁来盖新房？给谁盖新房？

（2）建“平民公寓”分摊房租：无房屌丝的一厢情愿

针对上海低收入者的住房问题，当时的学者王慰祖提出了4套解决方案：一是“统制房租”，二是“厘订房租之标准”，三是组织住宅建筑合作社，四是建造平民公寓。

这四套方案里，前两个的实质就是限价，即降低房租，抑制房东暴利，减轻房客负担。后两个倒是跳出限价的思维窠臼，由政府组织民间力量，通过增加住房供应量、单栋房屋的居住容量、改善住宅装修设施等途径，兼顾房客的居住利益和房东的经济利益。

王慰祖设想的“平民公寓”，大概是这样的：

“造一座三层楼之二间一厢房石库门房屋，每月房租定为八十元。吾人不妨将其作为公寓之一格，中间设置一座楼梯，左右各二间（每间可有十二呎见方），计每层居住四家，亦不为繁杂。则原有厢房冲成两段，中间可置浴室与厕所。将天井改造作为每层之公共厨房，总计较石库门多造者，即厨房三（约五百元），浴缸三（约二百元），抽水便桶十二（约三百六十元），估计造价（总额）约多一千零六十元。每间房屋定以低廉租价，作为十元，共十二间。房主可收房租百二十元，较石库门每月可多收四十元。则房主所多造之价，但须二年及两月有半即可全部偿清。过此期限，则房主之产业增多，其收入亦必增多。由房客而言，付每月十元之低廉房租，而有浴缸等优美设备，亦何乐而不为？彼付高昂租金而住陋劣房屋者，必争先弃其地狱而登此天堂矣。故建造平民公寓，非特房客得享房租低廉、设备优美之利益，而房主复可免受二房东侵占之损失，增多房金之收入。双方交受其利，法莫善于此也”。

什么意思呢？其实就是由房东出资，把石库门改造成多户居民合租的房屋。增设公用的厨房、卫生间和浴室，改善居住条件。房间数量增加了，单间房租就会减少，但租金总额只多不少。这样，房客负担轻了，房东收入多了，看起来两全其美。

王慰祖的想法，在当时的社会条件下未免太天真了。

每间10元的房租，在20世纪30年代并不算低，一般人租不起。上千元的改建装修投入，算是大数，打算将宅院出租的人，肯定不愿拿出这笔钱，甚至根本出不起这笔钱。可以说，这样的“平民公寓”，一点也不“平民化”，很难为低收入者接受。

2.“平民住宅”：从想象到现实

（1）时髦的新名词：平民住宅

“平民住宅”（亦称“贫民住宅”）的概念，大致是在第一次世界大战之后，欧洲许多国家遭受战火摧残、百姓流离失所、无力重建家园的背景下出现的。

这类住房有四个特点：

——政府直接投资或主导融资，使用政府控制的国有土地兴建；或由政府对在私有土地上重建房屋的居住者给予一定的资金补贴。房屋产权或归政府，或卖给私人。

——房屋定位为中低档次、中小套型，使用者限定为无家可归的低收入者。

——如果产权归政府，那么入住者只享有使用权，不允许买卖或转租、分租；入住者向政府缴纳低于市价的租金。

——如果产权卖给私人，那么虽然售价低于市价，但在二手房转让方面将受到限制。

这些“平民住宅”的建筑质量并不高，但确实给不少穷人提供了遮风避雨之所，为缓解战后各国的“房荒危机”发挥了积极作用。

20世纪30年代的中国，“亲英美”的思潮不仅表现在政治领域，也在学术领域有体现。一些学者就提出，由政府出面，将“平民住宅”从欧洲移植到中国。国民政府也确实这么做了。

（2）南京：大张旗鼓，筑舍千栋

1934年，国民政府成立“棚户住宅改善委员会”，负责“棚户住宅改善运动”。为什么要掀起这样一场运动呢？

南京，作为国家首都，虽然吸引达官贵人蜂拥而入，但低收入的棚户占全市总户数的45%。棚户区内，环境脏乱差，治安案件多发，与建设现代化

南京城郊棚户住宅，简陋破烂，污秽横生，条件极差。

大都市的构想相去甚远。于是，国民政府打算对这座城市动手术、治治病，“病灶”就是棚户区，办法就是棚户区原址改造，棚户居民异地安置。

——编订棚户门牌，只许迁出，不许新建和迁入，逐步清理取缔棚户。

——修筑道路、疏浚阴沟、设垃圾箱，拆除居住环境难以改善的棚户住宅；住户限期搬走，政府提供搬迁津贴，并帮助另择住址。

——增建平民住宅，“平价出租，以便一部分财力较为充裕之棚户，迁移租住”。

这里的“平民住宅”，在南京并非首次出现。早在1928年，光华门外、武定门内的“平民住宅”就开工了。到1934年，全市累计投入近24万元，建成6处平民住宅，共708所。

1929～1934年南京市建设的平民住宅

住宅种类	所在地点	数量	建筑费	竣工时间
乙种平民住宅	光华门外	平房100所	55 000元	1929年1月
丙种平民住宅	武定门内	平房200所	53 899.2元	1929年1月
湖民住宅	和平门外	平房100所	11 614.9元	1931年5月
戊种平民住宅	新民门外	平房270所	29 249.91元	1931年6月
戊种平民住宅	中山门外	平房8所	830元	1933年12月
甲乙两种住宅	宫后山	楼房6所，平房24所	88 231.7元	1934年9月
合计		708所	238 825.71元	

很明显，1929～1931年竣工较多；1931年6月以后，竣工数量陡然减少，“平民住宅”的说法似乎正在淡出人们的视野。但在1934年，情况发生了新变化。

这一年，国民党中央委员陈璧君提出，在南京下关修建平民住宅，并捐款1万元。

这陈璧君不是旁人，正是时任行政院长汪精卫的妻子。她的振臂一呼，给当时的政界带来了轰动效应。虽说这两口子后来投靠日寇，当了汉奸，但在此时，他们的形象还算正面。

汪精卫很快就应和妻子的善举，在国民党中央政治会议上提出“建筑首都贫民住宅区计划案”。有妻子捐款制造的舆论氛围，这项议案当然顺利通过，由行政院饬令南京市政府执行。于是，棚户住宅改善上升为国家行为，成立了委员会，掀起了“运动”。“棚户住宅改善委员会”还有个宏大的计划：“将全市棚户逐年迁移，每年五千户，共分七期迁毕，并于新辟棚户住宅区，建筑道路、沟渠、教育、卫生等种种设备，以期改良贫民生活，用意极为完善。”有9个地块纳入了“新棚户住宅区”建设计划。

南京“新棚户住宅区”建设区域一览表

名称	地点	占地面积（亩）	迁入棚户群体
四所村	金川门外、新民门外	1070	第六、七两区之户
郭家沟	中央门外	200	第六、七两区之户
前三庄	中山门外	530	第一警区之户
石门槛	光华门外	160	第一警区之户
七里街	共和门外	460	第二警区之户
东岳庙	中华门外	250	第三、四两区之户
霸王桥	中华门外	290	第三、四两区之户
赛红桥	水西门外	330	第五警区之户
草场门南	汉中门外	430	第五警区之户

这些地块加起来有3720亩，都位于城近郊区，距离城墙根不算远。到1935年，石门槛、四所村等两个地块开工建设，预计可容纳三千多户棚户居民。其中，四所村地块面积较大，用来安置下关惠民河一带棚户居民。

按照规划图纸，每户住宅所占地块，长5.5米，宽4米，占地22平方米；内部隔为前后两间，大部分有前后门，檐口高2.6米，四周是泥墙或竹笆墙，

民国时期南京的新街口（左上图）、北门桥（右上图）和新建住宅区（下图）。

全部泥地面，用皮槁木搭架屋，架上盖芦席及茅草。修建这些房子的钱，并不是政府大包大揽，而是采取补贴的形式。每所住宅的建筑成本是30元，其中政府出10元，棚户居民出20元。道路、水沟、厕所、水井、学校等公共设施，由政府出资统一建设。

这些住宅，地块是政府划定的，资金是官民共同承担的，定向解决棚户居民居住问题。

新棚户居住区的规划，带动了平民住宅建设的重新起步。1935～1936年，南京又先后竣工了和平门、止马营、七里街等3处平民住宅，分别为60所、222所和200所。这样，算上1929～1934年竣工的708所，抗战以前南京总计建造了1190所平民住宅，其数量为全国最多。

南京市部分“平民住宅”的数量和租价表

住宅地域	宅数	每宅月租
和平门外	平房60所	1.8元
和平门外（湖民住宅）	平房100所	1.0元
武定门内	平房200所	1.5元
光华门内	平房100所	4.2元
止马营	平房222所	2.6元
七里街	平房200所	2.5元

“平民住宅”与“新棚户居住区”的最大区别，就是前者为政府全资建设，低价出租，租赁者既有棚户居民，也有其他低收入者；后者是政府与居住者共担建设费，建成后由棚户居民本人享有房屋产权。“平民住宅”的租价，不仅低于南京的普通住宅，也低于王慰祖设计的上海“平民公寓”。政府要想收回建筑费投资，大概需要收8～10年租金。

平民住宅的房屋设计水平，1934年是个分水岭。

此前建造的武定门内与和平门外的平民住宅，“实质均极恶劣，室内外环境亦污秽不堪”。“（南京）市府平民住宅租赁规则，虽规定一家一室，但实际上往往有三四家共十余口人僦居于一室者”。

其后建造的止马营和七里街平民住宅，房屋质量略好。“每户有正屋

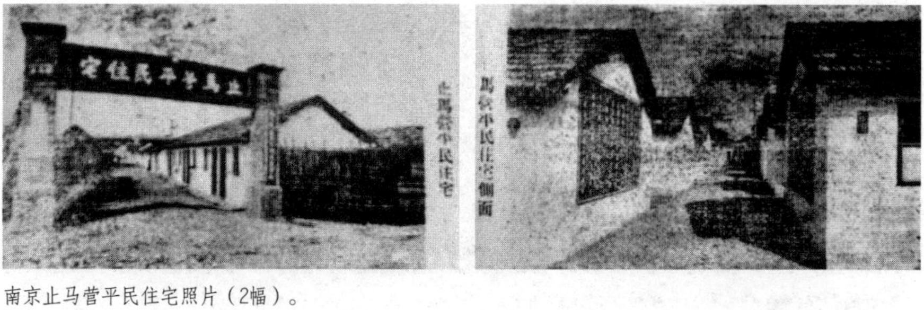

南京止马营平民住宅照片（2幅）。

二间，檐高二公尺四，两端用十寸砖墙双面粉饰，分户及前后墙皆用五吋砖墙，杉木隔间板，全部青砖平铺地面，杉木柱帖。杉木桁条及格椽，木格窗，加板木松门，屋面用芦席青洋瓦铺盖。普通约十户连成一列，行列之间有宽约三四公尺的甬道。水井、厕所、垃圾箱等公共卫生设备，亦相当完全”。兼顾采光、取暖、汲水，用甬道拉开房屋间距，减少相互干扰和病菌传染。每所平民住宅设有两间屋，超出《南京市平民住宅租赁规则》每户至少一间住屋的规定，让人口较多的家庭也能住得下。

（3）汉口、上海、广州：风格各异的平民住宅

汉口也面临着跟南京一样的麻烦事——数以万计的棚户居民嗷嗷待哺。尤其是1931年长江洪水，导致汉口沦为泽国，许多灾民也跻身棚户行列。20世纪30年代中期，汉口的棚户住宅共有12746所，17865户。

灾后的汉口，住房短缺、房价攀升、居住拥挤，一些二房东任意分隔房间，擅自分租，牟取暴利。棚户居民收入很低，租不起城内的瓦房、灰房，只能在临时搭建的棚屋里将就。汉口市政府兴建“平民住宅”，就是为了缓

汉口市的棚户住宅（左图）与平民住宅（右图）。

解这部分人的住房困难。

到1935年，汉口市共兴建了800栋平民住宅，每栋月租1.2元，比南京、上海低。据当时学者估算，政府征收房租的年收益率为6%，其建设投资需要20年才能收回。不过，这些房子没有通电，只能用煤油灯照明，其他配套设施也比较落后。

1928年，上海特别市政府召开第 91 次市政会议，决定“拨款一万五千元建平民住屋”。其后三年内，上海市先后在闸北全家庵路修建第一平民住所100间，在斜土路修建第二平民住所425间，在交通路修建第三平民住所290间，总计815间。

1929年，广州就开始筹建平民宫，两年后竣工，可容纳300人居住。1930年，广州市政府在东较场改建了“平民居留所”，“有房舍共三十六间，每间置有床位十二张”，这样也能住得下432人。1931年，城北方便医院旧址建造的平民宿舍也宣告完工，可以提供180张床位。不过，这些房屋像是给单身汉准备的，不太适合拖家带口者单住。

不管是单间还是床位，这些平民住宅的特征大体一致：政府出资、居者租住、租价低廉、地段偏僻。这与南京平民住宅的设计理念如出一辙。

（4）住得怎么样

“新棚户住宅区”和“平民住宅”是民国时期的新事物，确有保障民生的积极意义，但也招致不少非议。

——僧多粥少，杯水车薪。南京的“新棚户住宅区”建设，虽然规划宏伟，但进展迟缓，每期安置5000户的目标根本实现不了，安置新涌入南京的外地移民更提不上议事日程。

1934年10月，南京警方掌握的全市棚户共计38950户，154210人。到1935年9月，这一数字增至60293户，251229人。两年间增加6800多户，27000多人。这些棚户居民，既受制于政令，不准在城内搭建棚屋，又受制于钱袋，租不起普通瓦房，只能千方百计，凑合度日。

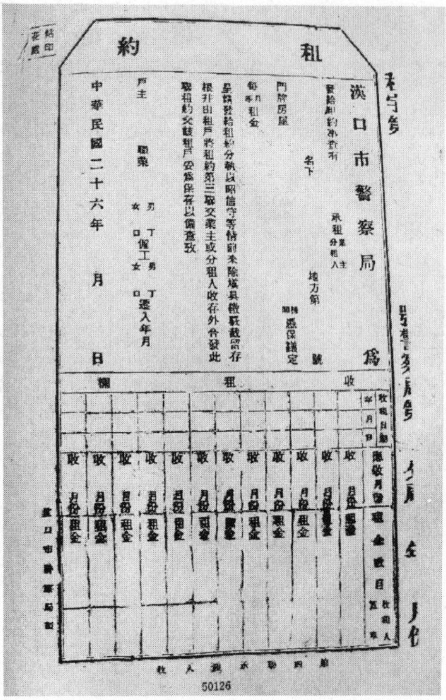

租約

漢口市警察局 為

名下

承租

地方第 號

門牌房屋

憑保議定

每月租金

根井由租戶將租約第三聯交業主或分租人收存外合發此

聯租約交該租戶妥為保存以備查致

戶主 職業 男丁 口 女 口 傭工 男丁 口 女 口 遷入年月

中華民國二十六年 月 日

收 租 欄

漢口市警察局製

50126

汉口平民住宅的居民以及租约格式。

“平民住宅”在南京、上海和汉口分别建了1190所、815所和800所，在广州也提供了912张床位，在全国各大城市兴建的同类房屋中，这样的供应量不算小。然而，相对于数十万渴望改善居住条件的低收入市民而言，这样的供应量无疑杯水车薪，根本不够。

——环境恶劣，管理失当。金川门外“新棚户住宅区”条件恶劣，“污秽不堪”。1934年，四所村迁入千余家棚户居民，周边配套设施尚好；而旁边五所村新迁入千余户，却没有水井、厕所，“污水污泥，臭气四溢，住民无不以为苦”。一位名叫陈岳麟的学者感慨道：“市容的整饰固然重要，可是劳苦的贫民应该得到人的生活和人的待遇，恐怕也是一样重要的，市府对于新棚户区的公共建设方面、管理方面，似乎太忽略了。”光华门内平民住宅，多被承租者高价转租或分租，使之失去了住房保障功能，成了赚钱工具。

好端端的“新棚户居住区”和“平民住宅”，为什么会到这般田地呢?

20世纪30年代是中国经济增长、财政较好的时期。因此，国民政府才有能力修建“新棚户居住区”和“平民住宅”。然而，政府缺钱，投入有限，虽然建了些，但数量很少。

当初建设“新棚户居住区”，国民政府的出发点并不是改善穷人的居住条件，而是改善市容市貌，维护城内治安。因此，它们重建设，轻管理和维护，使“新棚户居住区”和“平民住宅”的宜居程度和保障功能大打折扣。

其实，这些问题已经引起了当时学者的关注。有人提出，单靠市场的自发力量，要想保障低收入者的居住权，难度很大。故而“政府对平民住宅的建筑，仍应不断进行”。有人认为，“政府建平民住宅，仅是一种社会救济事业，不能与公用事业相提并论，更无所谓投资”。所以，应当“废除（平民住宅）房租，每月仅使住民缴纳极少数之维持费，以作管理费”，减轻租住者的经济负担。同时，“平民住宅”不应建在郊区，而应建在商业区附近，以避免选址偏远，导致管理失位，沦为贫民窟。

相对于南京、汉口等城市，北京（北平）的平民住宅起步晚、数量少，但这些城市的尝试，特别是留下的宝贵经验，对于北京（北平）平民住宅的兴建和管理，当然是积极的。

北平也建保障房：天桥、东直门的“平民住宅”

1937年的北平，煤价、粮价暴涨，多年来稳中回落的物价总水平开始飙升。战争的阴云从两年前的华北事变起，就笼罩在这座古城上空。北平的平民住宅，就在这样的背景下悄然而来。

1.失落的故都

几百年来，北京（北平）一直是典型的消费型城市，而非生产型城市。

没有大工厂，没有数量众多的产业工人。“根据调查结果，每个工厂的工人数目，没有超过二百五十个的，平均每家厂约有百二十工人左右”。手工业和商业，是支撑这座城市经济增长的主要载体。手工业和商业的繁荣，主要得益于这座城市作为全国政治中心所具有的巨大消费能力。也就是说，首都地位，是北京（北平）经济晴或雨的关键。

1928年，北京失去了首都地位，更名北平。这座城市的工商业随之衰落。

——以商业为例。1928年9～10月，北平共有纳捐商铺31252家，1929年只剩下平均30880家，1930年平均30109家，1931年上半年平均29413家，数量逐年递减；1931年6月的纳捐商铺，每月营业流水超过20万元的仅一家，而月营业流水在80～150元的有7398家，全市商铺平均每家月营业流水仅191元。1928年6月至1929年6月，在各个商铺工作的总计91476人中，就有29902人失业，行业失业率达32%。

——以手工业中的地毯行业为例。据河北省工商厅视察员调查报告，北平地毯业职工原有3000人左右，1929年降至800人。

工商业的衰落，直接导致税收锐减。1926年，崇文门税关收入达300万元，1929年只剩170万元。直接导致货币流通量锐减，出现通货紧缩，消费低迷。正所谓“黄包车比坐车人多，车夫比车多”。

1931年九一八事变后，日寇占领东北和热河，逼近华北，逐渐形成对北平的战略包围态势。北平由北方政治文化中心，逐渐变成华北抗日的前线。这对城市经济的发展非常不利。朝不保夕的状态使人们相信，在这座城市买房子，安全系数差，投资回报少。于是，北平的房地产租售价格失去了民国初期的持续上涨态势，转而陷入低迷。1931～1937年，北平甚至是全国租房开销最少的大城市。

日寇压境带来的另一后果，便是东北难民的大量涌入。然而，这些不愿当亡国奴的同胞并非大款，许多人身无分文，他们的到来只能增加北平的人

民国北平街头：铺面（左上图）、集市（右上图）、小吃摊（下图）。

口，无法拉动住房消费。对他们来说，纵然北平的房租总水平不高，但能租得起的房还是太少了，“房荒”迫在眉睫。

于是，在以龙须沟为代表的外城，以及各个城门外的关厢，随处可见居住条件恶劣的棚户区。那些连棚户住宅都住不起的人，只好终日乞讨，或者到粥厂、暖厂吃住。跟南京相仿，20世纪30年代北平的贫民数量众多，“全市贫民占全人口12.1%，每八人约有贫民一人”。“全市贫民168000人，公私救济院所收容者约有7000人”。

改善居住条件，住上能租得起的房子，是他们难以企及的梦想。

2.开建平民住宅

（1）天桥平民住宅

南京、汉口、广州、上海等地兴建平民住宅以后，对北平各界的影响很大。不少知识分子呼吁北平市政当局建设“平民住宅”，帮助低收入者改善居住条件。

社会舆论的呼声终于有了成效。1933年12月，北平市政府社会局公布“新北平建设计划”，明确提出“按现代市之组织，有建筑平民住所之规定。本市既将指定为模范市，自应从速筹建平民住所若干处”。然而，1935年华北事变后，北平及其周边地区政治形势紧张，市政当局无暇旁骛，“平民住宅”的建设事宜只好搁置。

1936年10月，冀察绥靖公署拨款3万元法币，要求北平市长秦德纯“选择相当地点，建设平民住宅，俾贫苦无依者，得免流离失所，而便栖止”。

这件事很突然，到现在也没弄懂，北平市为何把搁置已久的“平民住宅”建设事宜又抬了出来。不过，可以确定的是，这项命令的发布者是冀察政务委员会委员长宋哲元，他兼任国民革命军29军军长，驻防北平，是这座城市的实力派和军政首长。这3万元的专款，是他本要拿来给老母亲祝寿的礼金。他还向北平市政府下达训令，要求“按照筹定款数，详细规划，拟具计划图说，从速呈报来署，以凭核办”。秦德纯当然不敢怠慢，立即指派工务局、社会局共同从速筹划，力求尽快开工。

工务局拿到了南京、青岛两市的平民住宅图纸和资料，作为建房参考；社会局、财政局选定了天桥南大街忠恕里迤南空地，作为规划用地。经过测绘、制图和编列预算，到12月底，工务局的建设方案出炉：计划在这22.3亩的地块上，建造150间住房和配套房屋。

宋哲元亲自审看了设计图纸，提出了调整各间住房尺寸的要求。工务局据此修改图纸，将住房数量调整为140间，扩大了每间居住面积，核定预算总额29959.02元。1937年2月2日，工务局、财政局、社会局将修订版的图纸会呈市政府，并由后者转呈绥靖公署。

与此同时，土地平整和工程招标也次第展开。4月7日，绥靖公署和市政府派员全程参与了招标会议。根据严守图纸设计、质量标准和规定工期的前提下，以报价最低者中标的原则，西安门外大街的兴华木厂中标，报价为26988元，比预算少2971.02元。省下来的这笔钱，工务局决定拿来增建10间住房、2间厕所和两段院墙。

5月3日，市政府与兴华木厂签订合同。约定工程款总计29064元，要在90天内建好140间住房、28间厕所，以及院墙、街门。住房为简板瓦顶、硬山搁檩、灰仰棚、焦砟地，厕所为灰顶平房。所有住房分为14排，其中北面8排，南面6排。每排末端有2个厕所。木厂工头刘廷荣监督运料。

就在合同签署前后，工务局就派工程队开始地基垫土，后来为加快进度，改以招商承包，昼夜施工，用汽碾压实虚土。5月10日，地基垫土工作完成。

接下来就是建房工程。90天的工期分为5个阶段。

6月30日，工务局派员调查施工进展，得悉全部工程完成80%，建筑材料和工费支出29064元，垫土支出462元，监工员的车饭费90元。宋哲元拨给的3万元专款，还剩384元。工务局跟兴华木厂协商后，决定就用这笔钱添建些配套设施：住房后檐窗加装四块玻璃和两个五英寸挂钩；院内增铺宽两尺的方砖甬道，有门口处增铺丁字甬道；北八排和南六排最北侧的一排房屋，在后檐窗户上增加铁栏杆，用料为八根三分圆的铁棍，以及一个木框。

对于这些“添头”，兴华木厂原本报价448元。后经反复协商，兴华木厂同意降价，就用这笔余款办好“添头”，并写进了与工务局的补充合同。添建配套设施的想法，也被北平市政府批准。7月24日，天桥平民住宅及其配套设施竣工。工程耗时83天，比原计划提早一周结束。耗资29954.1元，没有让宋哲元额外添钱。折算到每间住房上，建筑费投入约为214元。

天桥平民住宅的建设进程，得到了北平各大报纸的关注。《世

北京自然博物馆及其主体建筑后边残存的天桥平民住宅（摄于2009年1月）。

天桥平民住宅遗址位于今北京市自然博物馆侧后，天坛公园墙外。部分住宅已拆，仍有住户在内。如最下左图，两座大房之间私搭乱建的小房，原本是两排大房之间的甬道。最下右图，左侧为天坛公园外墙，右侧为平民住宅残存房屋。

界日报》报道，“该房建于天桥德树里临时商场南，一顺北房十四层（排）……四壁方砖对缝，一律灰色，齐整异常。两层中间各建前后门，拟漆以绿色，中为土地院落。在此十四层中有成单间者六层，一起双间者五层，一连三间者三层，每层皆以十间计。每间十尺见方，房顶及四壁皆以白灰砌成，屋门窗棂及门拟涂以白漆，但屋外则欲涂红漆，每房间中欲各建一砖炕。每间欲求地基坚固起见，故拟以洋灰铺筑，每间后壁有一方窗，空气流通，光线充足”。

言语中透着几分溢美之词。确实，天桥平民住宅的建筑格局，不同于四合院、三合院的围合型、内敛型风格，而是像营房一样层层排开。这样的布局，提高了土地利用率、便利了采光通风，但削弱了房屋的私密性。

就在天桥平民住宅竣工前，卢沟桥事变发生，北平战事吃紧。市政府忙于打仗，无暇他顾。7月24日工程结束，工务局就呈请验收。但直到8月9日，才收到冀察政务委员会代理委员长兼北平市代理市长张自忠签发的《市政府元字第88号指令》，算是允准验收。而在五天前，等得不耐烦的工务局，又向市政府呈请派员验收，并拨付尾款。这次又等了半个月。8月23日，才收到以张自忠的名义签发的《市政府元字第210号指令》，其中写道：“经派查，应准验收，除令社会局接管外，仰即知照，此令。”

众所周知，7月底，北平沦陷。宋哲元、秦德纯等人早已撤离。8月6日，张自忠辞去一切职务，躲入东交民巷德国医院，并于9月3日化装出城。因此，这份210号指令很可能不是由他亲笔圈阅，而是由留下来的官员代笔下达。

8月30日，工务局正式将天桥平民住宅移交社会局接收管理。10月，《北平市平民住宅管理规则》和《北平市平民住宅征租办法》出台。这是全国首部管理平民住宅的地方性法规。天桥平民住宅规定每间月租金为0.6元，不仅略低于同地段的房租的市场价[1]，而且成为国内各大城市同类住宅的

[1] 根据北平市警察局外五分局下等房租调查表，1936年忠恕里二横巷15号、18号皆为灰房，其租户潘焕章和董怀亭每月缴纳的房租分别是0.8元和0.6元。

宋哲元（左一）及手书；秦德纯（左三）；张自忠（左四）。

张自忠在北京的故居，位于西城区府右街丙27号（原西椅子胡同15号）。曾经是北洋政府总统府侍卫长徐邦杰的房产。张自忠于1934年买下，在这里一直住到1937年。这座四合院占地13亩，房屋百余间，以走廊相连，古色古香，十分典雅。故居正院有北房7间，灰顶木地板；正中两间，分别是张自忠及其夫人李敏慧的卧室。1947年，张自忠的侄女张廉瑜在这里创办了自忠小学，张自忠故居得以完好保护。

租金最低值。如果租价长期不变，靠租金回收建设成本，需要30年。遗憾的是，此时的北平，政权易手，进入长达八年的沦陷时期。

1937年10月，北平更名为北京。

（2）东直门平民住宅

1942年，北京的日伪当局打算再建一处平民住宅。地址选在内三区东直门北城根，俄国教堂以南，马杓胡同以西，这个地块有11.13亩。设计师是日籍工程师名仓茂夫。由于天桥平民住宅建造在先，因此东直门平民住宅被命名为“第二平民住宅区”，而天桥平民住宅被命名为“第一平民住宅区”。

东直门平民住宅区规划建造房屋240间，分为16组。其中第一期建造住房78间，厕所12间，总建筑面积1008平方米，包括居室873.6平方米，厕所134.4平方米。住宅和厕所都是平房，净高3.3米，从地面到屋顶高4.7米。地基用1：3的灰土铺就，外墙为整砖碎砖，屋脊为灰顶，房架为中式构造，外部涂饰为整砖构缝、碎砖抹灰。另辟东西向和南北向的道路各一条，宽度分别是7米和5米。一期工程规划造价6万元，合每间建筑费770元。二期工程与一期建筑的房屋数量相同，工程量大体相当。

东直门平民住宅仍采取招标方式选拔承建商，同样是工款报价低者胜出。6月13日上午11时进行第一轮竞价，没有一家企业报价低于6万元。下午3时进行第二轮竞价，森崎繁雄工务所报价最低，从而获得承建资格。6月26日，市工务局与森崎繁雄工务所签署工程合同。1943年2月，180间住房及配套厕所和便道的建设告竣，累计支出12万元。

东直门平民住宅一期工程承建招标企业竞价一览表

单位：元

商号	藤田组	一郡组	松村组	森崎繁雄	公兴顺	中和木厂
第一次竞价	129 000	68 000	61 500	65 000	70 820	72 943
第二次竞价	61 000	60 800	59 500	58 400	弃权	弃权

比起天桥平民住宅，东直门平民住宅在设计上有三大缺陷：一是居住密度更高。二是房间门脸相对，影响采光、通风。三是建筑质量糟糕。第三点尤其严重。

一期工程的首轮竞标中，森崎繁雄工务所报价为6.5万元，并非参标企业出价最低。第二轮竞标中，它不惜压低报价，挤垮对手，获得承建资格。二期工程，还是90间房，还是6万元左右的工程预算，森崎繁雄再次顺利地拿到了承建资格。

东直门平民住宅竣工不到半年，房屋便“渗漏甚多”。“第一巷一号至三号计南北屋顶渗漏共二十四间，第二巷由一号至十号计南北房顶裂小缝，渗漏共四十八间。内中有院，内平地塌陷成坑三四处，屋内沉陷地面一处，其余各院山墙后檐墙裂缝以及墙角地基塌沉亦有三四处”。渗漏塌陷的原因为“盖房取土及原油坑洼垫平未能轧实，经雨水冲刷所致”。

根据承建合同，森崎繁雄承诺保固三年。如今出了问题，它反倒开始耍赖，就连日伪当局的饬令也置若罔闻，根本不愿出资修理。直至1947年秋，国民政府北平市政当局才组织招标维修。然而，由于法币贬值，中标的永懋营造厂，报价已达4763700元。

相比之下，天桥平民住宅不仅熬过了日寇的摧残，而且历经70多年风雨沧桑，到21世纪初依然完好，只有北八排的最后两排，在1958年北京自然博物馆建馆时拆除。不过，在21世纪的旧城改造浪潮中，渐渐斑驳的天桥平民住宅，恐怕难逃拆迁命运。

（3）选址的差别

关于两处平民住宅的差异，从选址上就能看出一二。

南京、上海等地，平民住宅大多建在城郊，但北平没有照搬这一经验，而是在外城的天桥地区选址。这里既是商业区，又是中低收入者聚居区。平民住宅建在这里，既可融入当地的商业氛围，减少政府在配套设施上的额外

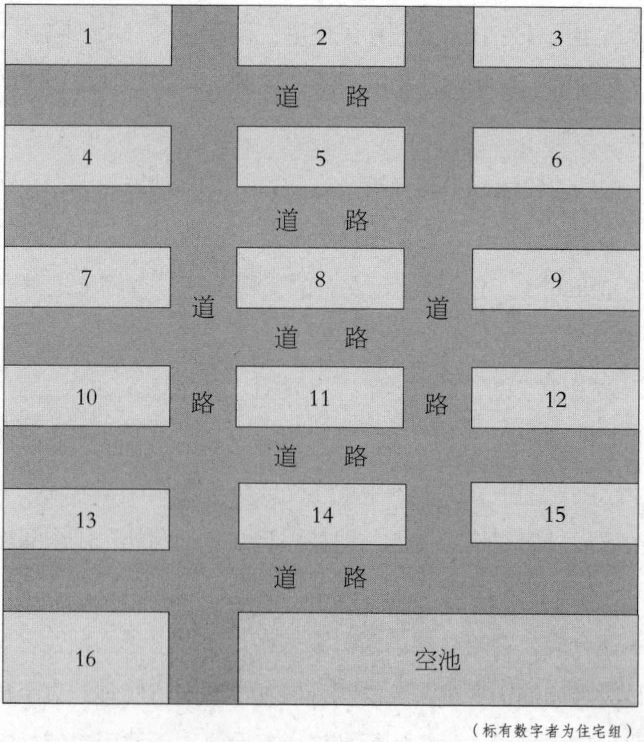

北京东直门平民住宅房屋分布示意图。

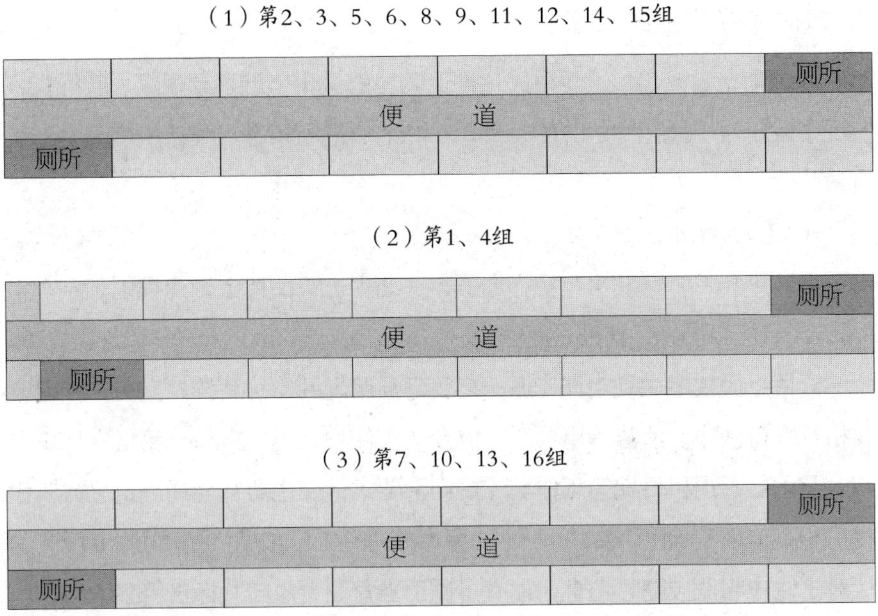

（浅色为住宅房间，第1、4组最左侧为空地）

东直门平民住宅组内房屋分布示意图。

投入，又有助于租住居民就近就业谋生。北平市政府还拨款一万元建了菜市场，集中管理摊贩，改善了市容环境，便利了市民生活。

在规划天桥平民住宅的同时，北平市政府还“计划在此房迤西，沿永定门内大街之便道，建筑六十余间临街房，以便商民租赁，并与此贫民（平民）住宅成一胡同”。并拨款1600多元，在低收入者聚居的天桥地区筹建“平民浴池”。然而，由于战争爆发和政权易手，这两项惠民的配套工程没能启动。

东直门平民住宅把选址放在东直门城厢。这里向来是贫民窟聚集地，商业设施缺乏，日常生活不便，地理位置偏僻，社会治安混乱。显然，日伪当局兴建平民住宅，并没有从便民角度着眼，考虑的只是应付舆论对缓解穷人居住困难的呼吁而已。

3. 如何管好“平民住宅”

较之南京、汉口，北平平民住宅最明显的进步，就是有规章、有机构，实现了政府对平民住宅的分配、使用、修缮、征收租金、维持秩序等方面的有效监管。

（1） **立规矩，专人管**

1937年10月，伪北平市社会局颁布《北平市平民住宅管理规则》。次年8月，经日伪当局修订核准再度颁行。

天桥平民住宅由社会局专派一名管理员管理并支给薪俸，负责“招租、收租及维持秩序、清洁等事项”，以及清查住户姓名、人口、籍贯、年岁、职业及承租、退租日期等工作。《规则》要求他“应照社会局规定之数”代收房租，“不得随意增减”，协助警察处理住户“口角斗争纠纷事项”，“对于住户职业应随时考查，如有不操正当营业者应随时报告警察取缔”。东直门平民住宅落成后，也安排了一名管理员担负同样职责。

社会局还设立平民住宅事务所，统筹平民住宅事宜。1946年10月，北平市市长熊斌签发命令，修订《北平市平民住宅管理规则》。分别设立第一平民住宅事务所、第二平民住宅事务所，分别管理天桥平民住宅和东直门平民住宅的有关事务。

1946年版《北平市平民住宅管理规则》，既规定了管理员权责，又明确了承租人义务：

——必须“订立租约，觅取殷实铺保，经管理员对保后方准迁入”；

——“每间须居住二口以上，更不得有包租等情事”；

——“房租按月计算，先行支付，如有拖欠，由铺保负责，欠租达三个月以上者，即行终止租约，勒令迁移”；

——“不得从事窝娼、聚赌、吸毒及其他不法行为”；

——“不得私存违禁物品”；

——“如有迁移，应先期报所，不得私相授受，顶名代替”；

——保护公物，损坏赔偿；

——“注意烟火，以防火灾”；

——“房屋如有简易修理之处，由承租人自行负责”；

——注意清洁卫生，遇到疫情须立即报告。

1937年10月，伪社会局颁布了《北平市平民住宅征租办法》。除规定房租每月每间0.6元外，还规定，“住户承租房屋应由各户分别承租，不得有包租情事”；“本宅房租应于每月起租日缴清，不得拖欠，如有拖欠，由铺保负责偿还”；“租户缴租后管理员应随时填给收据”；“租户每月除缴纳房租、房捐外，并无其他担负，管理员不得巧立名目，向住户有所勒索”。从立法方面堵住了出现“二房东”和管理员乱摊派的可能性。

这项立法的效果如何呢？且看一个真实的案例。

外五区警察白奎文承租天桥平民住宅房屋一间。1941年1月1日，他告知平民住宅事务所，“拟请假三个月回家，由刘子真暂行寄居”。管理员陈椿源要求白提供其请假回家属实的证人证词，以便备案。白奎文先是愿意提供，转而“复称无证明人，勒请准刘姓暂居”。陈椿源据此猜测，白奎文请假是假，转租是真，“与本所管理规则不合”，就没同意。

不料，白奎文不仅“恣意诟骂”，而且“仍擅自准该刘姓迁入”。无奈之下，陈椿源呈请社会局“照章取消其租户权”，“请求外五区（警察）分局协助饬其迁出”。社会局批准呈请，迫使白奎文交出房屋，驱逐出平民住宅区。

由于执法严格，平民住宅落成后最初几年，“二房东”和管理员乱摊派现象较为罕见。

《北平市平民住宅征租办法》规定，“住户承租房屋应填具承租书并觅妥实铺保，加盖图章，由管理员负责核对保存”。承租书格式如下：

具承租书人×××今愿遵照《北平市平民住宅管理规则》，承租贫民住宅第×号房×间，每月于起租日缴清房租。如有拖欠情事，由铺保负责偿还。所具是实，遵请查照。

承租人签名盖章　年岁　籍贯　职业

铺保水印　　　　住址

民国二十六年×月×日

两处平民住宅落成后，都出现过纠纷和争议，涉及居住资格和日常管理等方面。

（2）谁有资格住进来

平民住宅相对于普通住宅，最大的优势在于租价低廉。这样的低价房，当然不可能惠及所有人。那么，谁有资格住进来，承租这样的房子，就成了能否管好平民住宅的关键。

1937年和1938年两次颁布的《北平市平民住宅管理规则》，并未提及谁有资格承租的问题。即便是1946年重新修订的《北平市平民住宅管理规则》，也只是很模糊地说："本所房屋之承租人以平民为限。"那么，什么是"平民"，有没有收入、财产的量化标准？多少人口的家庭可以租一间，多少人口的家庭可以租两间？排队申请承租的人数，一定比房源多，那么谁先谁后，申请承租的程序是怎样的？这三个版本的《北平市平民住宅管理规则》都没有给出明确的说法。

既然没有明文规定，那么平民住宅承租人资格认定的实际情况又当如何呢？

我们拿到了一份1939年11月平民住宅事务所提供的住户清册（参见附录四《天桥平民住宅承租人情况一览表》），从中可以了解到，天桥平民住宅区有135间房屋租了出去，共有281人入住，平均每间居住2.1人，也有8人合住一间的拥挤状况。这些住户以警察、生意人、店铺雇员、乐队雇员、电车公司雇员以及自由职业者为主。可以说，绝大多数都有正当职业，赤贫者极少。不过，租客里也没有政府官员、大学教授、银行家等中高收入者。

为什么承租人的资格认定几乎没人去管呢？这其中有很实际的原因。

1937年7月底，北平沦陷。天桥平民住宅竣工验收后，并没有马上分配给急需的低收入者，而是被伪军长期占据。他们住得不爱惜，门窗建筑多有破损。伪军撤走后，伪北京市社会局为保护这所住宅不被日寇拆毁，在没有仔细筛选租户资质的情况下，赶紧让附近商贩和警员等人搬进去，如数交租，自行修补。于是，天桥平民住宅的租户就这样相对固定下来。

1945年抗战胜利，平民住宅的管理秩序反而更混乱。1947年4月10日的一份呈文称：

——“本住宅区住户并非全系赤贫，应婉为劝导移出，并限制一户占用多数房间……（然而）其储存食粮者据称：‘并非囤积，实系代乡间粮贩看管，谋取蝇头微利，以补生活而已。’”

——“占用多数房间之住户声称：‘所报户口虽为一户，但均人口众多，核与管理规则第四条每间须住二口以上尚属相符。’”

——“其非贫苦住户劝其移出一节，经彼等陈诉：‘虽非赤贫，而均系天桥小商或系警士居住……抗战幸告胜利，方庆安居乐业，乃以户非赤贫，在此居住未合规定，民等奉公守法，租不拖欠，房自修理，又无逾轨行为，倘勒令迁移，消费所及，中贫必为赤贫矣。’”

有揭露占用房间囤积粮食，有要求非赤贫者一律迁出，有提出限制一户租住多间房屋。囤积粮食者声称自己不是囤粮，而是替人看粮，收点管理费糊口；非赤贫者说自己奉公守法，从不欠租，一旦搬走，无家可归，必然沦为赤贫；占用多间房屋者说自己家里人口多，按照每间住两人的既定规矩，多占房间也无不可。大家各执一词，互不相让。其结果就是维持现状。

什么是“现状”？平民住宅虽是租赁房，实则由租客长期居住，形同私产。这些人不愿搬走，也非刻意耍赖，很大程度上也是形势所迫。抗战后期以来的恶性通货膨胀，抬高了全市住房租售的票面价格。尽管天桥平民住宅的月租，从1937年的每间0.6元，涨到1947年7月的2万元，承担起来很吃力，但还是比普通住房的租价低。因此，他们只能通过拒绝搬迁和不断申诉来拖延时间，住一天算一天，住一天赚一天。

这也就是前面提到的张张氏在原承租人耿高氏去世后，“一味抗拒”，说什么也不愿搬离平民住宅的缘故。管理员蒋耀南认为，张张氏不是耿高氏的直系亲属，只是类似保姆、护工一样的角色，当然没资格继续住在这里。她必须搬走，给排队等房的人腾地方。最后，经过警察调解，双方达成了张张氏“自行觅房迁腾”的协议，但由于“未能确定腾交日期”，这份协议也就形同废纸。

再说一个类似的例子。

东直门平民住宅竣工后，一个叫张镇荣的中年男子曾租得其中的一间灰顶房。不过，“因无事可守，困窘交加”，他只能靠变卖家产谋生。抗战胜利后，他终于结束无业状态，在天津找到一份商店司账的工作，妻子也在河北找到一份育婴堂保姆的差事，女儿在天津的一家私人医院当保姆。为了挣钱糊口，一家人只能天各一方，无法团聚。虽然都不在北平工作和生活，但为了不让家当散落，他们没有退掉这间灰顶房。

平民住宅管理员很快就查实了这家人的情况，以此房将改作学校为由，要求张镇荣全家立即搬走。张镇荣对此毫无心理准备，没有马上表态。管理员干脆撬开房门，把房中所有物品挪到厕所里。张镇荣回家一看，大惊失色，只好向北平市公用局局长写信，希望“格外优容，准予继续租用，或延至明年春暖腾房，以便从容处理”。

住进来的人发愁，随时可能被赶走；有入住资格却长时间排队，根本住不进来的人更发愁，不知何时才能圆一个遮风避雨的房子梦。

偌大的北平城，平民住宅只有天桥和东直门这两处，名义上可提供三百多间廉租房，但实际上都已住满了人。希望住进来的人，深感排队无望，倍感失落。

1939年10月29日，市政府收到一封写给市长的联名信，落款是在内六区十三段旗檀寺府藏1号租住的刘玉麟、张道兴、高德富、纪聘臣、高有、生寿山等6人。信中透出的悲切、焦虑与无奈，成为那个年代租不起房的低收入者心态的集体写照。

这6人所租之房，已被房东卖出。虽然房东留了4个月的缓冲期，但他们还是四处觅房不得。眼看大限将至，“自应如期腾房，又无栖身之舍”。在信中，他们说自己“均系贫苦之辈”，“衣不遮体，食难充饥，收入极微。要经介绍赁房，每间租价须在四元，介绍费亦须四元，如此重担，民等生活前途亦不堪设想。现下正在危急时刻，毫无办法”。希望市长“俯体民艰，恩予设法维持，民等得有安身之所，而免转展沟壑”。

信函转到市社会局，局长签发训令，要求天桥平民住宅事务所径向该市民等接洽需房数目，并尽量设法。管理员陈椿源见此训令，也很为难，只好复函说，平民住宅事务所“自开办以来，所有房屋早经扫数租出，并按月缴租，并造册具报在案。该民等既属需房孔殷，本所本月份房屋住户已满”。这6个人提出租住11间房的要求，一时难以满足。眼下能做的，只是“安慰该民等，遇有迁移租户空房时，尽先通知该刘玉麟等迁入居住”。

试想，当这6位住处无着的房客听到这样的回复，会作何感想。

在这样惨淡的现实面前，《北平市平民住宅管理规则》靠什么落实呢?

（3）谁来维修这些房

房子的居住功能和投资功能，都要靠悉心维护来实现。年久失修的房子，住着不舒服，也缺乏保值升值空间。那么，做好日常维修保养，对延长房屋的使用寿命很重要。

遗憾的是，《北平市平民住宅管理规则》没有涉及日常维护，特别是大修的权责问题，只规定“房屋如有简易修理之处，由承租人自行负责”。致使平民住宅事务所除了审查资格、征收租金、调解纠纷外，基本不具备住房日常维护的职能和能力。

1943年9月，东直门平民住宅水井因水管堵塞而发生故障，导致住户饮水困难。第二平民住宅事务所曾致函承建商森崎繁雄工务所派员维修，得到的回复却是："此项水井系由工务局另行包于本市西直门大街开业铁工厂承做。"管理员前往进行接洽，但"该铁工厂故意推诿延宕，至今并未派工前来修理"。

东直门平民住宅区里，有13个院50多户共用一个电表。1946年，冀北电力公司北平分公司调整电费，按照阶梯电费原则，收费标准分为三级，一级最低，三级最高。每个电表用电超过30度者列为第三级。数十户共用一表，每月用电倍增。由于第三级电费较之第一、二级高出数倍，住户吃亏甚大。直至次年2月20日，第二平民住宅事务所才函请有关单位，从3月起，按照13架电表（每院1表）计算电价，以节约住户开支。

天桥平民住宅尽管质量较好，但因年久失修，"第十号门墙塌陷，第二十一号墙壁发现裂痕，其余各屋渗漏者亦属多数。盖以各大车贪走近路，多由本住宅中间夹道往来，震动地基，墙壁尤易被害"。平民住宅事务所不仅不予维修，而且对进入住宅区内的大车也不加阻拦。当报修申请报到市政府有关部门后，得到的批复竟是"据报损坏情形并不重大，修缮较易，拟依照规定转饬各住户自行修整"。这无疑是在逃避政府责任。

尽管平民住宅有瑕疵，但它仍是政府出资保障居民廉价享有居住权利的积极作为。北平平民住宅的建设和管理，较之其他城市更有创见，是近代中国大城市住房保障的有益尝试。然而，所建住宅由于体量有限，只能发挥示范作用，难以惠及广大无房低收入者。

1947年的"北平市都市计划"，曾将与天桥平民住宅相邻的外四区地块也划为平民居住区，进行重点建设，"以改善天桥一带之贫民窟"；并在"外城东南部手工业区迤北地带建设平民住宅"，在"城区内各处平民集居地点建设新式平民住宅"。可惜，迫于国内政局的急剧变化，直到北平和平解放前，这些计划无一付诸实施。

附录

一、20世纪20～40年代报刊广告上的房屋租售报价

1. 1912～1928年

1912～1928年的报刊，现存的不多，广告版面少，租售住宅的广告更少，很多广告甚至并未报价。能搜罗到的数据资料，以20年代的为多。

《晨报》刊载的20世纪20年代北京城区部分住宅售价情况统计表

序号	地点	间数	总价（元）	平均每间单价（元）	装修、陈设	刊载时间
1	新街口积水潭西河沿	20	3500	175	带洋楼	1925.11.30
2	西直门大街酱房大院	40	5500	138	带电灯、电话、花房、车马	1925.11.30
3	西城什锦坊街武定侯中间路北	14.5	2800	193	南北瓦房各5，东西平台各2，房屋宽大，地势适中	1923.11.30
4	六部口12号	17	8000	471	有自来水、电灯，地点冲要	1925.4.3
5	宣内鲍家街中间笔管胡同1号	18	4300	239	高敞房屋	1925.5.3
6	棉花八条3号	20	5200	260	南北房各4，东西厢房各1，后院北房3，东西厢房各1，东院北房3，茅屋2	1925.5.26
7	朝阳门内迤北东城根89号	20	2900	145	老黄松木架，坚固瓦房，计三院。	1926.3.8

序号	地点	间数	总价（元）	平均每间单价（元）	装修、陈设	刊载时间
8	新街口北槐树胡同5号	16.5	3000	182	房屋轩爽，柱料坚固，电灯	1926.1.12
9	宣武门外官菜园上街3号	12	1400	117	不详	1926.1.13
	平均每间售价			213		
	平均每套住宅售价		4067			

资料来源：《晨报》1923年、1925年、1926年相关日期的第1、6、7版。

《晨报》刊载的20世纪20年代北京城区部分住宅出租价格情况统计表

序号	地点	间数	月租（元）	平均每间月租（元）	装修、陈设	刊载时间
1	绒线胡同	11	55	5	新建楼房，整租零租均可，保证金50元	1921.11.15
2	地安门外旧鼓楼大街4号	50	70	1.4	车房、马号、花木、洋井俱全	1921.11.25
3	太仆寺街新建胡同北口7号	12	24	2	地点适中，院子宽大	1921.12.8
4	辟才胡同中间榆钱胡同3号	18	28	1.6	带廊新瓦房	1921.12.28
5	南闹市口回回营	10	18	1.8	正房前3，后4，前西厢房3，索两份半（房租）	1922.1.22
6	南城珠巢街5号	14	18	1.3	西式洋房，交两份半	1922.2.9
7	西单察院胡同3号	11	24	2.2	新楼房	1923.10.6
8	东城交道口南大街马将军胡同14号	10	16	1.6		1923.11.22
9	丰盛胡同西武定侯内大盆胡同乙8号	11	18	1.6		1923.11.22
10	新街口西南角南草厂半壁街49号	21	30	1.4	该房电话、电灯可公用	1923.11.22

序号	地点	间数	月租（元）	平均每间月租（元）	装修、陈设	刊载时间
11	西单手帕胡同中间路北25号	40	150	3.8	按夏历计算，收到三份	1923.11.30
12	西四牌楼石老娘胡同路南16号	14	22	1.3	其中瓦房12，半灰棚2	1923.12.10
13	六部口12号	17	80	4.7	有自来水、电灯，地点冲要	1925.4.3
14	西直门南草厂小后仓10号	11	18	1.6	上房带廊，分租也可，电灯电话费另加	1925.4.10
15	保卫界王府井大街三条胡同28号	50	450	9	三层楼房，山石树木，浴室、汽车房均备	1925.5.16
16	西四牌楼北前车胡同14号	23	35	1.5	带马号	1925.5.19
17	北新桥王大人胡同14号	20	45	2.3	浴室、自来水、冷热水管、洋灶、电灯、电铃一切皆备，冬暖夏凉，花木甚少，无须搭棚，电车虽近，然车声不及	1925.5.25
18	六部口12号	17	70	4.1	有自来水、电灯，地点冲要，交通便利	1925.6.10
19	西直门南草厂小后仓9号	9	14	1.6	电灯、电话、家具，费另加	1925.6.21
20	西直门半壁街蛰园	30	55	1.8	带园林、山石、亭台、电话、车马	1925.11.30
21	新街口积水潭西河沿	20	35	1.7	带洋楼	1925.11.30
22	西直门大街酱房大院	40	55	1.4	带电灯、电话、花房、车马	1925.11.30
23	宣武门外官菜园上街3号	12	22	1.8		1926.1.13
24	西城兴盛胡同路北	8	20	2.5	电话、电灯，单门独院上房，地板洋顶	1926.1.14
25	西京畿道2号	10	30	3	精洁洋式房，地板、灰顶、电灯、电话俱全，门临马路	1926.1.21
26	西直门南草厂半壁街49号	17	34	2	分租也可	1926.3.1
27	小后仓14号	9	17	1.9	分租也可	1926.3.1

序号	地点	间数	月租（元）	平均每间月租（元）	装修、陈设	刊载时间
28	新街口横桥西路南163号	16	24	1.5	分租也可	1926.3.1
29	丰盛胡同西武定侯内大盆胡同乙8号	16	27	1.7	分租也可	1926.3.1
30	西城东拴马椿内西小拴马椿2号	19	40	2.1	电灯、自来水俱全	1926.11.20
	平均每间月租			2.37		
	单套住宅平均月租		51.5			

资料来源：《晨报》，1921年、1922年、1923年、1925年、1926年相关日期的第6、7版。

2. 1928～1937年

1928年，国民政府占领北京，形式上统一了全国，有利于社会稳定和经济发展。但北京更名北平，失去了首都地位，只作为行政院特别市（相当于直辖市）。其后十年，北平的住宅交易广告有增无减。报纸投放的广告版面大幅增加，房产交易的广告信息也比20世纪20年代初有较多增长。

《世界日报》《北平晨报》刊载的1928–1937年
北京城区部分住宅售价情况统计表

序号	地点	间数	总价（元）	平均每间单价（元）	装修、陈设	刊载时间
1	苏州胡同25号	12	2500	208	西式	1936.3.1
2	东城芳嘉园斗母宫4号	11.5	3500	304	灯、水	1936.3.1
3	东四北南剪子巷	20	5500	275	瓦灰房、院子宽阔	1936.3.1
4	内三区南剪子巷40号	20	5500	275	灰瓦房、院宇宽阔	1936.3.20
5	西四北沟沿小茶叶胡同	20	7000	350	大房、工精料美、新式设备俱全	1936.3.20

序号	地点	间数	总价（元）	平均每间单价（元）	装修、陈设	刊载时间
6	松树街31号前院	17	3600	212	西式房，灰顶花砖，洋灰地、灯水全	1936.4.8
7	松树街31号后院	16	2000	125		1936.4.8
8	东单新开路	24	7800	325	水电、浴室、一切设备俱全	1936.4.15
9	交道口京兆尹公署内西公街10号	8	2000	250	房屋宽大、灰顶地板、玻璃纱窗俱全、黄松木架、有厨房、浴室各一间，有冷热水管、自来水、电灯，地方安全	1936.4.17
10	府前街	30	13000	433	花园大院、卫生设备、地板灯水俱全	1936.12.1
11	东城芳嘉园斗母宫4号	11.5	2600	226	灯、水	1936.12.1
12	西单灵境胡同1号	13	2000	154		1936.12.1
13	南锣鼓巷附近	80	45000	563	大瓦房，走廊在外，有花园，占地7亩，10个院子，价格不打折	1936.12.2
14	南长街真武庙3号后门东河沿3号	30	10000	333	灯、水、地板、澡房等全	1936.12.6
15	内一区新开路69号、70号并其后门	48	15000	313	灰瓦房48间，兼有楼房、平房、花园，美国松木地板，汽车房两所，洗澡房3所，该房原价3万元，经北平地方法院鉴价1.5万元，在本年6月7日于该法院拍卖	1937.6.2
16	保卫界东总布胡同东头	7	1260	180	新式独院，代廊油新	1937.7.19
17	东四迤北	40	7500	188	局式轩敞，建筑坚固，一律黄松木架，院内花木扶疏，契纸登记完全，毫无纠葛	1931.4.3

序号	地点	间数	总价（元）	平均每间单价（元）	装修、陈设	刊载时间
18	锦什坊街东养马营双栅栏15号	10	1300	130	黄松房	1931.4.14
19	西城	100	40000	400	半部中式，全宅均有地板、玻璃、纱窗、电灯、自来水管，又有大玻璃砖、客厅、大礼堂、大花园、花卉、石山俱全，树木浓密，宅内格式优点甚多，主人出平、出让、出典皆可	1931.7.20
20	宣武门外海北寺街内方壶斋4号	17	2800	165	南北11丈，东西5.5丈，院分4层，有廊子12间，原置价4000多元	1931.10.13
21	东四左近	20	5000	250		1931.11.12
22	西直门内	17	2200	129	院内宽敞	1931.11.28
23	德胜门内	12	2100	175	有廊檐	1931.11.28
24	护国寺后罗圈胡同6号	20	3200	160	新式房，大小2所，后院有空院1块，井1眼	1931.12.15
25	宫门口翠花横街5号、6号	24	3600	150		1931.12.15
26	宣武门外大沟沿北口香炉营头条东首路北7号	32	3825	120	广梁大门，东为车门，院内瓦房26，西院房6，房主魏震生将此房赁租杂居，派友人田玉宽在彼管房照料分租。魏某因积欠外债，被债权人在法院控告	1932.4.11
27	东城大佛寺	30	14000	467	新式完美住宅，电灯、电话、自来水、地板、恭桶、澡盆、暖气管，纱窗、纱门、汽车房俱全	1932.7.27

序号	地点	间数	总价（元）	平均每间单价（元）	装修、陈设	刊载时间
28	海淀北头靠近燕京大学	20	9500	475	新建西式住宅，电灯、自来水、地板、西式浴室、厨房、纱窗纱门、游泳池、花园、汽车房，花园6亩，风景绝佳，交通便利	1932.8.9
29	东城崇文门内大牌坊胡同路北59号	19	4000	211	坐北朝南四合房，黄松木料，地板、电灯、自来水俱全	1932.9.7
30	东单三条24号	25	20000	800	地基2亩，上有楼，上下房25间，附带汽车间，洋式澡、厕、厨房等设备完全	1932.9.12
31	新街口迤东单房胡同21号	28	3600	129	估地亩余，前后宽大三院，空气新鲜，交通便利	1932.9.16
32	西便门内杨道庙街14号	10	1100	110		1932.9.16
33	东裱褙胡同34号	22	14000	636	洋式楼房，设备俱全	1932.10.3
34	东十二条东口蒋家胡同33号	15	2500	167	地三亩零五厘	1932.10.13
35	西四北航空署街路北7号	70	24000	343	一部分有地板，电灯、电话、自来水、锅炉、澡房、新式恭桶、汽车房俱全	1932.10.21
36	宣武门内鲍家街32号（民国学院对过）	12	3200	267	包括西屋4，花室7，汽车房1，东西宽8丈，南北长14丈	1932.11.5
37	宣武门内鲍家街西口笔管胡同3号	7	1000	143	北屋，门窗俱全	1932.11.5
38	东城	30	13000	433	地板、电灯、电话、自来水、暖气炉、浴室、恭桶、汽车房俱全，外有简单家具。地点适中，紧靠马路	1933.3.5
39	宣武门外方壶斋4号	17	2200	143		1933.4.19

序号	地点	间数	总价（元）	平均每间单价（元）	装修、陈设	刊载时间
40	前门外西河沿西头铁厂香儿胡同甲8号	7	1000	143	南3，东西各2	1933.7.22
41	内城	40	12000	300	高大瓦房，有电灯、电话、自来水、地板、树木	1933.10.17
42	宣武门内油房胡同7号	30	15000	500	西式房，分四进，地板、纱窗，鱼池、假山，澡堂、恭桶，车、房、电灯、自来水俱全	1934.3.5
43	西拴马椿	20	5000	250	北房，均地板、走廊、电灯俱全	1934.3.5
44	交道口前圆恩寺31号	83	31000	374	法院拍卖价，锡顶灌浆楠木，栋梁装修，并有花园大树	1934.5.26
45	宣武门内后牛肉湾36号	31	5500	177	瓦房，电灯、自来水俱全	1934.10.24
46	西四羊肉胡同25号[1]	62.5	7505	120	暖气管、面盆、浴盆、恭桶、热水管	1935.6.18
47	西四羊肉胡同乙39号	14	1930	138		1935.6.18
48	西四羊肉胡同41号	14.5	2600	179		1935.6.18
49	府右街甲7号	16	3020	189		1935.6.18
50	西四敬胜胡同1号	23	3785	165		1935.6.18
51	西单石驸马大街西口笔管胡同3号	9	1000	111	独门独院，屋宇洁静敞亮，北房7，南房2	1935.9.1
52	和平门内	30	7800	260	街道宽阔，房间宽敞、坚固，多数地板、灰顶修理一新，带浴室、车房	1935.12.31

[1] 羊肉胡同17～21号的房产是毒贩薛仪之伏法后，由公安、工务、财政三局于1935年6月6日会衔布告，实行标卖的没收充公财产。参见《北平晨报》1935年6月18日第6版。

序号	地点	间数	总价（元）	平均每间单价（元）	装修、陈设	刊载时间
53	和平门内	20	5000	250	街道宽阔，房间宽敞、坚固，多数地板、灰顶修理一新，带洋厕	1935.12.31
54	西单北大街158号	22	9000	409	卫生设备俱全，油漆不久	1936.4.16
55	交道口京兆尹内西公街10号	10	2900	290	东西屋8，厨房浴室2，美松地板，灰顶，玻璃、铁纱窗、恭桶、澡盆、自来水俱全，门临电车，交通便利，地方安全	1936.5.2
	平均每间售价			265		
	单套住宅平均售价		7744			

资料来源：序号1～16来自《世界日报》1936年、1937年相关日期的第8、9、11版；序号17～55来自《北平晨报》1931～1936年相关日期的第5、6、7、16版。

《世界日报》和《北平晨报》刊载的1928～1937年北京城区部分住宅招租价格情况统计表

序号	地点	间数	月租（元）	平均每间月租（元）	装修、陈设	刊载时间
1	西四羊肉胡同45号	18	35	1.9		1936.3.1
2	厂桥穿堂门3号	12	18	1.5		1936.3.1
3	厂桥穿堂门3号	12	16	1.3		1936.3.16
4	和内新帘子胡同86号	15	32	2.1	大房	1936.3.21
5	和内新帘子胡同86号	15	30	2.1	大房	1936.3.26
6	西单北灵境胡同30号	28	50[1]	1.8		1936.4.14

[1] 此租价含房捐。

序号	地点	间数	月租（元）	平均每间月租（元）	装修、陈设	刊载时间
7	交道口京兆尹公署内西公街10号	8	18	2.3	房屋宽大、灰顶地板、玻璃纱窗俱全、黄松木架、有厨房、浴室各一间，有冷热水管、自来水、电灯，地方安全	1936.4.17
8	西单大木仓1号	15	40	2.7	灯、水、话全	1936.12.14
9	南池子银丝沟	7	14	2	南北5间，东西2间	1936.12.20
10	东厂胡同	12	24	2	四合院	1936.12.20
11	西单商场东边太仆寺街	12	18	1.5		1937.7.25
12	东四附近	15	30	2	西式住房，电灯、地板、恭桶、澡盆、冷热水管、锅炉、吸水机、车房、院大树多	1937.7.27
13	北长街30号	17	20	1.2	车房、自来水	1931.1.17
14	东城王府井大街黄土岗15号中进全院	7	10	1.4		1931.1.17
15	西城顺城王府北北沟沿30号	16	50–60	3.1–3.8	瓦房9，平房7，分前后两院，现开公寓，准备出售	1931.5.29
16	海淀北头靠近燕京大学	20	70	3.5	新建西式住宅，电灯、自来水、地板，西式浴室、厨房，纱窗、纱门、游泳池、花园、汽车房，花园6亩，风景绝佳，交通便利	1932.8.9
17	后门外大翔凤20号解宅	13	20	1.5	另有游廊19间	1932.11.5
18	东四南炒面胡同	19	46	2.4	其中13间有地板，灰顶、自来水、电灯俱全，装修精美，地点冲要	1932.12.3

序号	地点	间数	月租（元）	平均每间月租（元）	装修、陈设	刊载时间
19	东四十条73号	17	60	3.5	新房，内部装修完好，洋式有地板、灰棚、玻璃门窗、暗线、电灯、冷热水管、恭桶、澡盆、洗面盆，设备精美，交通便利，愿租与新式高尚家庭	1932.12.24
20	东城	30	150	5	地板、电灯、电话、自来水、暖气炉、浴室、恭桶、汽车房俱全，外有简单家具。地点适中，紧靠马路	1933.3.5
21	东城	8	20	2.5	近临大街，交通便利，房屋清洁，院子宽敞，北房6，东西房各1，电灯、电话、花树俱全，独院，另有防空地窖1座，小家庭住最宜	1933.6.13
22	宣武门内后牛肉湾	31	57	1.8	瓦房，电灯、自来水俱全	1934.10.12
23	宣武门内后牛肉湾甲36号	31	56	1.8	瓦房，电灯、自来水俱全	1934.10.24
24	东四十条	70	160	2.3	楼房及高大瓦房，带花园，占地20亩，地板、暖气、灯水、浴室、车房俱全，足为上所住宅之用	1934.12.10
25	西单石驸马大街西口笔管胡同3号	9	12	1.3	独门独院，屋宇洁静、敞亮，北房7，南房2	1935.9.1
26	东单西观音寺74、75号南门洋溢胡同37、38号	130	305	2.3	分四院，红、白契，凭单登记俱全	1935.9.1
27	新华门前花园大院甲10号	18	65	3.6	地板、灰顶、灰壁、西式窗户、浴盆、恭桶、水电俱全	1935.12.24

序号	地点	间数	月租（元）	平均每间月租（元）	装修、陈设	刊载时间
28	东城无量大人胡同东什方院55号	6	12	2	院宇宽洁，电灯、自来水另计	1936.1.8
29	东四北东门仓	10	26	2.6	地板、电灯、锅炉、吸水机、西式恭桶、澡盆、洋式门、玻璃、纱窗俱全，花、竹、树二百多株，屋宇高大，院落宽敞，空气流通	1936.2.18
30	前门内左府胡同10号	16	60	3.8	西式楼房平房，有电灯、自来水、恭桶、澡盆	1936.2.29
31	新华门前花园大院18号	15	45	3	独院，门窗、地板、灰顶、恭桶、浴盆，灯、水俱全	1936.3.3
32	齐化门内东门仓	14	30	2.1	半独院，宽敞，空气流通，内有树花草繁多，吸水机、电灯、地板、恭桶、澡盆俱全	1936.6.25
33	西单辟才胡同71号	18	60	3.3	院宽，花园树木葱郁，走廊地板、浴室、洋厕，灯、水俱全	1936.7.26
34	西四硅塔胡同35号	26	62	2.4	走廊、地板、恭桶、浴室、灯、水全	1936.8.7
35	前门内左府胡同10号	16	60	3.8	电灯、自来水、恭桶、澡盆	1936.9.19
36	东四附近	14.5	30	2.1	暖气管、恭桶、澡盆、吸水机、地板、电灯、汽车房等俱全	1936.11.23
37	灯市口西口附近	10	30	3	四合房住宅，带廊，裱糊及油饰一新，电灯、电话、厕所、吸水机俱全，地点适中，交通便利	1936.12.14
	每间平均月租			2.40		
	单套住宅平均月租		50			

资料来源：序号1～12来自《世界日报》1936年～1937年相关日期的第8、9、11版；序号13～37来自《北平晨报》1931年～1936年相关日期的第6、7、8版。

3. 1937～1945年

1937年7月底，北平成为全面抗战爆发后沦陷的首批大城市之一。随后的八年，侵华日军将北平作为其在华北的军事中枢。日伪当局的经济掠夺和长期战争的巨大消耗，导致北平城市经济陷入凋敝。抗战前非常活跃的各类报刊，在沦陷时期不是停刊，就是搬走。即便是日伪当局创办的报刊，也是版面稀少，广告寥寥。1944～1945年的《华北新报》甚至只有住宅房产出售的广告，而没有一条住宅房产出租广告。

《华北新报》刊载的1944～1945年北京城区部分住宅售价情况统计表

（1）1944年

序号	地点	间数	总价（元）	平均每间单价（元）	装修、陈设	刊载时间
1	和平门外南新华街	23	12.5万	5435	空树房，顶灰棚，地板，黄松架，分两院，电灯、水全，钱房两交	1944.5.2
2	新街口大七条19号	18	8万	4444	有灯，清洁	1944.5.2
3	北京大学附近	13	16万	12308	黄松木架，瓦房灰顶，启新洋灰，砖满地，西式装修，电灯十余盏，自来水、恭桶、脸盆、浴室等一切设备俱全，地基约5分	1944.5.10
4	石驸马大街回回营10号	13	3.9万	3000	四合院，地板、澡堂、电灯、洋厕、地窖、席褥全	1944.5.13
5	东四五条40号	14.5	12.8万	8828	整洁瓦房，灯水全	1944.5.15

序号	地点	间数	总价（元）	平均每间单价（元）	装修、陈设	刊载时间
6	小雅宝胡同37号	6	2.8万	4667	灯、水、卫生设备，房钱两交	1944.5.19
7	石驸马大街回回营10号	13	4.3万	3308	四合院，地板、澡堂、电灯、洋厕、地窖全	1944.5.26
8	和外兵马司前街	9	5.9万	6556	大瓦房，电灯，地基宽阔，钱房两交	1944.5.28
9	内城	10	4.8万	4800	四合院瓦房	1944.5.28
10	前门外廊房头条西口茶儿胡同17号	15	15.5万	10333	大四合，上等大瓦房，带廊子，磨砖到顶，黄松木架，电灯、自来水，钱房两交，概无中费	1944.6.13
11	和平门外兵马司前街12号	9	5.7万	6333	大瓦房，地基宽阔，电灯，钱房两交，概无中费	1944.6.13
12	东城马匹厂	17	22万	12941	大四合瓦房，灯、水，卫生设备俱全	1944.6.18
13	和外西草厂敷家坑8号	13	7.6万	5846	瓦房，两院，有灯	1944.6.21
14	和平门外	9	5.6万	6222	大瓦房，有灯，灰顶棚，方砖地，两院地基宽阔	1944.6.21
15	西直门大街酱房大院	22	15万	6819	老黄松架瓦房	1944.6.30
16	太仆寺街3号	8	6.5万	8125	上等住房，灰顶洋灰地，灯水全	1944.7.8
17	东四北大街	17.5	20万	11429	四合院内外院旧式房	1944.7.17
18	和平门外	13	9.5万	7308	有灯，钱房两交	1944.7.22
19	西四	90	30万	3333	瓦房	1944.7.27
20	石驸马大街回回营10号	5	3万	6000	空房	1944.9.2
21	石驸马大街回回营10号	5	2万	4000	空房	1944.9.2
22	兴隆街西口高井胡同7号	11	12.5万	11364	老黄松、有灯	1944.9.5
23	东四竹干巷	10.5	12万	11429	整洁四合房，带电灯	1944.9.8

序号	地点	间数	总价（元）	平均每间单价（元）	装修、陈设	刊载时间
24	西四前公用库52号	16	19万	11875	坚固楼房、瓦房，灯水、恭桶、浴盆、冰箱齐备	1944.9.12
25	宣武门外椿树下二条6号	8	9.8万	12250	黄松架，有灯	1944.9.14
26	前门外西河沿	13	20万	15385	电灯、水沟	1944.9.18
27	内一区南小街什坊院东边宽街	130	200万	15385	最新式洋灰、铁筋，整砖到顶，坚固宽大，油画一新，空楼房，楼基平顶房，灰顶地板，玻璃窗户，纱窗、电灯、自来水、卫生设备、丁香树、喷水池，四大洋灰铁筋防空室，前后院皆有宽大游廊，地2亩半	1944.9.22
28	和平门外	23	25万	10870	空木楼房，灰顶、地板、灯、水、地沟、老黄松架	1944.9.22
29	内一区大雅宝胡同路北5号	16	35万	21875	瓦房，屋内灰顶棚、洋灰地、灯、水、卫生设备俱全	1944.10.16
30	西单西	10	11万	11000	灰顶棚、花砖地，有灯	1944.10.25
31	和平门外	10	18.5万	18500	大瓦房，带廊子，老黄松，灯、水全、设备一新，钱房两交	1944.10.26
32	内城	7	7.5万	10714	院大，有树，灯	1944.11.1
33	西直门内前牛角8号	7	6.5万	9286	小房、灰瓦房，钱房两交	1944.11.1
34	内城	15	40万	26667	交通便利，带灯、水	1944.11.14
35	内城	6	13万	21667	带灯	1944.11.14
36	北池子北口墙角胡同2号	10	15万	15000	松榆木架，坚固耐久，带电灯，白灰顶，洋灰地，油饰一新，交通便利，地点适中	1944.8.21

序号	地点	间数	总价（元）	平均每间单价（元）	装修、陈设	刊载时间
37	宫门口	90	45万	5000		1944.8.18
38	西单后牛肉湾4号	22	25万	11364		1944.8.21
39	东直门大街	24	25万	10417	黄松木架，灯水全，交通便利	1944.8.23
40	宣武门外	100	40万	4000		1944.8.23
41	内一区南小街小雅宝胡同37号	7	5.9万	8429	平台房，灯、水、恭桶全，钱房两交	1944.8.24
42	锦什坊街香家园10号	16	16万	10000	带电灯、洋井	1944.8.31
	平均每间售价			9869		
	平均单套住宅总价		19.4万			

（2）1945年

序号	地点	间数	总价（元）	平均每间单价（元）	装修、陈设	刊载时间
1	石驸马大街回回营10号	30	100万	33333	整砖高大铁建房，带地下室，灯、水、澡、厕全，用铁万斤	1945.1.11
2	内一区牛肉湾甲13号	23	100万	43478	瓦房23，地窖13，粉顶、地板、恭桶、澡面盆、灯及冷热管，钱房两交	1945.1.26
3	和平门内西顺城街42号	5.5	18万	32727	瓦房	1945.1.26
4	西城砖塔胡同	30	350万	116667	楠木黄松架，占地2亩许	1945.1.31
5	东单北极阁一号	20	120万	60000	西式房，灯水	1945.1.31
6	交道口顺天府西公街16号	14	38万	27143	坚固小房，灰顶、洋灰地，有灯	1945.2.2
7	右安门外关厢二条	12.5	18万	14400	院大	1945.3.2
8	西单	5	20万	40000	北房3，南房2，小院，有灯	1945.3.10

序号	地点	间数	总价（元）	平均每间单价（元）	装修、陈设	刊载时间
9	宣武门外	14	56万	40000	整砖黄松高大瓦房	1945.3.17
10	前门	10	50万	50000	其中松木架8间	1945.3.30
11	北海后门	24	300万	125000	占地2亩，灯、水、卫生全，树多	1945.4.6
12	后门附近	13	90万	69231	整齐住房，带灯	1945.4.16
13	北新桥	10.5	48万	45714		1945.5.1
14	北海西邻	16	330万	206250	四合房，有灯水	1945.5.30
15	内二区后泥湾丙20号	10	250万	250000	钱房两交	1945.6.12
16	宫门口后八坑甲5号	17	350万	205882	新空瓦房，另有廊10间	1945.6.19
17	地安门内恭前	7	80万	114286	灯、水	1945.6.19
18	北海附近	7	110万	157143	灯、机井、渗沟、玻璃窗、砖院	1945.6.20
19	北城	5	40万	80000	带灯，并介绍房契借放款	1945.7.2
20	东直门大街小街口	41	600万	146341	黄松木料，灯、水全	1945.8.18
21	外交部街羊尾巴胡同24号	15	700万	46667		1945.8.20
22	南小街小雅宝胡同	13	650万	500000	灯、水、卫生	1945.8.20
23	府右街石板房13号	21	800万	380952	灯、水、卫生设备俱全	1945.8.29
24	北新桥报恩寺14号	20	600万	300000	瓦房	1945.8.31
25	鼓楼东大街259号傍门楼	30	1100万	366667	瓦房，灯、水全	1945.8.31
26	东四报房胡同	23	170万	73913	有建筑，四合院，代廊松木架，水地1亩	1945.9.4
27	东四北八宝坑	22	220万	110000	地2亩3分	1945.9.4
28	新鲜胡同	6	100万	166667	带廊子	1945.9.4
29	西单北大街	30	1200万	400000	洋式楼房	1945.9.6
30	校场大六条28号	6	50万	83333		1945.9.11
31	东四北八宝坑5号	22	140万	63636	地基1亩3	1945.9.13

序号	地点	间数	总价（元）	平均每间单价（元）	装修、陈设	刊载时间
32	新鲜胡同	6	65万	108333	代廊子	1945.9.13
33	新街口	12	100万	83333	无工程	1945.9.27
34	新街口	10	100万	100000	无工程	1945.9.27
	平均每间售价			136503		
	平均单套住宅总价		267万			

资料来源：《华北新报》1944～1945年相关日期的第1、2、3、4、11版。

4. 1946～1949年

抗战胜利，北平光复。报刊广告里的住房租售信息又多了起来，不过价格看起来更贵了，而且随着时间的推移，越来越离谱。

《世界日报》刊载的1946–1948年
北京城区部分住宅售价情况分年统计表

（1）1946年6～12月

序号	地点	间数	总价（元）	平均每间单价（元）	装修、陈设	刊载时间
1	东四西亮果厂6号院	4	230万	575000	大房，有水井	1946.6.23
2	东四北	37	950万	256757	坚整高大、松架代廊，地1亩7，急需廉标	1946.6.24
3	阜内南顺城街46号	16	800万	500000	瓦房，带廊花砖地，有灯、话	1946.6.30
4	北沟沿大乘巷3号	27	1620万	600000	老黄松木架，灯、水俱全	1946.8.17
5	西皇城根	52	2000万	384615	电灯	1946.9.1
6	和内翠华街	20	1200万	600000	平房，灯、水	1946.9.1
7	府右街后达里	10	550万	550000	灯、水	1946.9.1
8	宣外骡马市	40	2500万	625000	楼房、灯、水	1946.9.1

序号	地点	间数	总价（元）	平均每间单价（元）	装修、陈设	刊载时间
9	西单报子街	19	2200万	1157895	灯、水	1946.9.1
10	西四武王侯	25	1200万	480000	灯	1946.9.1
11	东单东观音寺	11	1000万	909091	灯	1946.9.1
12	地安门外河沿	10	700万	700000	灯、水，果树	1946.9.1
13	西安门黄城根	40	3200万	800000	平房，灯、水、卫生	1946.9.1
14	西城石板房三条	26	3300万	1269231	灯、水	1946.9.1
15	东单三条	12	1300万	1083333	灯、水、恭桶	1946.9.1
16	北新桥头条	26	2000万	769231	灯、水	1946.9.1
17	东四报房胡同	19	2400万	1263158	电灯	1946.9.1
18	北新桥草厂	30	4000万	1333333	院大，西式灯、水、电话	1946.9.1
19	辟才胡同	40	4500万	1125000	廊，灯、水、卫生	1946.9.1
20	景山西恭俭胡同21号	4	280万	700000	独门独院，黄松架，北瓦房3间，平台1间，有灯	1946.9.3
21	东四北慧照寺38号	34	2300万	676471	基地1亩3分，松木架，灯、水全，空房	1946.9.29
22	香饵胡同80号	45	2000万	444444	院大，电灯、水井全，煤厂最相宜	1946.12.4
	平均每间售价			763753		
	平均单套住宅总价		1829万			

（2）1947年1～12月

序号	地点	间数	总价（元）	平均每间单价（元）	装修、陈设	刊载时间
1	西四附近	10	1200万	1200000	平房，分两院两门，灯、水、地板、卫生，腾速，分买也可	1947.1.5
2	内二区	12	1800万	1500000	整洁，无工程，钱房两交	1947.5.3
3	交道口南	6.5	1500万	2307692	灯、水，整洁	1947.5.22
4	北海小石作	8	1600万	2000000	整砖楼房，灯水卫生全	1947.5.30

序号	地点	间数	总价（元）	平均每间单价（元）	装修、陈设	刊载时间
5	东城	11	3000万	2727273	院大，灯、水、电话、井全	1947.6.22
6	西城南小街后秀才胡同21号	10	3000万	3000000	南北房各5间，电灯、表全	1947.8.6
7	锦什坊街大水车胡同	16	9000万	5625000	瓦房	1947.8.14
8	南城南横街兵马司中街	16	8000万	5000000	瓦房	1947.8.14
9	辟才胡同西口广宁伯街21号	15.5	7000万	4516129	瓦房，灯、水全	1947.8.14
10	东城什方院17号	4.5	1500万	3333333	松木架，带灯	1947.8.22
11	前门外鞭子巷二条单框胡同3号	12.5	4500万	3600000	其中瓦房7，灰房3.5，灰瓦房2	1947.8.26
12	西单王爷佛堂	3	2100万	7000000	北瓦房，宽院	1947.8.28
13	内一区	6	2700万	4500000	电灯，钱房两交	1947.8.28
14	内一区	18.5	8000万	4324324	松木架、灰顶、灰地，玻璃门窗，卫生全，整洁，无工程，交房快	1947.8.30
15	东城大草厂	3	2000万	6666667		1947.9.5
16	地安门外鼓楼前大街万年大院6号	10.5	3800万	3619047	整洁，无工程，房钱两交清	1947.9.14
17	北大附近棋盘心	16	6500万	4062500	连租折	1947.9.22
18	什坊街附近	30	16000万	5333333	电灯、水井、院落宽阔	1947.9.29
19	东城	6	2700万	4500000	电灯，钱房两交	1947.9.30
20	内一区小雅宝胡同	16	14000万	8750000	灯、水、卫生设备俱全	1947.11.3
21	北海附近	24	15000万	6250000	黄松大瓦房，地亩余，两院，空房	1947.11.9
22	西城南小街后秀才胡同21号	10	5000万	5000000	整洁洋房，灯、表全，牵免	1947.11.10
23	石驸马大街	16	7000万	4375000	两所相连，可以拆通，每所8间，有灯、近水，立时可住	1947.11.24

序号	地点	间数	总价（元）	平均每间单价（元）	装修、陈设	刊载时间
24	石驸马大街	21	20000万	9523810	四合院，砖墙、铁门、钢架、钢窗，机井、洋厕，澡堂，灯新，造价9亿，急典1亿	1947.11.26
25	西城广宁伯街西口	10	9000万	9000000	四合院	1947.12.6
	平均每间售价			4708564		
	平均单套住宅总价		6236万			

（3）1948年1～3月

序号	地点	间数	总价（元）	平均每间单价（元）	装修、陈设	刊载时间
1	太平仓附近	17	15000万	8823529	灯、水	1948.1.1
2	东四南	12	15000万	12500000	灯、水、话、卫生	1948.1.1
3	新街口北	9	15000万	16666667	大院	1948.1.1
4	宫门口附近	14	18000万	12857143		1948.1.1
5	太平仓附近	18	30000万	16666666	灯、水	1948.1.25
6	太平仓附近	7	16000万	22857143	灯	1948.1.25
7	西单西	12	15000万	12500000	灯、水，坚洁黄松房，钱房两交，立时可住	1948.1.27
8	西四北沟沿小茶叶胡同	5	12000万	24000000		1948.2.1
9	西四大街	9	26000万	28888889		1948.2.1
10	东直门内	11	14000万	12727273	地约1亩	1948.2.1
11	西四大院胡同路北甲8号	31	56500万	18225806	黄松、灯水房两所，13间带地窖，及18间带后院，两所相通，地基亩余，院大可添6间，住宅营业均宜，门前宽阔，近电车站，每间1500万左右，钱房两交，分买也可	1948.2.3

序号	地点	间数	总价（元）	平均每间单价（元）	装修、陈设	刊载时间
12	石驸马大街	21	40000万	19047619	整砖墙，铁门，钢架、钢窗，机器井，洋厕，电灯，新造，造价40亿	1948.2.8
13	北池子北口	12	120000万	100000000	最新高尚住宅，灯水全	1948.2.23
14	内三区船板胡同37号	8	26000万	32500000	灯、水	1948.3.12
15	石驸马大街南闹市口	21	60000万	28571429	房高，四合院，整砖墙，钢铁门窗，似银行，机器井、洋厕、灯全	1948.3.14
16	西单南闹市口	21	50000万	23809524	房高，四合院，钢铁整砖，建造似银行、教堂	1948.3.16
	平均每间售价			24415106		
	平均单套住宅总价		33031万			

（4）1948年9～12月以金圆券计算的住宅出售价格

序号	地点	间数	总价（元）	平均每间单价（元）	装修、陈设	刊载时间
1	西城南小街后秀才胡同21号	4	2000	500		1948.9.1
2	北池子	7	6000	857	灯、水、花砖地、院方整，牵免	1948.9.1
3	东直门内	29	10000	345	黄松木料，方砖满院	1948.9.5
4	东直门内	4	1000	250	自撵房客	1948.9.5
5	新街口北大铜井6号东院	11	3200	291	灯、水全，院大，钱房两交	1948.9.5
6	新街口北大铜井6号西院	9	2200	244	灯、水全，院大，钱房两交	1948.9.5
7	西城	14	7500	536	灯、水、卫生，钱房两交	1948.9.9
8	东直门内	29	8500	293	黄松木料，方砖满院	1948.9.10
9	东直门内	4	1000	250	自撵房客，三北一西	1948.9.10

序号	地点	间数	总价（元）	平均每间单价（元）	装修、陈设	刊载时间
10	新街口北大铜井6号东院	11	3200	291	灯、水全，坚实宽敞，对交无谎，诚买速看	1948.9.23
11	东单附近	15	8000	533	黄松瓦房，灯、水全，房客一户，买主自理	1948.10.1
12	宣外上斜街	10	4000	400	小四合房，南北瓦3，东西灰2，院及屋地洋灰心，住户一家自撵	1948.10.5
13	朝外吉市口	18	7200	400	分3层院，院大树多	1948.10.9
14	西单成方街	16	32000	2000	三院灯、水、话全，钱房两交	1948.11.9
15	锦什坊街附近	7	1600	229	独院，空瓦房，整砖到底，灰顶花砖，油饰一新，钱房两交	1948.12.2
16	西四附近	8	1900	238		1948.12.4
17	新街口	9	1800	200		1948.12.4
18	北新桥	11	1300	118		1948.12.4
19	前门内	12	2500	208		1948.12.4
20	前门外	7	1800	257		1948.12.4
21	西单	5	1370	274		1948.12.4
22	德胜门内	5	1250	250		1948.12.4
23	北沟沿大乘巷3号	10	3200	320		1948.12.4
24	南长街	6	1800	300		1948.12.4
25	宽街附近	8	2200	275		1948.12.4
26	鼓楼附近	15	2700	180		1948.12.4
27	崇文门内	17	2650	156		1948.12.4
28	南池子	7	2300	329		1948.12.4
29	西四南	7	1800	257		1948.12.4
30	武王侯	18	1600	89		1948.12.4
31	什八半截	5	900	180		1948.12.4
32	西四附近	22	4300	195		1948.12.4

序号	地点	间数	总价（元）	平均每间单价（元）	装修、陈设	刊载时间
33	鼓楼附近	16	4000	250		1948.12.4
34	东单东	11	2200	200		1948.12.4
35	朝阳门内	12	2650	221		1948.12.4
36	王府井附近	16	2000	125		1948.12.4
37	十二条	14	3100	221		1948.12.4
38	东四	8	2500	313		1948.12.4
39	交道口附近	7	2000	286		1948.12.4
40	东四	14	4000	286		1948.12.4
41	鼓楼附近	8	2200	275		1948.12.4
42	东四	10	2250	225		1948.12.4
43	沙滩附近	6	1500	250		1948.12.4
44	西黄城根27号	12	2400	200		1948.12.5
45	地安门外黑芝麻胡同	22	3500	159		1948.12.5
46	交道口菊儿胡同2号	18	2900	161	占地基2亩，分两层，院4个，磨砖对缝	1948.12.16
	平均每间售价			313.4		
	平均单套住宅总价		3695			

根据国民政府1948年币制改革法令规定的1元金圆券兑换300万元法币计算，上表平均每间售价折合94020万元，平均单套住宅总价1108500万元。

（5）1948年11～12月以银圆（大洋、现洋）计算的住宅出售价格

序号	地点	间数	总价（元）	平均每间单价（元）	装修、陈设	刊载时间
1	太平仓麻状元胡同12号内6号	10	2300	230	灯、水、卫生设备，交钱腾房	1948.11.21
2	东单栖凤楼60号	12	5000	417	精美楼房，灯、水、电话、暖气、浴室、卫生设备完善，钱房两交	1948.11.21

序号	地点	间数	总价（元）	平均每间单价（元）	装修、陈设	刊载时间
3	东城	30	11000	367	垂花门，穿游廊，地板、花砖，卫生，公值2万多元	1948.11.25
4	安定门琉璃寺27号	28.5	8000	281	灯、水、话、卫生、暖气俱全，瓦房四合，玻璃窗、纱窗全，钱房两交	1948.11.25
5	和平门内未央胡同	16	4000	250	灯、水	1948.11.26
6	草厂大坑	10	2400	240	灯、水、话	1948.11.26
7	西四北沟沿小茶叶胡同	8	2500	313	灯、水、话全	1948.11.26
8	西单堂子胡同	4	1500	375	灯、水	1948.11.26
9	东四南遂安伯	45	6000	133	灯、水、卫生设备全，洋式楼房	1948.11.26
10	北池子井儿胡同14号	12	3000	250	新建洋房，灰顶、花砖	1948.11.26
11	西四北麻状元胡同12号内12号	8.5	2100	247	灯、水、卫生设备，公用电话，钱房两交	1948.11.26
12	西城绒线胡同	4	1200	300	灯、水、话、家具、楼房3间，平房1间	1948.11.26
13	前门外西河沿甲158号	20	3300	165	灯、水、话、卫生设备俱全，前后两院，黄松木架，无工程	1948.11.27
14	前门外延寿街98号	10	3000	300	紧洁新铺住房，灯水话地沟，玻璃院亮气	1948.11.27
15	新街口公用库内北帽9号院	19	5000	263	黄松木架，整齐高大，灯、水，车门楠木装修，钱房两交	1948.11.27
16	西四丁字街西光明殿11号	8	2400	300	永不停电，有水，小孩上学最近，不用过马路	1948.12.1
17	王府井大院府7号	22	3700	168	可分两院	1948.12.1
18	西安门光明殿1号	11	2500	227	灯、水、电话全	1948.12.1
19	西单西	8	1700	213	整砖到顶，黄松木架瓦房，灯、水全，院宇宽大，坚整无工	1948.12.1

序号	地点	间数	总价（元）	平均每间单价（元）	装修、陈设	刊载时间
20	西四北	15	3600	240	整砖到顶，黄松木架瓦房，灯、水全，院宇宽大，坚整无工	1948.12.1
21	地外方砖厂	9	2500	278	整砖三合瓦房，老黄松。无工程，因还债	1948.12.1
22	西四西	26	5000	192	磨砖对缝，黄松带廊瓦房，灯、水、话、卫生、地板、花砖全	1948.12.1
23	新街口南	9	2500	278	院宽大，代廊老松木架，坚固整洁	1948.12.4
24	宣武门外冲要地区	13	2400	185		1948.12.5
25	东单北极阁一号	15	3500	233	瓦房，交通便利，灯、水、电话、卫生设备、家具	1948.12.5
26	地安门外	9	2300	256	坚整三合房	1948.12.7
27	东城外交部街	20	7000	350	灯、水、卫生、暖气，洋房	1948.12.7
28	交道口菊儿胡同西口后元寺6号	15	3400	227	黄松带廊高大三合瓦房	1948.12.7
29	东四十二条细管胡同西头水獭胡同22号	17	2600	153	灯水上下水道，卫生设备全，内分两院，大小树5棵，钱房两交	1948.12.8
30	东华门皇城根	22	5000	227	灯、水、话、暖气，高尚住宅	1948.12.10
31	鼓楼西	6	1100	183	钱房两交	1948.12.11
32	阡儿胡同路3号	13	2500	192		1948.12.11
33	东单东裱褙胡同附近	10	800	80	灰房10多间+方正地1段	1948.12.12
34	西四宫门口内太平街9号	13	2100	162	瓦房10，平房3，黄松架，院落大，有电灯	1948.12.12
35	宽街路口西南黄城根甲51号	7	1200	171	整砖松架，连家具	1948.12.12
36	武王侯胡同西口附近	26	3500	135	代廊、黄松木架、磨砖，灯、水全	1948.12.12

序号	地点	间数	总价（元）	平均每间单价（元）	装修、陈设	刊载时间
37	沙滩	12	1100	92		1948.12.12
38	绒线胡同	21	5000	238	灯、水、话全	1948.12.12
39	东单附近	16	6000	375	西式洋房，灯、水、电话、卫生设备	1948.12.12
40	北池子	10	1400	140	洋房	1948.12.13
41	内六区西安门大街剪子巷4号北院	6.5	1400	215	洋式房	1948.12.13
42	景山东大街三眼井50号	20	4400	220	空房，院大，无工，地板、灰顶、灰地，卫生设备、灯、水全	1948.12.14
43	东城附近	12	2700	225	高尚住房，地板、灯、水、卫生设备，电话、暖气	1948.12.15
44	锦什坊街	11	1200	109	好瓦房，黄松，大玻璃	1948.12.16
45	新街口大火药局	7	750	107	北房3.5间，东西房3.5间	1948.12.31
	平均每间售价			229		
	平均单套住宅总价		3234			

资料来源：《世界日报》1946～1948年相关日期的第1、2、4、6版。

《世界日报》刊载的1946～1947年北京城区住宅招租价格情况分年抽样统计表

序号	地点	间数	月租（元）	平均每间月租（元）	装修、陈设	刊载时间
1	南闹市口回回营10号	5	60000	15000	南房	1946.9.29
2	南闹市口回回营10号	2	20000	10000	北房	1946.9.29
3	交道口附近	6.5	100000	15385	年租百万，院大有灯，整齐坚固	1946.10.20

序号	地点	间数	月租（元）	平均每间月租（元）	装修、陈设	刊载时间
4	西城	2.5	80000	32000		1947.1.10
5	地外雨儿胡同7号	3	90000	30000	东房	1947.2.7
6	石驸马大街46号	5	600000	120000	北房，灯、水全，分租也可	1947.5.1
7	西单附近	8	1760000	220000	宽大清洁，分租也可，灯、水全	1947.9.20
	每间平均月租			63198		
	单套住宅平均月租		387143			

资料来源：《世界日报》1946～1947年相关日期的第1、2版。1948年的《世界日报》已见不到标明租价的招租广告。

二、北京市档案馆馆藏近代北京（北平）城区部分住宅租售成交价

北京市档案馆馆藏档案所反映的
近代北京城区部分住宅月租统计表

序号	地址	间数	月租（元）	单价（元）	年代
1	广安门内大街教子胡同北口外东头路南外右三区410号	37	42	1.1	1918
2	东直门大街44号	6	6	1	1929
3	手帕胡同甲33号	5	4.5	0.9	1929
4	内一区崇内象鼻子中坑21号	2	3.8		1931
5	宫门口西三条14号	5	5.6	1.1	1932
6	内三区西颂年胡同2号	5	11	2.2	1933
7	内三区十根旗杆2号	2	2.6	1.3	1933
8	内三区国学胡同27号	1	1	1	1933
9	内三区国学胡同27号	1	0.8	0.8	1933
10	盔头作1号	2	1.6	0.8	1933

序号	地址	间数	月租（元）	单价（元）	年代
11	盔头作1号	2	1.6	0.8	1933
12	府右街乙25号	4	2	0.5	1933
13	皇城根34号	2	1	0.5	1933
14	府右街5号	2	1	0.5	1933
15	西苑门外第一门后院	2	1	0.5	1933
16	皇城根33号	2	1	0.5	1933
17	内二区松树胡同10号	10	20	2	1934
18	前门外大蒋家胡同127号	7.5	25	3.5	1935
19	外一区东八角胡同21号	7	19	2.7	1936
20	东四七条甲17号	17.5	20	1.1	1937
21	内六区府右街饽饽房8号	34.5	80	2.3	1938
22	五圣庵前巷2号前院	12	28	2.3	1938
23	五圣庵前巷2号前院	5	13	2.6	1939
24	旧鼓楼大街前马厂3号	3.5	4.55	1.3	1939
25	东华门大街甲2号（分租）	1	1.2	1.2	1939
26	东华门大街甲2号（分租）	1	1	1	1939
27	东华门大街甲2号（分租）	1	0.8	0.8	1939
28	东华门大街甲2号（分租）	2	3	1.5	1939
29	东华门大街甲2号（分租）	0.5	0.5	0.5	1939
30	东四七条甲17号	17.5	90	5.1	1939
31	内六区惜薪司西岔胡同6号院	4	24	6	1939
32	宫门口中二廊下9号	2	14	4.7	1939
33	锦什坊街后栖胡同2号	16	16	1	1940
34	阜成门内大街大乘寺26号	11	66	6	1940
35	东河沿40号	1	2.7	2.7	1941
36	东河沿40号	1	2.35	2.35	1941
37	东河沿40号	1	2.95	2.95	1941
38	东河沿40号	1	2.85	2.85	1941
39	东河沿40号	2	4.6	2.3	1941
40	东河沿40号	1	2.9	2.9	1941

序号	地址	间数	月租（元）	单价（元）	年代
41	东河沿40号	1	2.45	2.45	1941
42	东河沿40号	1	6	6	1941
43	东河沿40号	1	3.5	3.5	1941
44	东单二条37号	12	160	13.3	1941
45	东四北大街北新桥小三条11号	2	3.5	1.75	1942
46	大甜水井颐寿里5号	12	300	25	1942
47	内五区东煤厂胡同28号	18.5	140	7.6	1942
48	法通寺19号里院	5	65	13	1943
49	法通寺19号里院	4	50	12.5	1943
50	法通寺19号里院	5	165	33	1944
51	法通寺19号里院	4	90	22.5	1944
52	法通寺19号里院	4	1200	300	1945
53	西四北小茶叶胡同26号	2	120	60	1945
54	阜成门内大街大乘寺26号	11	3500	318.2	1945
55	新街口南大街口袋胡同4号	2	20000	10000	1946
56	内四区华嘉寺2号	16	185000	11562.5	1946
57	内四区赵登禹路27号	8	70000	8750	1946
58	报子胡同7号南院	1	15000	15000	1946
59	西四前车胡同20号	3	36000	12000	1946
60	新街口北汤聚胡同10号	3	40000	13333.3	1946
61	新街口北汤聚胡同10号	5	50000	10000	1946
62	锦什坊街王府仓1号	5	50000	10000	1946
63	鱼笼胡同9号	3	40000	13333.3	1946
64	西直门内半壁街36号	2.5	34000	13600	1946
65	阜成门内大街大乘寺26号	11	面粉百斤	/	1946
66	报子胡同27号	2	26000	13000	1946
67	内四区大水车胡同21号	3	8000	2666.7	1946
68	内四区大水车胡同22号	2	60000	30000	1946
69	内四区大水车胡同22号	1	25000	25000	1946
70	阜成门内马杓胡同4号	2	15000	7500	1946

序号	地址	间数	月租（元）	单价（元）	年代
71	内四区留题胡同乙6号	6	130000	21666.7	1947
72	内四区留题胡同6号	3	100000	33333.3	1947
73	颁赏胡同22号	5	面粉2袋+10000元	/	1947
74	西四北小茶叶胡同26号	2	40000	20000	1947
75	西四前车胡同20号	3	200000	66666.7	1947
76	西四砖塔胡同41号	16.5	250000	15151.5	1947
77	西四南兵马司甲17号	8	白面4袋	/	1947
78	内四区南小街宗帽胡同43号	10	白面4袋	/	1947
79	西直门内半壁街9号	2	28000	14000	1947
80	内四区华嘉寺2号	16	300000	18750	1947
81	阜成门内后秀才胡同16号院	2	面粉1袋	/	1947
82	锦什坊街王府仓1号	5	200000	40000	1947
83	小绒线胡同1号后门	3	牧羊牌二号粉66斤	/	1947
84	内四区赵登禹路97号	1	面粉16斤	/	1947
85	阜成门内大街大乘寺26号	11	二号面粉2袋半	/	1947
86	阜成门内马杓胡同4号	2	20000	10000	1947
87	阜成门内马杓胡同4号	2	50000	25000	1947
88	内四区栋果厂25号	6	1000000	166666.7	1947
89	西直门内半壁街9号	2	400000	200000	1948
90	报子胡同7号南院	1	100000	100000	1948
91	报子胡同7号南院	1	500000	500000	1948
92	内四区东新开路32号	3	50000	16666.7	1948
93	鱼笼胡同9号	3	300000	100000	1948
94	报子胡同27号	2	1400000	700000	1948
95	内四区栋果厂25号	6	1200000	200000	1948

北京市档案馆馆藏档案所反映的
近代北京城区部分住宅售价统计表

序号	地址	间数	售价（元）	每间平均单价（元）	年代
1	宣武门外大街149号、150号、151号、152号、153号	57	9500	167	1938
2	内三区汪芝麻胡同19号	18	640000	35556	1945
3	内四区大杨树胡同6号	4	1425万	3562500	1947
4	府夹道13号	16	4.4亿	2750万	1948

三、外五区的租房价格案例

北平市警察局外五分局关于该区房租情况的调查表

价格单位：元

序号	租户姓名	住宅地址	类型/间数	1936年月租	1941年月租	1946年月租
1	封桑氏	太平桥54号	瓦房3		3	10000
2	齐振山	南华西街2号	灰房3		2	5000
3	张功勋	南下窪14号	灰房2		4	5000
4	董长明	铜法寺11号	灰房3		3	10000
5	陈仑	铜法寺33号	灰房2		2	10000
6	郭子安	鞭子巷头条39号	瓦房2			3000
7	李润华	鞭子巷头条39号	灰房1			10000
8	孙成顺	鞭子巷头条39号	灰瓦房1			5000
9	毛顺增	鞭子巷头条18号	代廊瓦房1			30000
10	李玉山	鞭子巷头条9号	瓦房1	100		14000
11	仝继元	北坛根丙7号	灰房2	60	100	400
12	周志	北坛根12号	灰房2	60	100	4000
13	王殿明	北坛根12号	灰房1	30	60	2000
14	于世连	北坛根18号	灰房1	30	100	1000
15	李子根	北坛根20号	灰房1	40	80	1500
16	彭振林	赵锥子胡同81号	瓦房1	2	500	15000

序号	租户姓名	住宅地址	类型/间数	1936年月租	1941年月租	1946年月租
17	只丈甫	赵锥子胡同81号	瓦房1	2	500	15000
18	康子华	公羊市场62号	灰房1	2	6	3000
19	马玉洪	公羊市场62号	灰房1	2	6	3000
20	潘玉国	公羊市场62号	灰房1	2	6	3000
21	王子和	公羊市场62号	灰房1	2	10	8000
22	梁培荣	公羊市场62号	灰房1	2	10	3000
23	蓝玉海	东市场六巷7号	灰房1	2	7	5000
24	何清英	东市场六巷7号	灰房1	0.8	2	600
25	王新华	玉桥大街49号	灰房1	2.5	7	10000
26	潘焕章	忠恕里二横巷15号	灰房1	0.8	300	2000
27	董怀亭	忠恕里二横巷18号	灰房1	0.6	500	3000
28	张景华	蓛刀店甲1号	灰房1	0.5	8	2000
29	王保森	蓛刀店1号	灰房1	1	2	3000
30	崔蔡氏	蓛刀店6号	灰房1	1	2	5000
31	薛洪亮	蓛刀店9号	灰房1	0.5	5	1000
32	高峻峰	蓛刀店11号	灰房1	0.5	1.1	3000
33	董玉海	福长街三条6号甲	灰瓦房1	1	10	1000
34	门文耀	福长街三条9号	灰瓦房1	1	12	1500
35	李又华	禄长街二条7号	瓦房1	1	10	1000
36	王寿芝	东坛根7号	瓦房1	5	50	2000
37	孙桂森	粉店口西4号	瓦房1	1	1.5	2000
38	李宗茂	西大院3号	瓦房1	1.2	8.5	3000
39	陈德元	西大院3号	瓦房1	1.2	8.5	3000
40	赵瑞森	西大院3号	瓦房1	1.2	8.5	3000
41	尹明普	七圣庙18号	灰房1	11	20	10000
42	陈子喜	七圣庙19号	灰房1	1	12	6000
43	田玉成	五圣庵4号	瓦房1	2	5	12000
44	王乔氏	永安里1号	灰房1	15	45	7000
45	田永华	永安里2号	灰房1	16	20	5000
46	张永吉	赵锥子胡同81号	瓦房1	2	500	10000

序号	租户姓名	住宅地址	类型/间数	1936年月租	1941年月租	1946年月租
47	张万松	赵锥子胡同74号	瓦房1	2	500	10000
48	张洪恩	叠通子11号	灰瓦房1	2	10	6000
49	王德全	苏家坡13号	瓦房1	1.8	8	10000
50	伊孟氏	空厂1好	灰瓦房1	2	5	6000
51	吕绍维	东经路66号	瓦房1	3	40	8000
52	高网	东经路81号	瓦房1	2	30	4000
53	孙寿松	永安路15号辛	瓦房1	4	30	5000
54	郝富荣	永安路西街5号	灰房1			4000
55	高文兴	响鼓庙2号	灰房1	2.5	8.5	10000
56	朱文锁	响鼓庙3号	灰房1			20000
57	张志亭	香仁路11号	瓦房1	2	20	2000
58	李琪	大森里2号	楼房1	2	·16	1000
59	张树辉	东经路35号	瓦房1	2	20	1000
60	杨德山	双五道庙11号	下等瓦房1	1	2	2000
61	林洪玉	校尉营38号	上等瓦房1	3	5	10000
62	邓祖荫	鹞儿胡同19号	二等瓦房1	2	4	5000
63	张乔吾	清化寺街18号	上等带廊瓦房1	3	800	8000
64	刘文喜	红桥26号	下等灰瓦房1	2	20	6000
65	胡鲍氏	红桥24号	下等灰房1	1.3	2.3	4000
66	王根柱	红桥23号	下等灰房1	2	10	3000
67	王连喜	磁器口甲21号	下等楼房1	5	300	1600

资料来源：北京市档案馆藏：《外五分局关于房租调查表》（1947年1月），档案号：J184-002-31225；北京市档案馆藏：《警察局关于制订房租调查表并具报驻所上、中、下等房租调查表等训令、呈》（1946年12月），档案号：J184-002-31238。

四、天桥平民住宅承租人情况一览表（1939年11月数据）

序号	姓名	职业	家庭人口	住房间数
1	耿长顺	警察	2	2
2	刘松林	镶牙馆	6	2
3	马文贵	小生意	2	1
4	王世昌	警察	4	1
5	朱永祥	警察	5	2
6	张辅臣	卖卜	6	3
7	王居衡	卖药	3	2
8	郭振元	开茶馆	7	3
9	李翰臣	茶叶店	2	2
10	贾春寿	开茶馆	7	4
11	孙红亮	卖药	4	5
12	蔡文清	开店	5	3
13	韩寿卿	警察	4	2
14	张勤甫	开茶馆	2	2
15	金子元	卖糖	4	1
16	程德培	警察	3	1
17	白奎文	警察	2	1
18	郝焕彩	估衣行	5	2
19	张茂修	估衣行	3	2
20	桂福	警察	5	1
21	王聂民	开店	5	4
22	张子仁	警察	2	1
23	朱振声	电车公司茶役	2	2
24	周景云	电车公司茶役	3	2
25	郝起荣	羊肉铺	5	3
26	李长生	义和菜行	4	2
27	姚佩然	小生意	2	1
28	石亮	小生意	5	2

序号	姓名	职业	家庭人口	住房间数
29	刘魁福	木匠	3	2
30	甄绍熹	新民会	4	2
31	李德明	小生意	5	2
32	卢维臣	摆鞋摊	5	2
33	王玉臣	古玩行	10	3
34	洪玉恩	小生意	4	2
35	洪士芳	华北乐队	8	1
36	王锡卿	勤行	6	2
37	唐金鳌	华北乐队	6	5
38	唐金璧	回教会	8	5
39	唐云龙	饭铺	8	5
40	周振声	帘子铺	5	2
41	张承意	五洲牙馆	8	3
42	王俊	赋闲	4	2
43	赵炳德	小生意	2	1
44	张文缘	金城银行茶役	4	2
45	石普	卖羊肚	16	5
46	石润	卖羊肚	10	5
47	石燕昌	华北乐队	4	1
48	庄宝珍	华北乐队	4	1
49	金少卿	华北乐队	5	3
50	丁存	华北乐队	3	1
51	张瑞山	小生意	1	1
52	冯悦宗	卖糖	1	1
53	周宪文	木行	4	1
54	孙守信	警察	1	1
55	赵广魁	电车公司售票	2	1
56	马殿求	小生意	4	2
57	刘万里	卖酒	4	2
58	姚墨林	小生意	4	1

序号	姓名	职业	家庭人口	住房间数
59	马范氏	赋闲	1	1
60	宋泽田	警察	4	2
61	安宽	理发	2	2
62	郝寿禅	估衣行	3	1
63	马振田	刷子行	2	1
64	黑荫犀	小生理	3	1
65	任迪吉	杂货行	4	1
	总数		281	135

资料来源：北京市档案馆藏：《社会局关于市民刘玉麟等六人要求给市长的呈文及解决住房问题的呈、平民住宅事务所民国二十八年十一月份承租房屋各项清册》（1939年11月），档案号：J002-007-00249。

参考文献

（一）档案文献

1. 北京市档案馆馆藏民国档案：警察局档、社会局档、工务局档、公用局档
2. 《北平晨报》
3. 《世界日报》
4.魏树东：《北平市之地价、地租、房租与税收》，台北成文出版社，美国中文资料中心，1977年联合影印
5.李鸿毅：《北平市财政局实习总报告》，台北成文出版社、美国中文资料中心，1977年联合影印
6.魏树东：《北平市财政局实习报告》，台北成文出版社、美国中文资料中心，1977年联合影印
7.陈炎林编：《上海地产大全》，1933年原版，北京：全国图书馆文献缩微复制中心，2002年
8.（美）西德尼·D·甘博、孟天培：《二十五年来北京之物价工资及生活程度》，北京：北京大学出版部，1926年
9.《两年来之北平地政》，北平市地政局，1947年
10.《清朝文献通考》，上海：商务印书馆，1936年印
11.北京市地方志编纂委员会编：《北京志·市政卷·房地产志》，北京：北京出版社，2000年
12.北平社会调查所编印：《北平生活费指数月报》，1928-1933年
13.北平市政府秘书处：《北平市政府统计月报》，1934年
14.胡金兆：《见闻北京七十年琐记》，北京：学苑出版社，2007年
15.姜德明编：《北京乎：现代作家笔下的北京，1919-1949》，北京：三联书店，1992年
16.京都市政公所编纂：《京都市政汇览》，1914年
17.陶孟和：《北平生活费之分析》，北京：商务印书馆，1930年
18.托津等纂：《钦定大清会典事例》，台北：文海出版社影印，1990年

19.王铁崖编：《中外旧约章汇编》，1册，北京：三联书店，1982年
20.夏仁虎：《旧京琐记》，民国间刻本；北京：北京古籍出版社，1986年
21.严景耀：《北京犯罪之社会分析》，北京：燕京大学社会学系，1928年
22.于敏中纂：《日下旧闻考》，北京古籍出版社，1983年

（二）专著

1.王军：《城记》，北京：三联书店，2003年
2.北京大学历史系：《北京史》，北京：北京出版社，1985年
3.朱祖希：《营国匠意：古都北京的规划建设及其文化渊源》，北京：中华书局，2007年
4.杨学琛、周远廉：《清代八旗王公贵族兴衰史》，沈阳：辽宁人民出版社，1986年
5.袁熹：《北京近百年生活变迁》，北京：同心出版社，2007年
6.袁熹：《近代北京的市民生活》，北京：北京出版社，2000年
7.张小林：《清代北京城区房契研究》，北京：中国社会科学出版社，2000年
8.赵津：《中国城市房地产业史论》，天津：南开大学出版社，1994年
9.Mark Elvin and G. William Skinner eds, The Chinese City Between Two Worlds, Stanford: Stanford University Press, 1974.（【美】伊懋可、施坚雅编：《两个世界之间的中国城市》）
10.David Strand: Rickshaw Beijing: City People and Politics in the 1920s, Berkeley, CA: University of California Press, 1989.（【美】全大伟：《北京黄包车：1920年代的城市民众与城市政治》）

后记

如果没有老北京胡同的两年生活经历，如果不是近年来北京乃至全国房价的持续上涨，以及由此出现的“房奴”、“拐点”、“地王”、“日光盘”等新名词，我可能不会关注民国时期的房地产及居住状况这个被世人忽略的话题。但当接触这个题目和浩如烟海的档案资料后，我才真切感到，写这样一本书，带领读者重温那段熟悉的岁月里鲜为人知的人和事，很有必要，对今天也很有意义。

“安得广厦千万间，大庇天下寒士俱欢颜。”住房在人们日常生活中很重要。在今天，住房不仅是容身之地、遮蔽之所，更被很多人视为财富象征、婚姻门槛，甚至是抗通胀利器。

近代以来，随着沿海城市的陆续开埠，中国东部地区的城市化进程加快，带动了房地产业的繁荣。然而，作为政治中心和消费城市的北京，由于制度羁绊和思维惯性，住房产业发展滞后。但这并不妨碍我们去了解、关注和分析它，看看那个时代的人们住什么样的房，出什么样的价，怎样进行房产交易，政府住房保障的水平如何，看看那个时代北京城的城市布局与风貌，对认识今天的房地产市场发展会有启迪。

民国时期北京的住房问题，有四个突出特征：

一是房地产市场深受政治、经济形势影响，但对宏观经济发展的反作用有限。清末以来旗民交产的合法化和旗人住宅的逐渐消失，促进了北洋时期北京城市住房市场的繁荣；民国北京（北平）市政当局对香厂新市区和西郊“新街市”的开发，拓展了城市发展空间，带动了相关区域的住房市场发展。在1928年失去首都地位后，排除货币超发因素，北京（北平）的土地和住房交易价格实际水平呈稳中有降态势。住房产业不是民国北京的支柱产业，没有扭转20世纪30年代以来北京（北平）城市经济萎靡不振的态势。

二是住房有效供给严重不足，“房荒”问题时时困扰京城。一方面，虽然盖了很多房，但也拆了很多房，实际新增住房间数不多。另一方面，由于多数居民囊中羞涩，对他们来说能租得起的房子不多。市场供需的失衡，使房主的优势地位明显居于优势，甚至演化为“房阀”；城市经济的衰退，使很多居民不得不以出租房屋为生。物价暴涨导致的房主一再增租、违约撵人、只收米面等行为，激化了租赁纠纷。一批专吃“瓦片”的掮客（“房纤”），作为房产交易中介大行其道，在混乱中牟利和立足。直至1951年4月13日，北京市人民政府取缔“房纤”，设立房地产交易所，这些乱象才告完结。

三是政府干预十八般武艺样样都用，但效果不佳。民国政府对北京房地产市场的常态化干预，主要是立法征税和调解纠纷。面对20世纪40年代后期的“房荒”危机，政府以限价为政策核心，综合使用行政、财政和货币手段，既有宏观干预，又有微观管制，使尽浑身解数。然而，由于“房荒”的病灶，即恶性通胀、战争环境和房屋短缺三大问题没能根治，这些今天看来似曾相识的政府干预措施，效果不佳，以失败告终。

四是兴建和管理平民住宅，拓展住宅保障新思路。在大城市建设廉租住房，是国民政府20世纪30年代采取的一项“民生措施”。北平虽然起步较晚，建造较少，但在选址、格局、质量、管理、配套设施、资格审核和租价设定上，都比其他城市有所进步，成为北平市政当局对住房保障新思路的一次探索。然而，国民政府浅尝辄止，资金投入有限，大规模兴建平民住宅的规划未能实现。历史证明，这种单靠政府投资兴建廉租住房保障低收入阶层的居住权利的举措，早在民国已经尝试，问题多，阻力大，举步维艰，难以持续。

书稿写完了，一段尘封的历史揭开了神秘面纱。在历时六年的探索历程里，无论是导师戴逸教授，还是其他前辈学者和商界翘楚，无论是慈母爱妻，还是亲朋好友，无论是北京市档案馆的馆员们，还是中国人民大学图书馆的工作人员，无论是“搜狐焦点”的工作人员，还是关注搜狐“血拼自住房”论坛的广大购房网友，都给予了我莫大的支持和帮助。在此一并致谢。

坐在东四八条39号的小院里，跟山西出版传媒集团的领导和编辑聊天，心情格外愉悦。相信他们看了这本书，会感兴趣，至少会算出这个院子在民国时代，多少钱能租得起，多少钱能买得到，谁能租得起、买得起。我要对他们的辛勤策划和付出表示由衷感谢。

最后，我愿把这本书献给敬爱的父亲，相信他在天堂看到，会很欣慰。

书中疏漏难免，企盼方家批评指正。

唐 博

2015年1月于北京